페인터와 포토샵을 활용한

디지털 채색의 정석

정종우 저

Digital Coloring

페인터와 포토샵을 활용한
디지털 채색의 정석

| 만든 사람들 |
기획 IT·CG기획부 | **진행** 양종엽·한윤지 | **집필** 정종우 |
편집·표지디자인 D.J.I books design studio 김진

| 책 내용 문의 |
도서 내용에 대해 궁금한 사항이 있으시면
저자의 홈페이지나 디지털북스 홈페이지의 게시판을 통해서 해결하실 수 있습니다.
디지털북스 홈페이지 www.digitalbooks.co.kr
디지털북스 페이스북 www.facebook.com/ithinkbook
디지털북스 카페 cafe.naver.com/digitalbooks1999
디지털북스 이메일 digital@digitalbooks.co.kr
저자 이메일 zaqmko@naver.com

| 각종 문의 |
영업관련 hi@digitalbooks.co.kr
기획관련 digital@digitalbooks.co.kr
전화번호 (02) 447-3157~8

※ 잘못된 책은 구입하신 서점에서 교환해 드립니다.
※ 이 책의 일부 혹은 전체 내용에 대한 무단 복사, 복제, 전재는 저작권법에 저촉됩니다.
※ 디지털북스가 창립 20주년을 맞아 현대적인 감각의 새로운 로고 DIGITAL BOOKS를 선보입니다.
   지나온 20년보다 더 나은 앞으로의 20년을 기대합니다.
※ 일부 이미지 출처 'Pixabay'

머리말

고등학교 1학년이 끝나갈 무렵 학교에서 미술 부원을 모집한다는 얘기가 있었습니다. 가난한 학생이었던 저는 미술은 돈이 많이 드는 일이라 생각했기 때문에 나와는 관계없는 일이라 여기면서도 미술부로 뽑히는 학생들을 조금 부러워하는 마음이 있었습니다. 그런데 며칠 뒤 미술 선생님께서 저를 부르셨습니다. 미술부 활동을 해보라는 권유를 하기 위해서였죠. 선생님과 긴 대화를 마친 후 집으로 돌아가는 하교 길, 기쁜 마음에 웃음이 날 법도 한데 저는 울상을 하며 한숨을 쉬었습니다.

4남매 중 막내가 며칠 간 기운이 없으니 궁금하셨던 어머니는 무슨 일인지 물으셨고, 거의 포기하는 심정으로 그간의 사정을 이야기 하였는데 어머니는 뜻밖에도 네가 원하니 한번 해보라 하셨습니다. 어머니는 수업료에 대한 별다른 대책이 없으셨지만, 어려운 집안 사정을 알고서 강하게 떼쓰지 않는 아들의 마음을 쉽게 저버릴 수 없으셨던 것입니다. 그리고 미술 선생님의 설득도 한몫했습니다.

으레 대책 없이 시작한 일은 쉽게 무산되기 마련이죠. 당시 미술 학원에 비해 상당히 낮은 수업료였지만 그것마저도 마련하기가 버거워 입금 날짜 넘기기를 여러 번, 나중에는 도저히 수업료를 낼 수가 없어 스스로 그만둬야겠다는 생각을 하고서 미술 선생님께 말씀드렸습니다. 그런데 미술 선생님은 돈 신경 쓰지 말고 계속 다니라 하셨습니다.

미술 선생님에게 배운 소중한 것이 참 많습니다. 당시 학원에 있는 제 또래 학생들은 석고상을 눈 감고도 빠르게 그려낼 수 있는 방법을 외우고 있었지만, 우리 선생님은 소묘의 기초가 되는 원리들을 천천히 알려주셨습니다. 또한 어느 작가의 수채화 작품을 신문에서 손수 오려와 우리에게 보여주시면서 입시미술 틀 밖의 미술을 생각할 수 있도록 도와주셨습니다. (이때 배운 것들이 원리를 탐구하는 마음과 그림을 대하는 저의 태도에 크게 영향을 미쳤다고 생각합니다.)

그렇게 지금까지 연락하고 지내는 저의 은사님이신 김무일 선생님을 비롯하여 상황이 허락하는 한 막내아들이 하고 싶어 하는 일을 최대한 지원하려고 노력하신 우리 부모님, 그에 못지않게 든든한 큰누나, 미술부 중 유일하게 지금까지 그림을 그리고 있는 친구 영식이와 현재의 그림 동료 평기 씨, 특별한 추억을 함께 한 성일 씨, 덧글로 큰 힘을 주는 블로그 이웃들과 최근 이 책의 출판 소식을 알렸을 때 '좋아요'로 축하해 준 페이스북 모든 친구들에게 감사드립니다.

2014년 9월
정종우

페인터와 포토샵을 활용한
디지털 채색의 정석

🌀 **2013. 여자 습작**
여자, 피부 재질, 빛에 대한 습작이다. 사진 모작이지만 피부는 더 매끈하고 촉촉하게, 빛은 더 과장되게 표현해 봄으로써 몇 가지 실험을 해 본 그림이다.

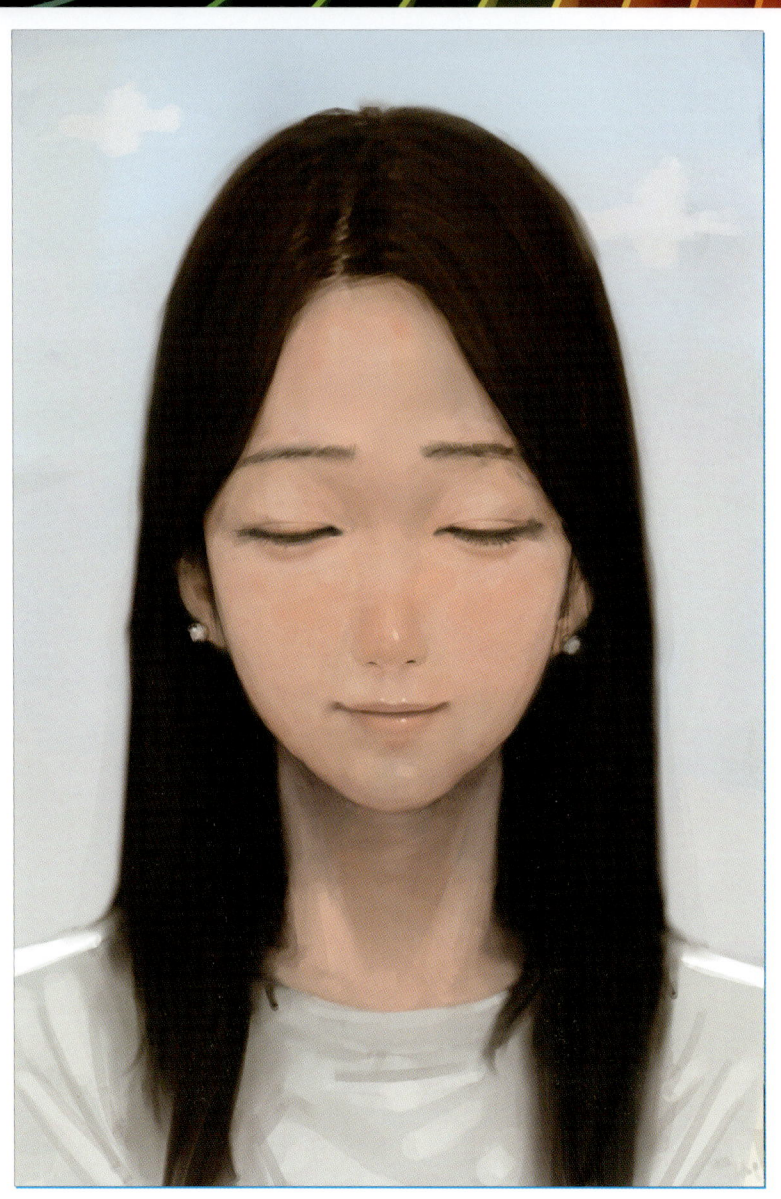

2010. 이별의 10단계
인터넷에 떠도는 얘기 중에 이별하면 겪게 되는 열 가지 단계가 있다고 한다. 거기서 시작된 아이디어로 총 10가지 상황을 설정하고 이별 과정을 그림으로 보여주는 짧은 카툰이다. 이 컷은 10단계 중 8번째. 화해를 표현한 부분이다.

페인터와 포토샵을 활용한
디지털 채색의 정석

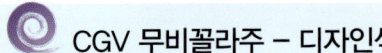
CGV 무비꼴라주 – 디자인색
디자인색의 의뢰로 작업한 그림이다. 화면 속 인물은 영화계의 두 거장 알프레드 히치콕과 우디 앨런이다. 디자인색은 포스터에 들어가는 일러스트 작업을 종종 의뢰해 주었다.

 ▲ 2013. 습작
쇼핑몰을 둘러보다 예쁜 이미지를 발견해서 그려본 그림이다. 이전까지 세밀한 묘사를 하는 것이 좋아보였지만 이 시기에는 단순한 나만의 스타일을 찾기 위해 노력하였다.

 ◀ 2010. 습작
붓에 먹을 찍어 여러 가지를 그려보다 재미를 느껴 디지털로 채색까지 진행해본 그림이다.

CONTENTS

PART 01 색 이론

CHAPTER 01 "색"(color)이란 무엇인가? | 012
- Section 01 색이란 무엇일까? | 014
- Section 02 물체색은 어떻게 생겨날까? | 015
- Section 03 혼란스러워 하는 사람들 | 021
- Section 04 물체에 반사된 빛이 눈으로 들어오기까지 | 026

CHAPTER 02 색 구성 조건 | 027
- Section 01 색이 발현되는 원리 | 027
- Section 02 색을 구성하는데 필수적인 요소 | 034
- Section 03 광원(Light source)이란? | 036
- Section 04 재질(Material+Texture)이란? | 049
- Section 05 환경(Environment)이란? | 062

PART 02 색 실기

CHAPTER 01 보이는 것을 그린다는 것 | 076
- Section 01 단순하게 시작하기 | 076
- Section 02 이웃 색들 간의 균형에 대하여 | 080
- Section 03 사진 같은 그림이란? | 082
- Section 04 정확하고 올바른 색이란? | 083
- Section 05 상대적으로 올바른 색! | 085
- Section 06 기본색 정하기 | 088
- Section 07 채색 계획 세우기 | 092

CHAPTER 02 의미 있게 습작하기 | 095
- Section 01 참고는 표절? | 096
- Section 02 습작을 의미 있게 하려면 | 099
- Section 03 뭐든 잘 그려야 하지 않을까? | 102

PART 03 실기 도구

CHAPTER 01 수작업 도구 vs 디지털 도구 (나는 어떤 도구를 사용해야 할까?) | 104
- Section 01 수작업 도구 | 108
- Section 02 디지털 도구 | 112

CHAPTER 02 실전 채색 (사실상 별 차이가 없는 도구들에 관하여) | 124

PART 04 질문과 대답

CHAPTER 01 하이라이트는 정말 흰색일까? | 134
- Section 01 솔리드 타입 | 142
- Section 02 클리어 타입 | 144

CHAPTER 02 어두운 부분에 보라색을 칠하는 이유 | 151

CHAPTER 03 밤이라고 해서 항상 어두운 것만은 아니다 | 155
- Section 01 채색은 조명에서 시작하자 | 160
- Section 02 조명을 추가하면서 채색하는 과정 | 163
- Section 03 레이어는 어느 정도로 활용해야 하는가? | 165
- Section 04 색 만드는 방법 | 169

CHAPTER 04 그림 그릴 때 흔히 범하기 쉬운 잘못된 습성들 | 172
- Section 01 구체적인 계획이 없다 | 173
- Section 02 빨리 그리려다 놓치는 것들 | 177
- Section 03 스케치를 완벽하게 해 놓는 것이 효율적인가 | 180
- Section 04 딱히 의도하는 것이 없다 | 182

CHAPTER 05 내가 칠하면 색이 더럽다 | 184
- Section 01 순도 100% 쌩 검정 | 187
- Section 02 깨끗하게 정리를 안했어 | 187

CHAPTER 06 내 그림은 뭔가 가볍다 | 189
CHAPTER 07 노이즈와 텍스쳐의 사용 | 193
CHAPTER 08 형태력의 응용 | 198
CHAPTER 09 3D 프로그램을 공부해야 하는가 | 201
CHAPTER 10 공부하기 좋은 자료들 | 204

맺음말

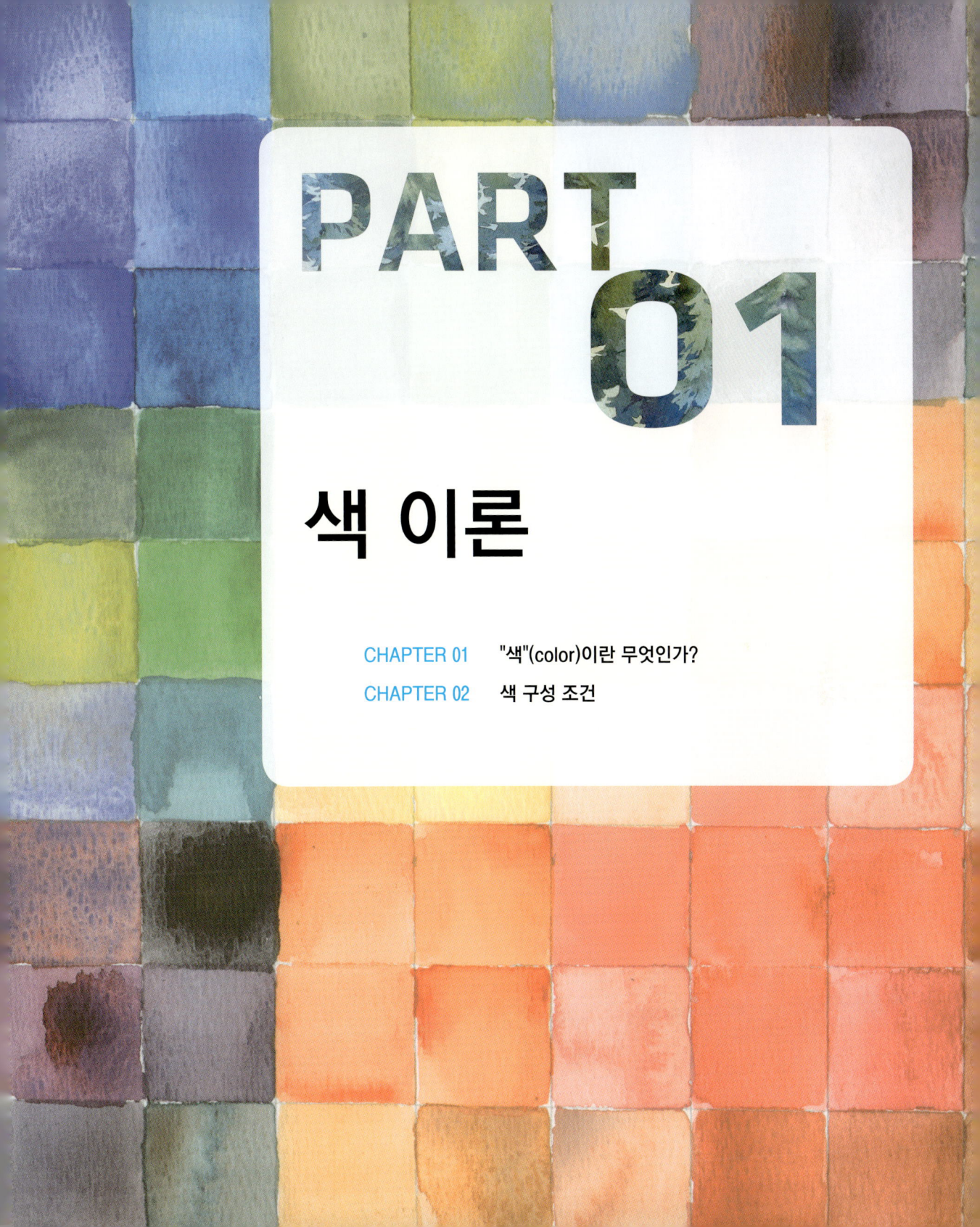

Chapter 01 | "색"(color)이란 무엇인가?

색이 없는 세상은 상상도 하기 싫습니다. 흑백의 세상에서 살아가는 모습은 매일 시멘트를 밥으로 먹는 것만큼이나 상상하기 끔찍한 일입니다. 구름이 없는 하늘이나 아름다운 꽃들이 눈을 끄는 이유, 무지개가 떴을 때 바라보게 되는 이유는 모두 색깔이 있기 때문일 것입니다.

색을 기술적으로 잘 사용하면 살아가는 데 유용한 목적을 달성합니다. 우울한 사람의 기분을 좋게 만들어 줄 수 있고 작업의 능률을 높일 수도 있으며, 곤두선 신경을 가라앉힐 수도 있습니다.

그러면 색이란 정확히 무엇입니까?
어떻게 색을 잘 사용할 수 있습니까?

Section 01 색이란 무엇일까?

색은 빛에서 나옵니다. 캄캄한 밤처럼 빛이 없을 때는 물체의 색깔이 전혀 나타나지 않는다는 점을 생각해 보면, 본질적으로 색은 물체 자체에 있는 것이 아닙니다. 그러면 빛은 어떻게 물체와 작용하여 색을 만들어 낼까요?

태양은 막대한 양의 "전자에너지" 즉 방사선을 방출합니다. 그 중에서 좁은 범위의 전자파만이 사람의 눈에 보입니다. 흔히 가시광선이라고 말합니다. 그 중 파장이 가장 긴 것은 단지 0.0008'밀리미터'밖에 안 되는데, 그것이 우리의 눈에는 빨간색으로 보입니다. 빛의 파장이 짧아지는 순서대로 주황색, 노란색, 녹색, 파란색, 청자색, 보라색 등으로 나타납니다. 보라색 광선의 파장은 단지 0.0004'밀리미터' 정도 밖에 되지 않습니다. 이 모든 파장이 합쳐지면 태양 광선과 같은 흰 빛이 됩니다.

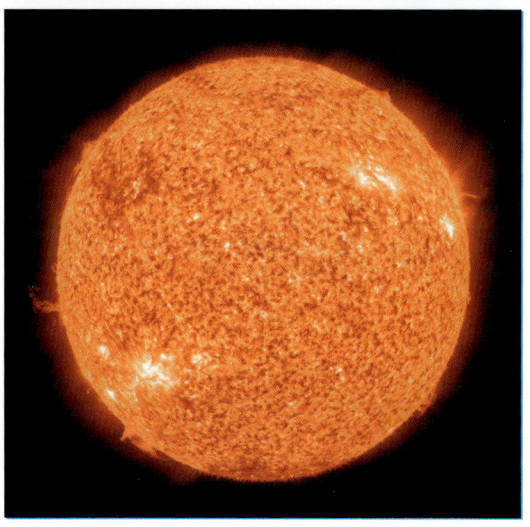

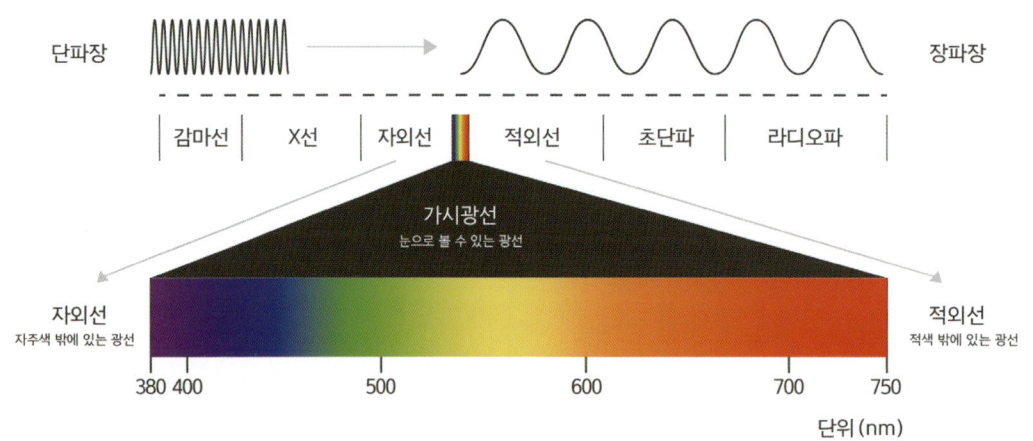

Section 02 물체색은 어떻게 생겨날까?

물체가 빨강, 노랑, 파랑 또는 다른 색으로 보이는 이유는 물체 속에 들어 있는 색소가 어떤 파장의 빛은 흡수하고 다른 파장의 것은 반사하기 때문입니다. 반사되어 눈에 들어오는 빛이 그 물체의 색으로 나타나는 것입니다.

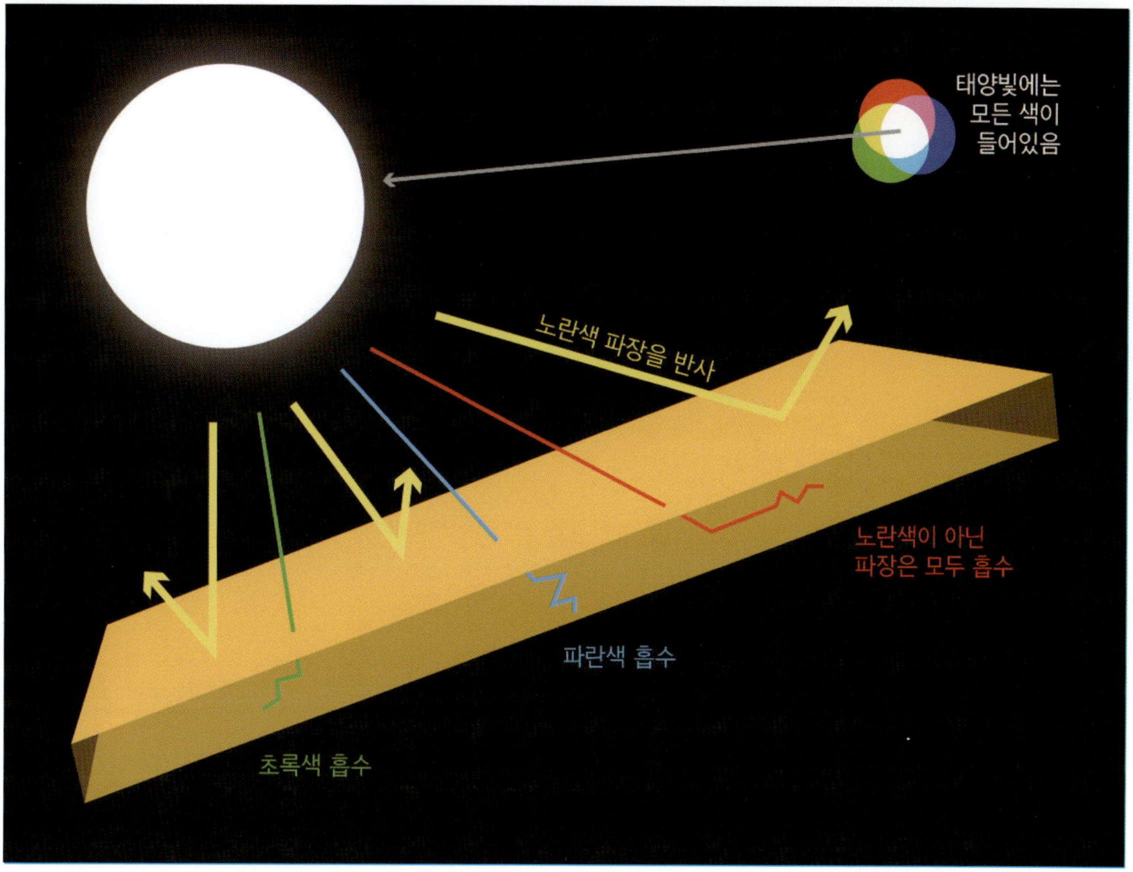

예를 들어, 풀에 들어있는 색소는 녹색을 제외한 태양 광선의 다른 모든 파장을 흡수해 버립니다.

따라서 그 녹색만 반사되어 우리 눈에 들어오기 때문에 풀은 녹색으로 보입니다.

빛의 모든 파장을 흡수해 버리면 그 물체는 검게 보입니다. 예를 들어, 파란 공에 단색광인 노랑 혹은 빨간 빛만을 비출 경우 검게 보이게 됩니다. 그 공의 색소는 파란 빛만을 반사하는데, 노랑이나 빨간 빛에는 파란 빛이 없고 그 공은 노랑과 빨간 빛을 모두 흡수하기 때문에 검게 보이는 것입니다. 이어서 광원색에 따라 색깔을 가진 공이 각각 어떤 색으로 보이는지 살펴보겠습니다.

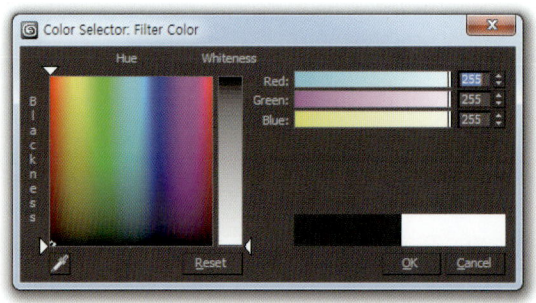

▲ 백색광 아래에서 빨강, 초록, 파랑, 흰색 공은 본연의 색 그대로를 발산합니다. RGB 삼원색이 모두 만들어 낼 수 있는 색이기 때문입니다.

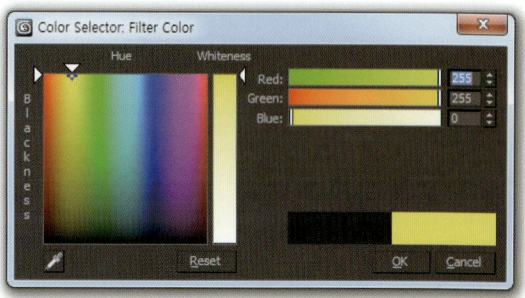

▲ Blue 값이 '0'이기 때문에 백색광에서 파란색으로 보이던 공은 반사해 낼 파란빛이 없어서 검정으로 보이게 됩니다.

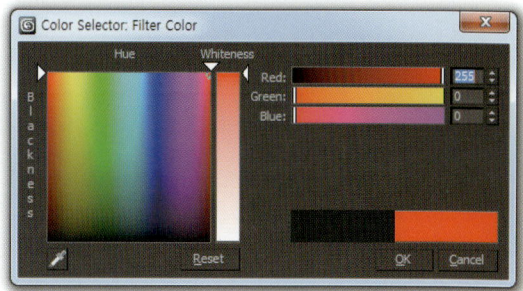

▲ 이 설정의 조명은 빨간(Red)색 입니다. 다른 색상 값은 '0', 즉 아무 값이 없는 상태입니다. 그래서 색상을 가진 세 개의 공 중, 빨간색만 제대로 된 색을 보여줍니다. 그 색을 온전히 반사하기 때문입니다. 참고로 흰색은 모든 색(값)을 반사합니다. 붉은 조명색을 받아 그대로 반사하기 때문에 흰색 공은 붉은색 공으로 보입니다.

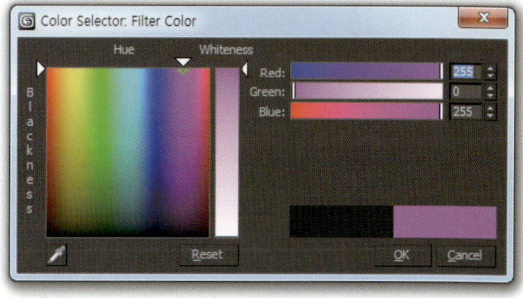

▲ 우측의 RGB 색상값과 좌측에 표현되는 공 색깔과의 관계를 살펴보시기 바랍니다.

노란색, 빨간색, 보라색 조명에서 각각의 공이 어떻게 반응하는지 확인하시기 바랍니다. 백색광에서 빨간색, 초록색, 파란색으로 보이던 공이 검은색으로 보이는 데에는 우측의 RGB값 중 '0'이 된 색과 관련이 있습니다. 예를 들어 위의 가운데 그림에서처럼 빨간 조명일 경우에 RGB 값은 Green 값과 Blue 값이 '0'입니다. 붉은 빛 속에 초록색과 파란색 파장은 조금도 포함되어 있지 않다는 얘기입니다. 그래서 초록색과 파란색 공은 막상 (여기서는 붉은)빛이 닿아도 반사해 낼 색이 없어서 검정색으로 보입니다. 그러므로 검정은 색깔이라기보다 색이 없는 상태를 말합니다.

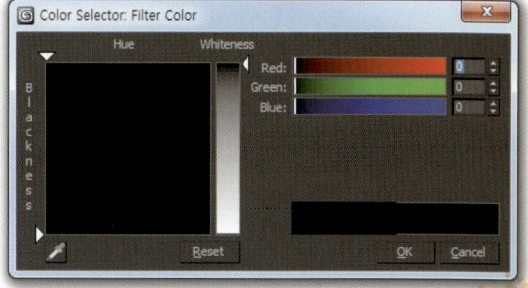

초등학교 미술시간에 배운 것 중 가장 기억에 남는 것으로 삼원색(세 가지 원색)이 있습니다. 원색이란 그것을 혼합해서 가장 많은 색을 만들어 낼 수 있는 색을 말하는데 빛의 원색은 빨강(Red), 초록(Green), 파랑(Blue)입니다.

RGB 세 가지 색은 모니터나 텔레비전, 빔프로젝터 등 빛을 이용하여 색을 내는 모든 전자기기에 사용되는 색 조합입니다.

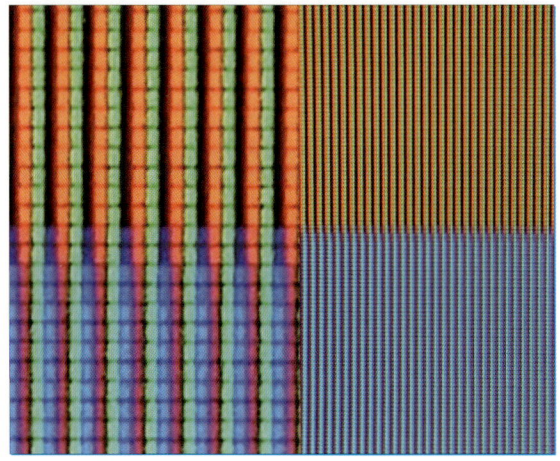

▲ 돋보기를 들고 컴퓨터 모니터를 가까이서 보면 눈으로도 확인이 가능합니다.

포토샵이나 페인터와 같은 컴퓨터 그래픽 프로그램에도 RGB 색 조합으로 색을 만들 수 있는 모드가 기본적으로 제공됩니다.

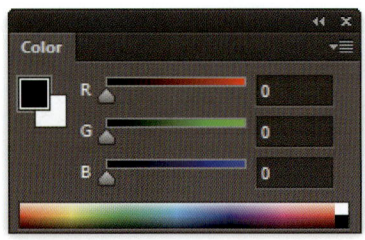

▲ Adobe Photoshop

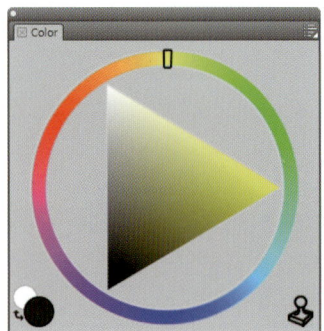

▲ Corel Painter

빛의 혼합은 삼원색에서 빨강부터 시작해 시계방향으로 두 가지 빛을 합쳐 나가면 각각 '적자색(마젠타)', '청록색(시안)', '노랑'이 됩니다. 세 가지 색깔을 다 합치면 잘 아시는 것처럼 흰색이 됩니다. (빛의 혼합을 포토샵으로 확인해 보시려면 블렌드모드에서 "Lighten"으로 합성하면 유사한 결과값을 얻을 수 있습니다. 배경으로는 빛이 없는 상태인 검정색을 깔고 색상은 RGB값을 각각 사용하세요.)

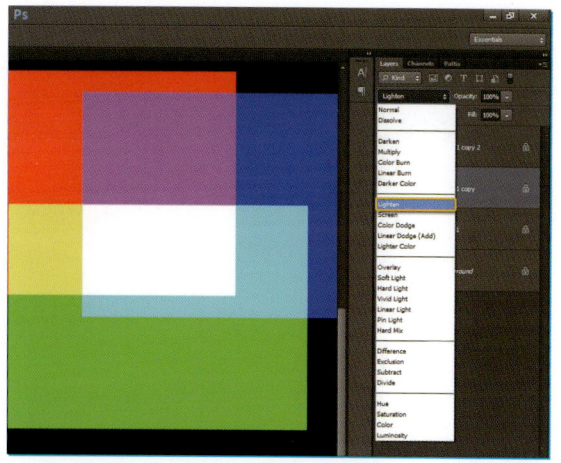

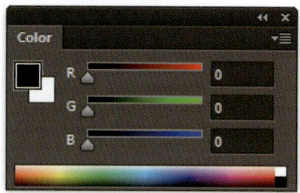

그러나 물감을 혼합하면 그와 같은 결과가 나오지 않습니다. 물감의 경우, 그 색을 띤 빛을 섞는 것이 아니라 빛을 흡수, 반사하는 색소를 혼합하는 것이기 때문입니다. 그러므로 물감의 원색은 빛의 원색과 다르게 적자색(마젠타), 청록색(시안), 노랑, 검정입니다. (물감의 혼합을 포토샵으로 확인해 보시려면 블렌드모드에서 "Multiply"로 합성하면 유사한 결과값을 얻을 수 있습니다. 색상은 CMYK에서 각각 추출하세요.)

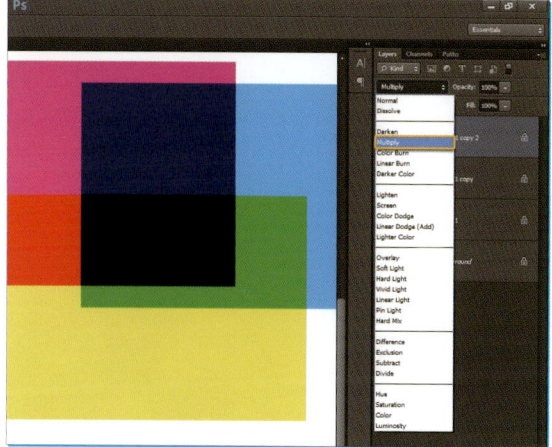

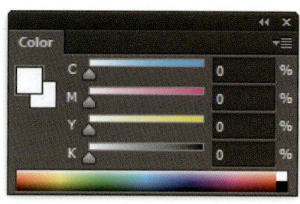

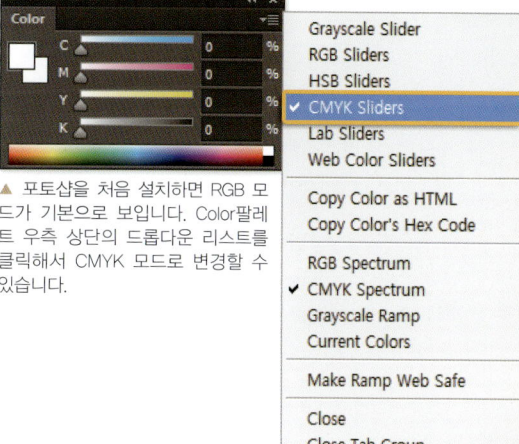

▲ 포토샵을 처음 설치하면 RGB 모드가 기본으로 보입니다. Color팔레트 우측 상단의 드롭다운 리스트를 클릭해서 CMYK 모드로 변경할 수 있습니다.

빛의 혼합이 눈에 보이는 세계를 이해하는 데 있어서 중요하다면, 물감의 혼합은 우리가 실제로 채색하는데 있어서 중요합니다. 그러므로 물감 혼합의 기본적인 속성을 파악하는 것은 채색에 도움이 됩니다.

포토샵을 열어 CMYK 블렌딩 모드로 테스트 해보는 것이 어렵다면, 색상환에 대한 기본적인 이해를 발전시키기를 권합니다. 보색을 섞으면 회색이 된다는 점이나 두세 가지 색을 혼합할 때 특정 색이 좀 더 두드러지게 나타나는 현상 등을 이해하면 빛의 현상을 그림으로 표현할 때 의도하지 않은 지저분한 색이 표현되는 것을 방지할 수 있기 때문입니다. 나아가 섞이면 섞일수록 점점 어두워지는 물감으로 섞일수록 밝아지는 빛의 세계를 묘사한다는 것은, 마치 색상이 반전된 그림을 그리는 것만큼이나 끊임없는 계산과 보정을 필요로 한다는 점을 이해하면 좋겠습니다.

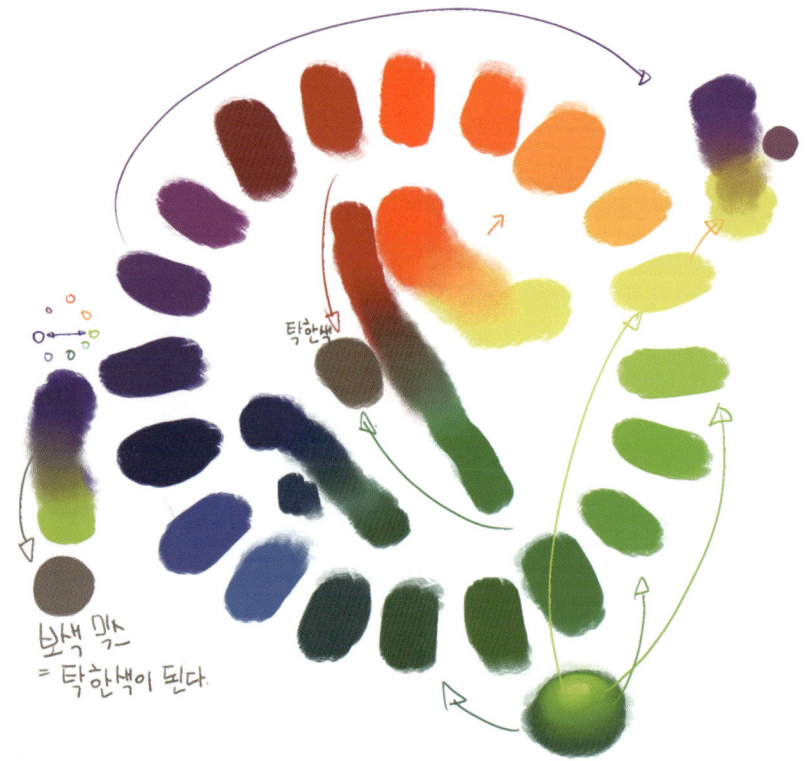

Section 03 혼란스러워하는 사람들

샤프나 연필로 그림을 그리기 좋아하는 사람이 어느 순간 색깔을 사용하기로 결정할 때 적지 않은 혼란을 겪습니다.

▲ "보라색을 만들려면 여기에 무슨 색을 칠해야 하더라..."

흑백의 명도(Lightness)만 조절하면 되었던 그림에 색상(Hue)과 채도(Saturation)가 들어가면서 순간순간 계산해야 할 양이 3배 이상 늘어난 듯한 느낌을 받기 때문입니다.

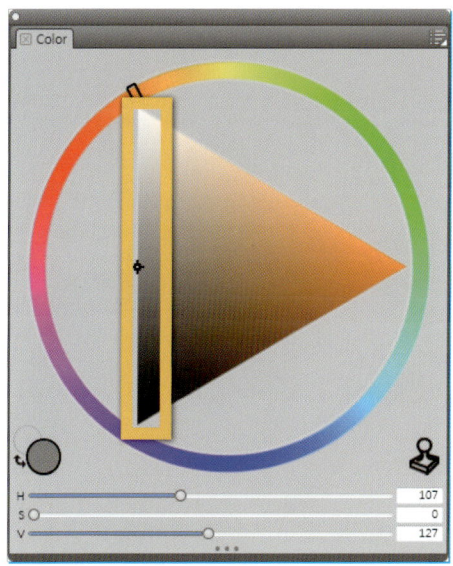

▲ 명도(Lightness)

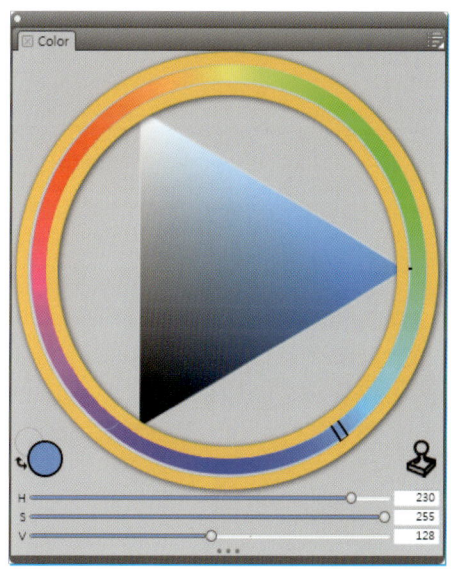

▲ 색상(Hue)

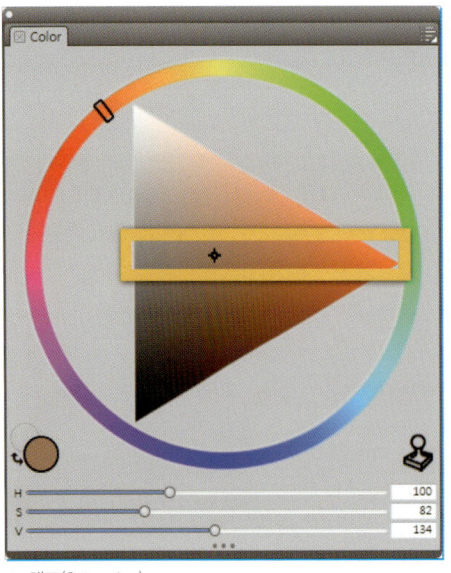

▲ 채도(Saturation)

▲ 명도만 사용하다가 색상과 채도를 추가로 사용한다는 건 완전히 다른 차원의 일입니다.

이것은 마치 오랫동안 공 1개로 저글링 해오던 사람이 갑자기 공 3개를 가지고 저글링을 시도할 때와 비슷한 혼란스러움일 것입니다.

하지만 거의 모든 일이 그렇듯, 꾸준히 연습하다 보면 어려웠던 것들이 점점 쉬워지는 경험을 하게 될 것입니다. 그렇다면 색을 잘 사용하기 위해서는 무엇을 알아야 할까요?

저글링을 연습할 때 우리는 손에 쥐고 있는 물체의 성분이 무엇인지를 분석하는 데에 시간을 쓰지 않습니다.

그보다는 물체가 반대편 손으로 이동하는 궤적을 동일하게 만들기 위해 반복해서 연습하는 편이 시간을 훨씬 더 지혜롭게 사용하는 방법일 것입니다.

마찬가지로 색을 잘 사용하는데 있어서 색상, 채도, 명도는 저글링할 때 손에 쥐고 있는 귤, 돌멩이, 곤봉처럼 너무나 단순 명확한 개념이라서 그것을 자세히 이해하려고 너무 많은 시간을 허비할 필요가 없습니다.

그보다는 ❶ 물체에 특정한 색이 만들어지는 이유를 이해하고 ❷ 눈에 보이는 색을 큰 오차 없이 물감이나 컬러피커 등에서 능숙하게 선택해 캔버스 상에서 정확한 위치에 칠할 수 있다면, 거리낌 없이 색을 사용할 수 있게 될 것입니다.

Section 04 물체에 반사된 빛이 눈으로 들어오기까지

지극히 인간적인 입장에서 물체의 색이 존재하는 이유는 우리가 눈을 가지고 있기 때문입니다.

굉장히 철학적인 이야기로 들리겠지만 빛 없이 물체색이 존재할 수 없다는 점을 생각해보면 마냥 그렇지도 않습니다.

심각하리만큼 간단하게 말해서 우리 눈에 색이 보인다는 것은, ❶ 광원에서 나온 빛이 ❷ 물체에 ❸ 닿아서 되돌려 내보내는 ❹ 빛깔(색)을 우리의 ❺ 눈이 감지하기 때문입니다. 이것을 조금 유식한 말로 바꾸면 ❶ 가시광선, ❷ 원자/분자, ❸ 반사/흡수, ❹ 파장(전자기파) ❺ 시세포(간상세포/원추세포)정도가 됩니다.

하지만 우리가 채색하는데 필요한 지식은 굳이 어려운 용어를 써가며 설명하지 않더라도 충분히 이해 가능한 수준의 것입니다. 따라서 이 책에서는 가능하면 쉽고 짧은 단어를 사용할 것이며, 경우에 따라 의미가 왜곡되더라도 그렇게 할 것입니다. 심각하게 왜곡되거나 새로 재정립할 필요가 있는 용어들은 본문에 한해 별도의 정의를 하고 사용하겠습니다.

Chapter 02 | 색 구성 조건

앞 장에서 색이 우리 눈에 보이기까지의 5단계를 간단히 살펴보았습니다. 그런데 색은 정확히 어느 시점에서 구현됩니까? 우리 눈에 최종적으로 들어오는 색이 어떤 조건들에 의해 결정되는지 알아봅시다.

Section 01 색이 발현되는 원리

01 물체에 색이 발현되는 원리는 이렇습니다. 좀 쉽게 풀어보죠. 예를 들어 작은 플라스틱 조각이 하나 있습니다.

02 태양(광원)이 빛을 내고 있습니다.

03 햇빛은 백색광인데, 백색광에는 빨주노초파남보 일곱 색이 다 들어있습니다.(가산혼합 참조) 마치 스스로 빛나는 무지개색의 다양한 가루가 태양에서 끊임없이 나오고 있다고 생각하시면 됩니다.

04 대기권을 뚫고 이제 플라스틱 조각 앞에 도착합니다.

05 플라스틱 조각은 그제야 실체가 드러나는데 이것은 빨간색 입자에만 반응하는 조각입니다.

06 다르게 말하면 빨간색 플라스틱 조각은 빨간색 빛 파장과 동일한 진동값을 가지고 있는 것입니다. 이렇게 빨간색이 아닌 입자들은 표면에서 흡수당하고, 빨간색 입자는 다시 밖으로 튕겨나갑니다.

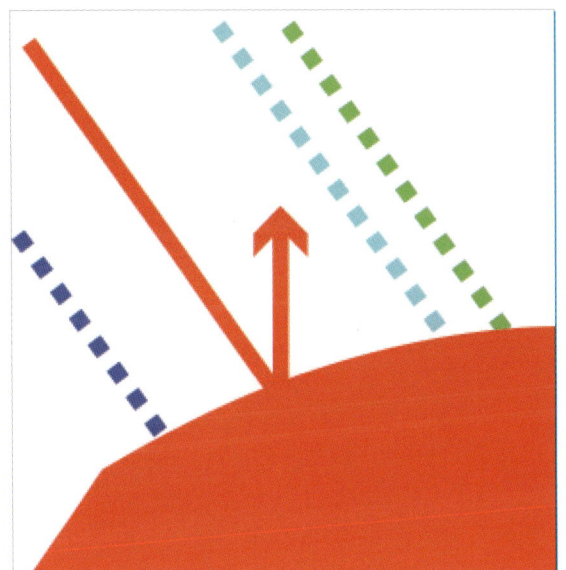
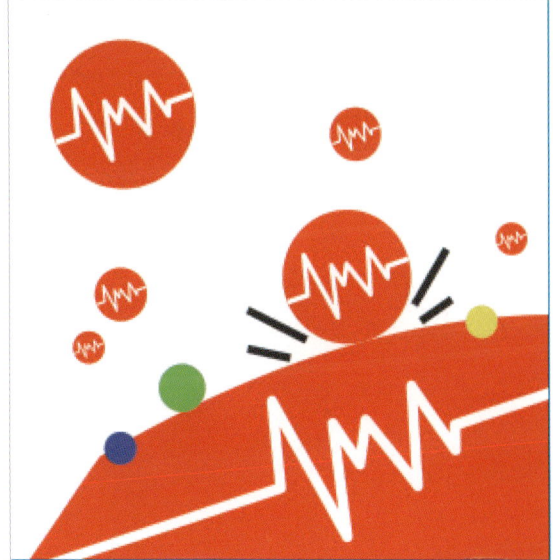

07 그 모습을 보고 우리는 플라스틱 조각이 빨간색이라고 인지하게 되는 것입니다.

08 그러니까 색깔을 가지고 있는 물체는 모두 빛으로부터 받은 해당 파장을 튕겨내고 있다고 생각하시면 됩니다.

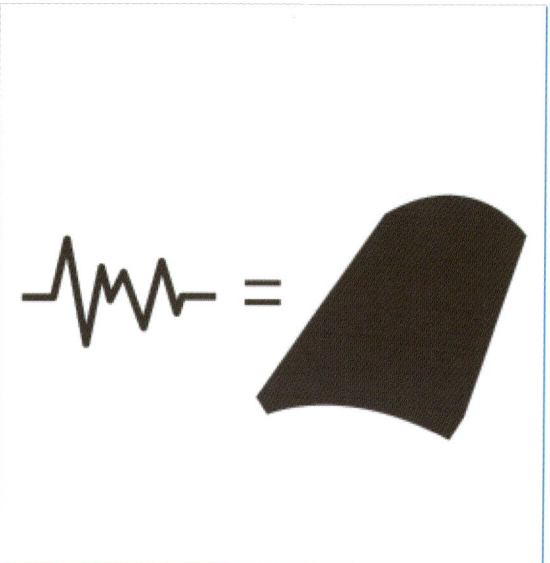

TIP

빛은 일반적으로 파동의 특성을 지닌 에너지 입자로 이루어져 있다고 여겨집니다. 색을 다룰 때 빛은 파형으로 설명하는 것이 이치에 맞지만, 그것은 우리가 이해하기에 직관적인 방법이 아니라고 생각하기 때문에 이 책에서는 거의 모든 경우에 빛을 입자로 묘사합니다.

이 점과 관련하여 좀 더 자세한 내용을 알고 싶으신 분은 검색창에 "빛의 이중성"을 검색해서 관련된 내용을 읽어보시기 바랍니다.

여기서 문제 하나 드릴게요. 맞춰보세요!
다음의 색을 칠한 색혼합 팽이를 돌리면 무슨색이 나올까요? (정답은 뒷면에 있습니다.)

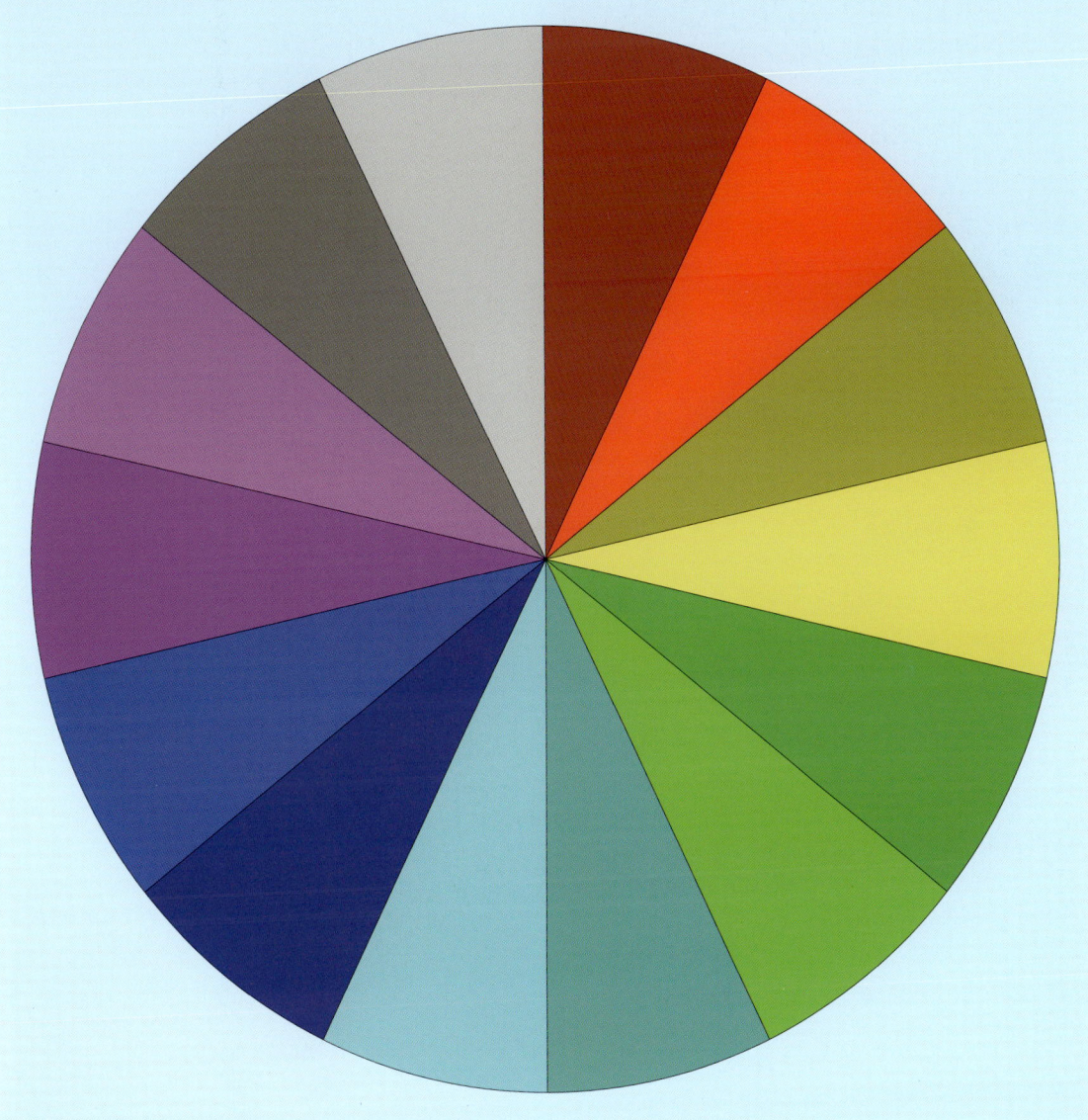

❶ 검은색　❷ 무지개색　❸ 무채색　❹ 흰색

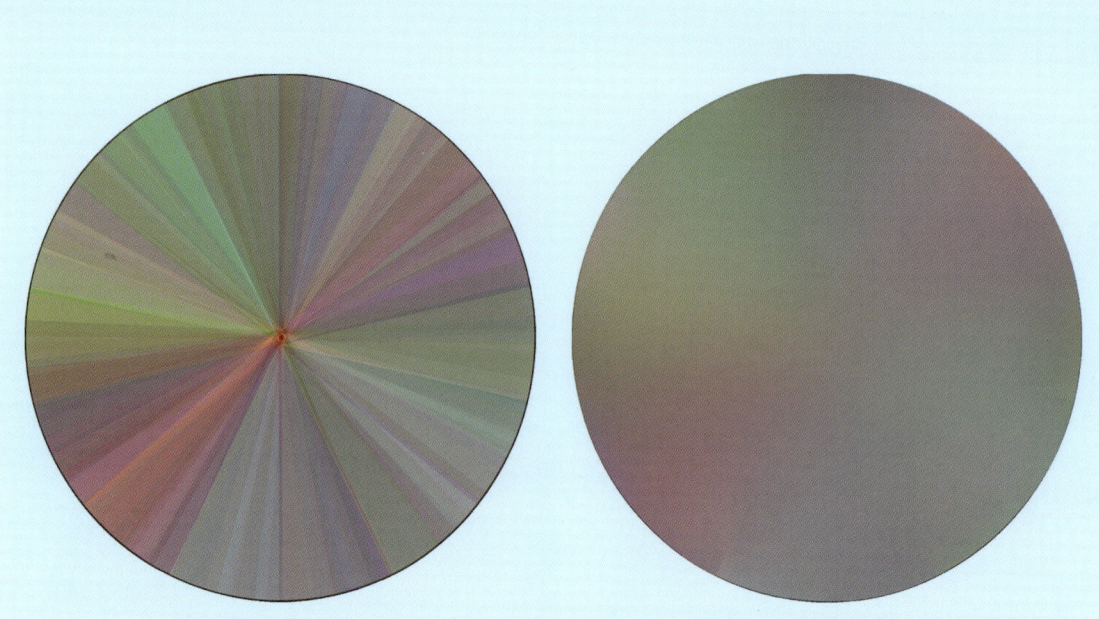

정답은 ❸ 무채색입니다.

일부 사람들은 팽이에 물감을 칠했으니 색이 섞이면 검정색이 되어야 하지 않나 하고 생각합니다. 하지만 색혼합 팽이에서 섞이는 건 물감이 아니라 빛 입자라는 점을 이해할 필요가 있습니다. 팽이가 정지해 있을 때나 회전하고 있을 때, 그 밖의 모든 경우에 물감은 딱딱하게 굳은 상태로 자기 구역을 지키고 있을 뿐입니다.

한편 빛의 혼합이라고 하니 흰색을 생각한 분들도 있을 것입니다. 필자 역시 실제로 색팽이를 만들어 돌려보기 전까지는 당연히 흰색이 될 것이라고 생각했는데, 아무리 봐도 흰색이 아니라서 관련 자료들을 좀 찾아보았습니다.

팽이를 돌리기 시작한 순간 섞였던 건 반사되어 나온 빛 입자들이기 때문에 일종의 가산혼합이 일어난 샘인데, 좀 더 정확히 말하면 이 혼합은 망막에서 일어나는 현상이며 '계시가법혼색'이라고 부릅니다.

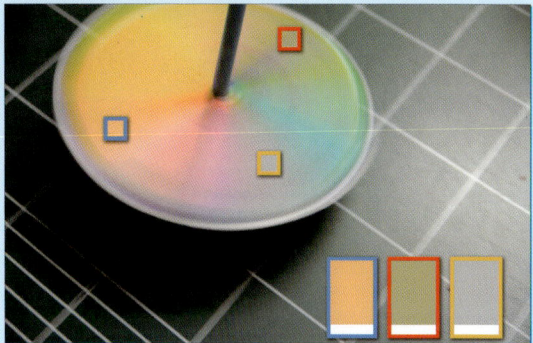

▲ 회색 물감을 사용하지 않았지만 빠르게 혼합된 색에는 간간이 회색이 나타납니다.

다른 말로는 '중간혼색'이라고 부르며 혼합색의 명도가 평균화되는 특징이 있기 때문에 빛의 혼합(가산혼합)이나 물감의 혼합(감산혼합)과는 또 다릅니다.

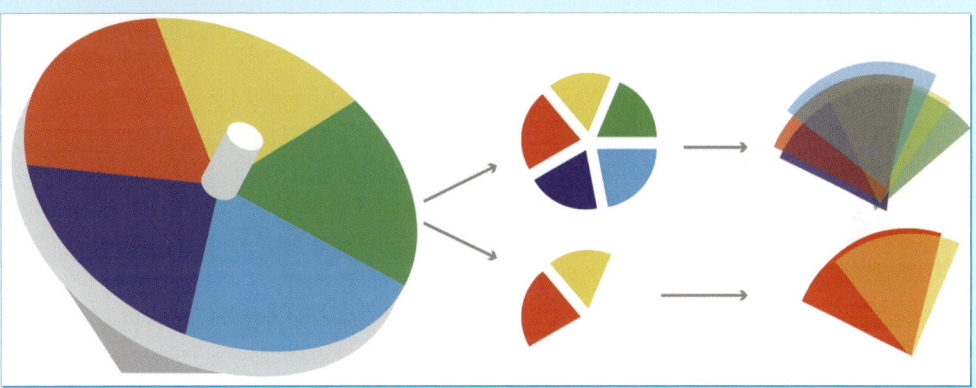

이해를 돕자면 빠르게 색이 교차되어 보여질 때 여러 개의 색 자극이 망막 위에서 혼색되어 한 가지 색으로 보이게 되는데, 이때 혼합되는 색은 평균 밝기로 나타납니다.

▲ 붓을 씻은 물통에 들어있는 어둡고 진한 물 색깔을 보면, 색팽이의 회전혼합이 적어도 감산혼합(감법혼색)은 아니라는 점을 알 수 있습니다.

Part 01 색 이론 | 35

Section 02 | 색을 구성하는데 필수적인 요소

색을 구성할 때 필수적인 요소는 빛을 내는 광원(Light source)과 빛을 받아낼 수 있는 물체입니다. 광원은 햇빛이나 형광등 따위의 조명을 말합니다. 조명하면 쉽게 머리에 떠올릴 수 있듯이 여러 가지 색을 가지고 있습니다.

물체는 다양한 색에 더해 다양한 재질(Material)과 질감(Texture)을 가지고 있습니다. 재질(material)이란 유리나 도자기, 천이나 플라스틱과 같이 빛이 투과되거나 막히거나 딱딱하거나 말랑말랑하거나 촉촉하거나 하는 등의 물체의 성질을 말합니다.

질감(Texture)이란 겉표면을 만졌을 때 느낄 수 있는 것으로, 까끌까끌하거나 부드럽거나 뾰족하거나 하는 등의 느낌과 관련 있는 말입니다.

TIP

이 책에서는 재질(Material)과 질감(material)을 모두 아우르는 말로 첫 글자를 하나씩 따서 "재질"이라고 부르겠습니다. 많은 경우에 이 둘을 구분하지 않고 사용할 것입니다. 하지만 구분해서 사용해야 하는 경우에는 영문을 함께 표기하겠습니다.

어떤 재질(material)은 주변 사물의 색에 영향을 줍니다. 예를 들어 빨간색 도자기 컵 옆에 있는 흰색 컵에는 빨간색 도자기 컵의 영향을 받아 붉은 빛이 감돌게(반사) 되는데요.

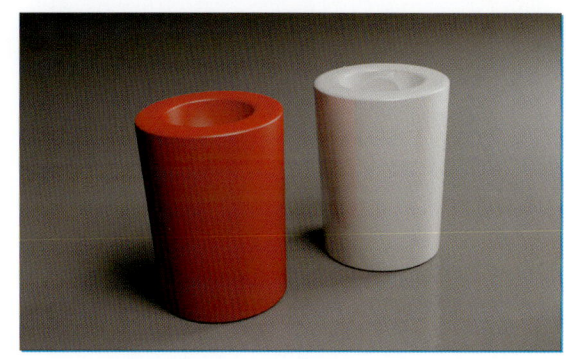

이것을 확장시켜 생각하면 숲에 들어가면 초록빛, 바닷물에 들어가면 푸른빛이 물체 전반을 감싸는 것도 같은 원리라는 것을 이해하게 됩니다.

이렇게 주 광원과 별개로 물체에 전반적인 영향을 주는 상황을 환경(Environment)이라고 보고, 이제부터 광원, 재질, 환경이라는 세 가지 요소에 대해 자세히 알아보도록 하겠습니다.

Section 03 광원(Light source)이란?

스스로 빛을 내는 모든 물체는 광원이 될 수 있습니다. 광원이 있어야만 우리가 사진을 찍거나 그림 그릴 때, 대상을 이미지로 담아낼 수 있습니다. 많은 경우 광원은 화면 밖에 있어서 눈에 보이지 않는데, 그럴 때라도 광원이 어디에 있을지 유추하여 판단 내리는 것은 중요합니다. 광원의 위치에 따라 사물의 밝고 어두운 면, 그림자의 위치가 달라지기 때문입니다.

▲ 이 사진에서 광원은 화면 밖에 있습니다. 광원의 위치는 그림자가 누워있는 방향과 길이를 보고 유추할 수 있습니다.

우측에 있는 태양(광원)이 화면 밖으로 사라진 저녁노을 사진을 보면 상대적으로 좌측은 밝고 우측은 어두운 것을 볼 수 있습니다. 하늘의 밝고 어두운 영역으로 유추해 볼 때, 태양은 당연히 좌측 어딘가에 있는 것으로 확신할 수 있습니다.

TIP

"광원[光源]: 제 스스로 빛을 내는 물체, 태양, 별 따위가 있다."

만약 여기에 새로운 뭔가를 그려 넣어야 한다면, 당연히 좌측을 밝게 우측을 어둡게 묘사할 것입니다. 광원의 위치를 염두에 두면서 화면상에 요소요소를 그려나가는 것은 사실상 흰 종이에 그림을 그려내는 과정과 별 차이가 없습니다. 모든 요소를 튀는 부분 없이 화면에 안착시킬 수 있을 때, 안정감 있는 그림을 완성할 수 있게 될 것입니다.

한편 태양은 광원이지만 달은 광원이 아닙니다. 달은 표토의 상당량이 유리질로 되어있어서 태양으로부터 오는 빛을 거울처럼 반사하기 때문에 우리 눈에 빛나 보이는 것 뿐입니다.

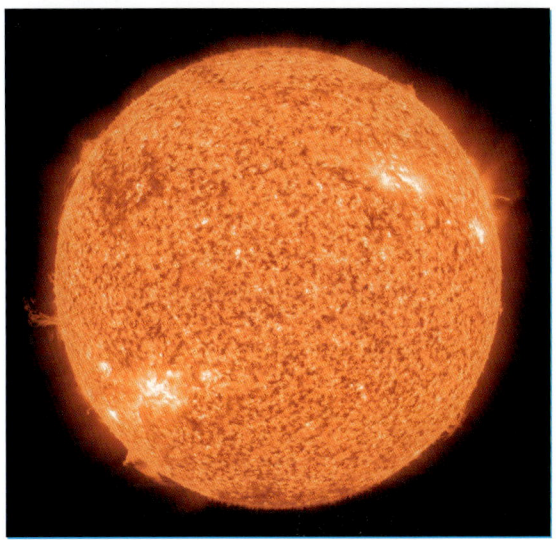 

달은 미러볼과 같은 역할을 한다고 생각하면 되는데, 미러볼이 반사시키는 빛은 근처에 있는 조명에서 나옵니다. 다르게 말하면 여기서 광원은 미러볼이 아니라 조명이 되는 것입니다. 이처럼 빛을 이야기할 때 우리는 단지 우리 눈에 가장 밝게 빛나는 사물에만 집중할 것이 아니라, 그 밝음의 근원이 되는 빛 소스, 즉 광원(Light source)에 관심을 기울일 필요가 있습니다. 반사체에서 나오는 빛도 결국 광원에 의해 색이나 밝기가 결정되기 때문입니다.

Part 01 색 이론 | 39

그러면 이제 우리 주변에서 일반적으로 볼 수 있는 광원 몇 가지를 소개하겠습니다. 이것은 캔버스 상에 "어떤 장면(Scene)을 구성할 것인가?"와 관련이 있는데, 평소 여러분이 좋아하거나 자주 그리는 배경을 떠올려 보시기 바랍니다. 예를 들어 초등학생 시절을 떠올리며 짝사랑했던 이성과 학교 운동장 스탠드에 앉아 이야기 나누고 있는 그림을 그리기로 마음먹었다면, 자연스럽게 태양이라는 광원에 대해 알 필요가 있습니다.

▲ 햇볕 아래서 놀고 있는 아이들 모습을 그리고 싶다면, 자연스럽게 햇빛의 특성을 알아야 합니다.

Unit 01 광원의 몇 가지 특징

01 자연조명 – 태양

7~8월 무더운 여름. 정오에 그늘이 없는 학교 야외 운동장에 서 있다면, 태양보다 밝게 빛나는 광원은 찾아보기 힘듭니다. 한낮의 태양빛은 매우 강합니다. 그늘 없이 직사광선을 맞으면 사물은 밝음과 어둠의 경계가 매우 명확히 나뉘며 선명하고 강한 그림자가 생깁니다.

태양빛은 매우 강한 빛이라서 거의 대부분의 물체에서 반사광을 유도해냅니다. 운동장이라면 바닥의 흙이나 모래가 반사광을 발생시킵니다. 그래서 보통 학교 운동장에 서 있는 사람의 아래턱은 **노르스름한 빛깔**을 띱니다.

많은 경우 강한 햇빛을 받은 피부는 명암 경계선을 기준으로 양쪽에 각각 높은 채도의 색이 형성됩니다. 우측의 이미지에서 밝고 어두운 영역의 경계면을 눈여겨보시기 바랍니다. 노란색 네모와 빨간색 네모에서 각각 일어나는 현상은 서로 비슷해 보이지만 다릅니다.

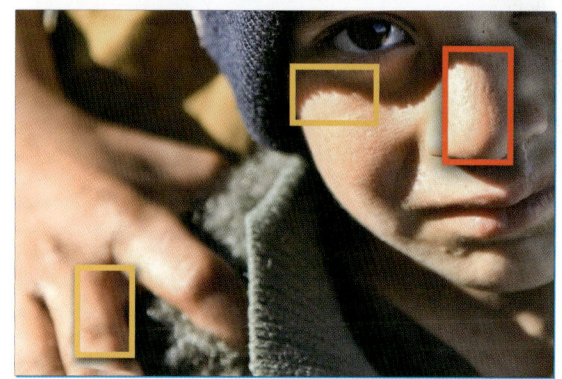

노란색 네모 – 빛의 산란과 관련이 있는 이 현상은 빛이 피부 표면을 침투해 안에서 산란하기 때문에 겉에서 볼 때 명도, 채도가 올라가 보이는 경우입니다.

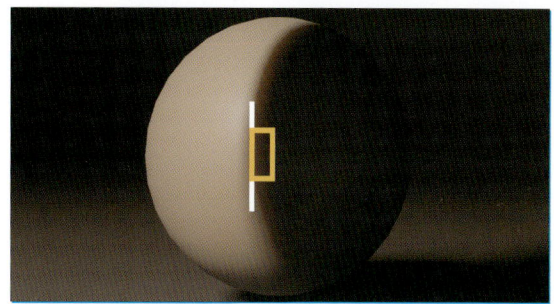

▲ 노란 네모 속의 색이 잘 보이지 않는다면 위 아래로 이어지는 명암 경계 부근의 색을 관찰하시면 됩니다.

빨간색 네모 - 그리고 단순히 밝은 영역에서 어두운 영역으로 넘어가기 전 가장 뚜렷한 색이 나오는 구간이기 때문에 채도가 높은 경우도 있습니다.

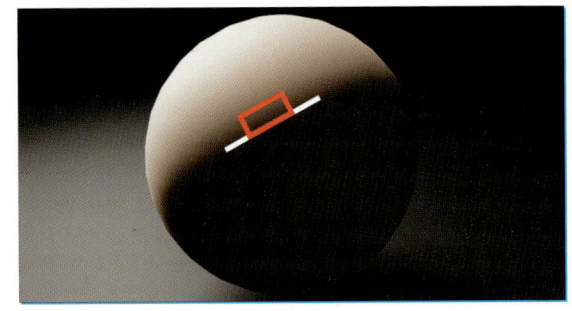

또, 이해하기 조금 어려울 수 있지만, 빛의 회절이라고 해서 밝은 영역의 빛이 표면상에서 어두운 영역으로 조금 넘어가는 현상도 있습니다. 아래 이미지의 그림자 경계가 칼 같이 떨어지지 않는 이유가 바로 이 현상 때문입니다. 빛이 물체의 끝을 스쳐 지나갈 때 경계면을 타고 돌아 들어가기 때문에 일어나는 이 현상은 파동으로 설명되는 빛의 특징 가운데 하나입니다.

사실상 빛에 관한 몇 가지 속성을 살펴보고 있는 지금 이것이 태양 광원의 특징이라고 소개하는 것이 이상할 게 없는 이유는 태양이 지구에 있는 다른 어떤 조명들과도 다른 독특함을 가지고 있기 때문입니다. 자연조명인 태양과 사람이 만들어낸 인공조명에는 큰 차이가 있습니다. 태양에서 뿜어져 나오는 엄청난 양의 에너지와 지구에서 한참이나 떨어져 있는 거리는 그 자체로 인공조명과의 비교를 거부 합니다. 그러한 차이는 지구에서 태양의 존재를 분명히 느낄 수 있게 각종 사물에 다양한 현상과 색으로 나타납니다. 그렇기 때문에 거꾸로 야외에서 사물에 표현되어있는 색을 살펴보는 것은 태양이라는 광원에 대해 알 수 있는 한 가지 방법이 됩니다.

TIP

회절 : 파동의 전파가 장애물 때문에 일부가 차단되었을 때 장애물의 그림자 부분에도 파동이 전파하는 현상
산란 : 파동이나 입자선이 물체와 충돌하여 여러 방향으로 흩어지는 현상

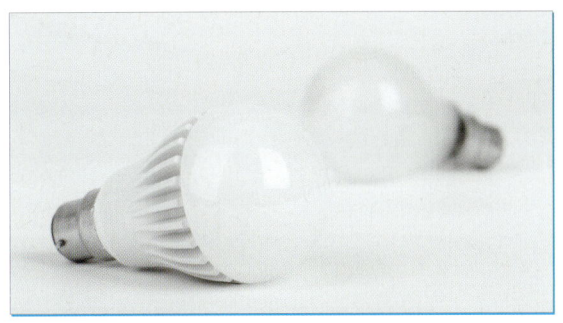 

광원의 색이 다르다는 건 물체나 배경 색이 달라져야 한다는 걸 의미합니다. 예를 들어 붉은색 벽지로 도배된 방에 푸른색 조명을 켜면 벽지는 보라색으로 보이게 됩니다. 푸른 조명의 색이 붉은색 벽지와 만나 또 다른 색을 만들어낸 것입니다.

마찬가지로 노란색 조명이 있는 화장실에서 분홍색 피부는 주황색 계열로 묘사됩니다. 조명의 빛이 물체와 만나 다른 색을 만들어낸 것입니다.

Unit 02 광원들이 지니고 있는 색깔

조명에는 색이 존재합니다. 각 조명들이 발산하는 파장에 따라 각각 다른 색으로 보입니다. 태양은 백색광이지만 살짝 노란기가 있습니다. 흔히 공연장에는 빨간색, 파란색 조명을 섞어서 보라색의 환상적인 분위기를 연출합니다.

흰색 빛으로 보이는 형광등 아래에서 사진을 찍으면 이상하게 사진이 푸르게 나옵니다. 백열등, 형광등, 삼파장 조명은 비슷해 보이지만 발산하는 색(파장)이 미묘하게 다릅니다.

간접조명은 주로 천장에 반사한 빛으로 주변을 밝히는 만큼 광원의 색도 중요하지만, 벽이나 천장의 색과 재질을 고려하는 것도 그에 못지않게 중요합니다. 백색의 직접조명은 빨간 방에서 흰빛을 내지만, 백색의 간접조명은 빨간 방에서 불그스름한 빛을 냅니다.

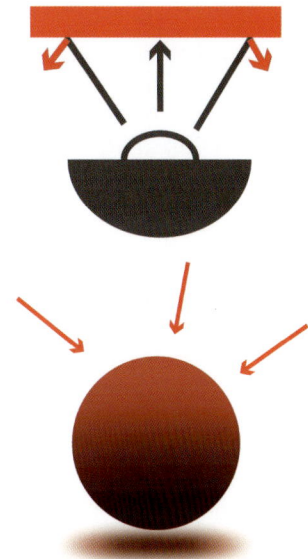

03 반간접조명

반간접조명은 천장과 바닥을 두루 비추는 조명을 말합니다. 전등갓으로 어느 한쪽을 100% 막아놓은 것이 아니기 때문에, 특정한 쪽을 비추는 방향성은 있지만 그 반대쪽으로도 은은하게 빛이 새어나옵니다. 그렇기 때문에 조도분포가 균일한 간접조명의 장점을 가지면서 밝기도 어느 정도 확보할 수 있는 조명방식입니다. 이 책에서는 편의를 위해서 광원 앞에 반투명 재질을 갖다 댄 모든 것, 이를테면 사진촬영 스튜디오에 있는 소프트박스나 불투명 아크릴판 뒤로 숨겨놓은 LED조명과 같이 반투명의 확산체가 달려있는 모든 조명방식을 반간접조명이라고 부를 것입니다.

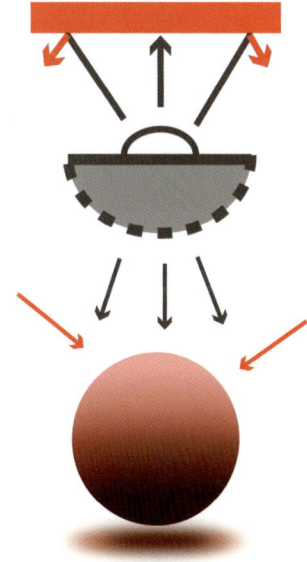

02 인공조명

실내의 대부분 상황에서는 인공조명이 사용됩니다. 인공조명은 대체로 전등 조명을 말합니다. '인테리어 용어사전'이라는 책에서는 이 인공조명의 3대 방식을 언급하는데, 그것은 ❶ 직접조명, ❷ 간접조명, ❸ 반간접조명 입니다. 이것을 알면 물체의 명암(밝고 어둠)을 명확하게 나눌지, 아니면 부드럽게 뭉갤지 등을 결정하는 데 도움이 됩니다. 이제 이 세 가지 조명 방식을 각각 살펴보기로 합시다.

01 직접조명

직접조명은 반사갓을 사용하여 광원의 빛을 모아 물체에 직접 비추는 방식을 말합니다. 특징은 직접 비추는 만큼 빛이 강하며, 따라서 강한 그림자가 생깁니다. 전반적으로 직접조명은 사물을 좀 촌스럽게 만드는 경향이 있는 것 같습니다. 형광등이나 백열등이 그와 같으며, 천장에 달려서 아래쪽으로만 100% 비추는 거의 모든 조명은 직접조명이라 생각하시면 됩니다.

02 간접조명

간접조명은 직접조명을 천장에서 약간 띄우고 거꾸로 돌려 달았다고 생각하시면 됩니다. 광원에서 나온 빛을 천장이나 벽에 부딪혀 확산된 반사광으로 비추기 때문에 별로 밝지는 않지만 조도분포가 균일하다는 장점이 있습니다. 공간에 조도분포가 균일하면 광원의 거리와 상관없이 물체는 비슷한 밝기를 유지합니다. 그리고 빛이 고르게 분포되어 있기 때문에 사실상 빛을 등진다는 개념이 사라지면서 물체의 어두운 부분 또는 그림자가 강하게 형성되지 않습니다. 그래서 간접조명은 전반적으로 물체에 부드러운 빛을 남깁니다.

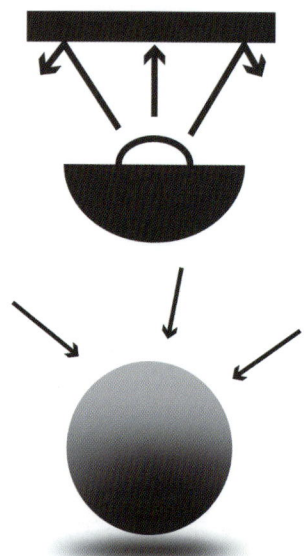

살펴본 현상들을 간략하게 그림으로 표현하면 다음과 같습니다. 중요한 것은 밝은 영역에서 어두운 영역으로 색이 넘어갈 때, 단순히 두 가지 색이 그라데이션을 이루는 것이 아니라 중간에 채도가 다른 색이 한두 단계 더 들어간다는 것입니다.

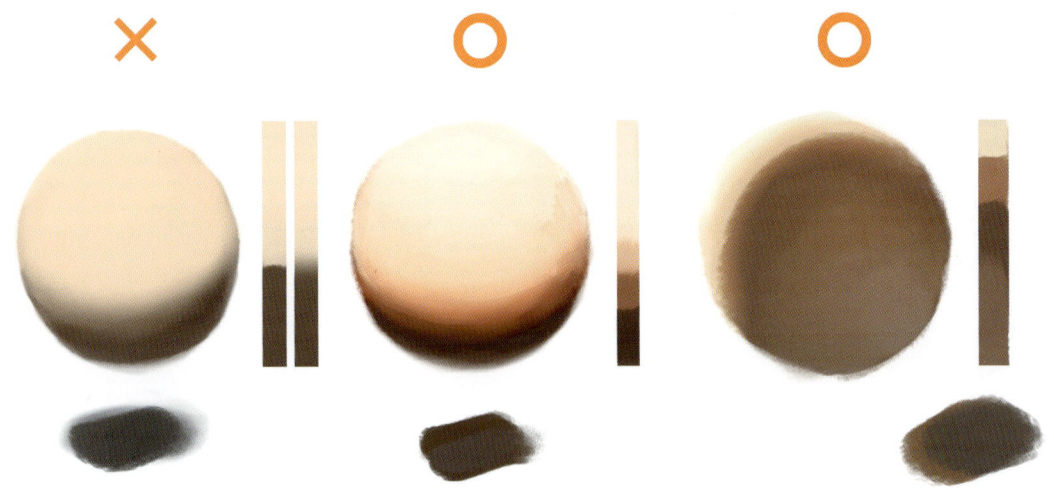

페인터 프로그램의 컬러 패널에서 색이 변화하는 궤적을 추적해보면 좌측 첫 번째 구의 색상은 직선에 가까운 라인이 그려지는 반면 가운데 구의 색상 궤적은 반원에 가까운 라인을 그리고 있습니다. 모든 경우에 그러한 것은 아니지만, 대체적으로 물체의 중간 톤에서 충분히 채도를 올려 표현하면 그림이 탁해 보이지 않으며, 보는 사람들로 하여금 색이 풍부하다고 느끼게 만들 수 있습니다.

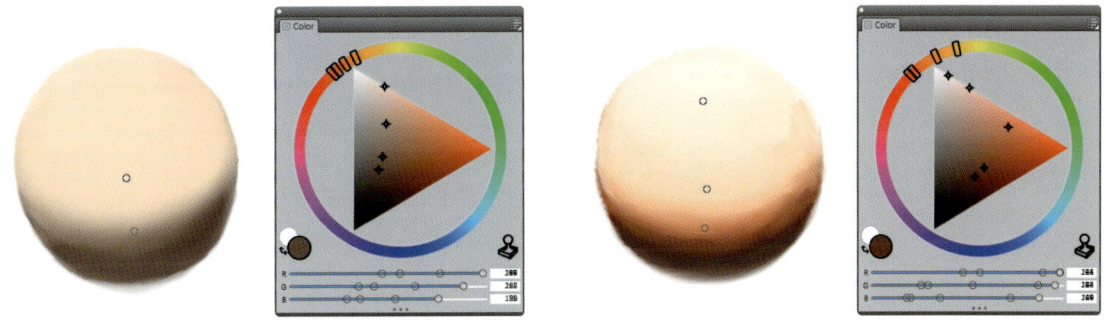

광원을 설명할 때 종종 사람 피부를 예로 사용할 것입니다. 피부는 빛의 산란이나 회절 및 반사광 등 빛이 가지고 있는 여러 속성을 보여주기에 아주 좋은 질감이기 때문입니다. 피부에 색이 형성되는 원리를 잘 이해하면 인간이 고안한 인공물의 재질을 표현하는 것이 쉽게 느껴질 것입니다. 인공물에서 일어나는 빛의 반응은 상대적으로 단순하기 때문입니다. 그러므로 비교적 복잡하다고 할 수 있는 재질인 피부에서 일어나는 현상을 통해 광원에 대해 잘 알게 되기를 바랍니다.

한편 태양빛은 시간이 지남에 따라 지구에 도착하는 빛의 색이 달라진다는 특징도 있습니다. 이 부분은 뒤에 나올 Section 05 – '환경(Environment)이란?'.(64p) 부분에서 자세히 다루겠습니다.

강한 태양빛은 강한 반사광을 유도해 낸다고 하였습니다. 그래서 태양 아래서 존재하는 물체는 어떤 색의 땅에 놓여있고 또 어디에 가까이 붙어 있는가 하는 것이 상당히 중요합니다. 반사광으로 인해 물체들 간에 서로가 주고받는 색의 영향이 크게 달라지기 때문입니다. 아래 이미지(좌측)에서 검은색 바닥에 놓여있는 구의 어둠영역은 별다른 반사광이 없어 어둡습니다. 하지만 우측의 공 색과 같은 살색의 바닥을 사용했을 때 공의 어둠 부분은 검은색 바닥에서와는 다르게 밝게 빛납니다. 이것이 실제 피부와 피부가 가까이 붙어 영향을 주는 경우에 살구색이었던 피부색은 더 붉어져 주황에 가까운 색이 만들어집니다.(맨 아래 사진, 상완이두근 부분)

▲ 백색광 아래서 살색을 띠던 공이 화장실 조명 아래로 가면 주황색으로 변합니다.

▲ 위의 가운데 사진은 좌측의 원본 사진에서 팔을 잘라내고, 색상 톤을 변경한 우측 사진에서 배경을 가져와 합성한 사진입니다. 배경이 노란 조명으로 바뀌었는데 피부색은 여전히 백색광 아래에서의 색으로 묘사된다면 어설프게 합성한 것 같은 느낌이 납니다.

TIP

합성을 촌스럽게 하는 가장 확실한 방법은 다른 조명 아래에서 찍은 두 가지 물체를 한 화면 안에 담는 것입니다. 마찬가지로 그림을 그릴 때 요소요소들의 색감이 제각각이라면 화면 안에서의 통일감은 기대하기 어려울 것입니다.

Unit 03 광원색에 따라 달라지는 물체색

▲ 인상파 화가 클로드 모네는 여러 연작을 통해 동일한 사물이 빛에 따라 어떻게 변하는지를 탐구했습니다.

'**빛은 곧 색채**' – 인상파(Impressionism) 화가들이 고수하던 원칙입니다. 조금 각색한 이야기인데요. 한 화가가 사과를 책상 위에 올려두고 여러 날 쳐다봤다고 합니다. 구름이 낀 날도 쳐다보고, 비가 오는 날도 쳐다보고, 햇빛이 쨍쨍한 날에도 쳐다보면서 색을 탐구했답니다. 그가 내린 결론은 사과는 빨갛지 않다는 것이었는데요. 환경이 달라짐에 따라 사과색도 변하더라는 겁니다. 그래서 그의 그림 속 사과는 회색, 초록, 노랑 등 다양한 색이 한 장면 안에 뒤섞여 칠해져있습니다. 그는 확신에 차서 자신의 그림을 가리키며 "이것이 사과 본연의 색이다."라고까지 말하였는데요. 이처럼 색이란 것은 절대적인 것이 아니기 때문에 시시각각 달라지는 상황, 조명, 환경 등을 고려해서 전체적인 톤을 결정할 필요가 있습니다. 우리가 이런 점

들을 고려한다면 사과는 빨간색, 바나나는 노란색, 구름은 흰색으로만 칠하는 습관에서 벗어나 좀 더 다양한 색을 자유롭게 사용할 수 있게 될 것입니다.

다양한 색을 사용하게 되면서 한동안 그림이 잘 안 그려지더라도 실망하지 마시기 바랍니다. 관념이 깨지는 과정에서 느끼게 될 혼란은 자연스러운 것입니다. 멈추지 않고 꾸준히 고민하고 연습한다면 시간이 지나 다양한 색을 안정감 있게 컨트롤할 수 있게 될 것입니다.

Section 04 재질(Material+Texture)이란?

세상엔 무수히 많은 재질의 물체가 있습니다. 플라스틱, 강철, 나무, 유리, 비닐, 스티로폼, 종이 등 다양합니다. 빛을 흡수하는 재질이 있는가 하면 강하게 반사하는 재질도 있고, 빛이 투과되는 재질도 있습니다. 재질에 따라 밝고 어두운 영역에서 색이 형성되는 원리가 다릅니다. 그렇기 때문에 재질을 잘 표현하기 위해서는 단순히 물체의 기본색이나 톤을 아는 것 이상이 요구됩니다.

물체의 재질 종류가 워낙 많기 때문에 "이걸 언제 다 공부하나?"하는 생각이 들 수 있습니다. 평생을 공부해도 다 끝내지 못할 것 같은 생각에 지레 포기해버리고 싶은 생각이 드는 것도 이해할 만한 일입니다. 하지만 복잡해 보이는 것도 비슷한 것들끼리 모으다 보면 대게 몇 가지로 정리가 됩니다. 재질과 관련하여 필자가 나름대로 정리한 타입은 – **솔리드 타입, 레이어드 타입, 클리어 타입** – 총 세 가지입니다. 이 세 가지 타입만 알면 세상에 존재하는 대부분의 재질에 대한 해석이 가능합니다. 재질에 대한 해석이 되면 색을 어떻게 칠해야 할지 감이 올 것입니다. 이제 세 가지로 분류한 타입에 관해 자세히 알아보도록 하겠습니다.

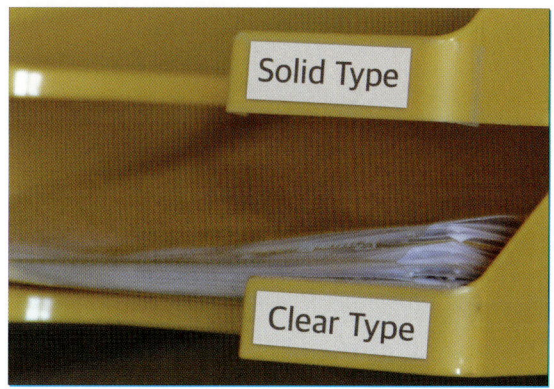

TIP

세 가지 재질 타입의 용어는 필자가 임의로 정한 것이니 웹에서 검색하더라도 나오지 않을 것입니다. 따라서 이 책을 보지 않은 사람과의 대화에서 이 용어를 사용하면 소통에 어려움을 겪을 수 있습니다. 이 용어는 이 책 안에서만 사용합시다.

Unit 01 솔리드 타입

페인트를 벽에 칠해본 경험이 있으신지 모르겠습니다. 흰색 페인트를 더러운 벽에 칠하면 벽은 흰색으로 깨끗하게 덮이면서 이전의 더러웠던 벽 색깔은 완전히 사라집니다. 필자가 솔리드 타입이라고 부르는 재질은 좁은 의미로는 투명한 코팅층 없이 본래 사물의 색을 완전히 가리기 위해 딱 한 번 페인팅한 표면을 말합니다.

하지만 표면을 덧입혀서 만들어낸 색이 아닌, 구성 성분 자체에 색이 들어있는 경우도 있는데 이것 역시 솔리드 타입입니다. 예를 들어 플라스틱 형상을 찍어내기 전 원하는 색을 만들기 위해서는 플라스틱을 녹여 거기에 안료(페인트)를 섞어 굳혔을 텐데, 이것은 완성된 조각 표면에 페인트를 덧바른 것과 비교할 때 최종적으로 보이는 색의 차이가 별로 없습니다. 페인트를 덧바르든 물체를 녹여 안료를 섞든 단색의 광이 없는 밋밋한 색상의 표면은 모두 솔리드 타입의 재질이라고 생각하시면 됩니다.

한편 솔리드 타입은 건조하며 광이 없습니다. 나무나 수건(천), 휴지나 종이박스, 석고상과 같은 물체가 좋은 예이며, 대부분 단색의 기본 컬러 하나를 가지고 명도 조절만으로 채색이 가능합니다.

이 타입은 또한 급격한 색상 대비가 없습니다. 완만한 굴곡에서는 그저 밝은 톤에서 어두운 톤까지 부드럽게 펴 바르면 됩니다. 색상과 채도를 크게 신경쓰지 않아도 되는, 채색이 비교적 쉽고 편한 타입입니다. 하지만 너무 편하게 생각하면 자칫 탁한 채색을 할 수 있으니 유의하세요.

이해를 돕자면 솔리드 타입의 반대는 클리어 타입입니다. 뒤에 살펴보겠지만 클리어 타입의 특징은 광이 있으며 주변 사물을 반사합니다. 촉촉한 느낌이 드는 이 재질은 투명한 얇은 막이 하나 있는 것처럼 보입니다. 클리어 타입에서 랩처럼 씌워진 투명 껍데기를 하나 벗기면 솔리드 타입이 됩니다.

▲ 액체 상태로 촉촉하거나 비닐 및 얇은 유리 재질이 한 겹 씌워져서 번쩍 번쩍 광이 나고, 주변 사물이 표면에 비치는 것들은 솔리드 타입이 아닙니다.

Unit 02 레이어드 타입

레이어드 타입은 한 겹 내지는 두세 겹이 층층이 겹쳐 보이는 표면을 말합니다. 예를 들어 피부는 표면이 솔리드 타입으로 보이지만 사실은 속에 있는 몇 겹의 색들이 껍데기를 뚫고 나와 은은하게 비치는 것입니다. 피가 다 빠져버린 피부나 근육을 제거한 상태에서 피부 껍데기만을 뼈에 걸쳐 놓고 색깔을 본다면, 아마 살아있는 사람의 피부 색깔과 많이 다를 것입니다.

▲ 우측 표면에 보이는 분홍색은 사실상 좌측의 구조를 보면 알 수 있듯이 몇 개의 층이 겹쳐서 나타내는 색입니다. 보라색, 노란색, 밝은 상아색 등을 사용해서 최종적으로 우측의 색이 만들어집니다.

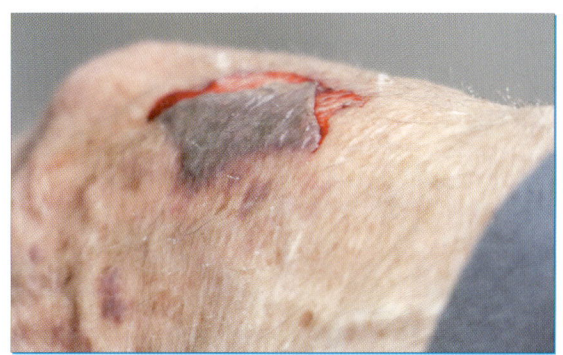 

선팅한 자동차의 창문을 그릴 때 우리는 불투명 검정색을 턱하니 칠하지 않습니다. 은근슬쩍 안에 비치는 것들을 꼼꼼하게 묘사합니다. 이처럼 레이어드 타입은 겉에 보이는 색이 뭔지 알 것 같다고 해서 단색으로 덕지덕지 바르면 안 됩니다. 그 안에 투과되어 보이는 색을 혼합하거나 병치시키는 방식으로 아래층의 색도 함께 표현해주어야 합니다.

수작업할 때 레이어드 타입은 색이 다른 각각의 영역을 칠할 때 통일감 있게 톤을 일일이 맞춰줘야 하는 까다로움이 있습니다. 하지만 컴퓨터로 채색할 때는 레이어와 브러시의 투명도(Opacity)를 활용할 수 있기 때문에 상당히 편리합니다. 안쪽 면(아래층)을 먼저 묘사하고, 이후에 바깥쪽(표면층)을 그린 뒤 레이어의 투명도(Opacity)를 조절하는 방법으로 뒷면이 비치는 듯한 표현을 꽤 자연스럽게 해낼 수 있습니다. 레이어를 사용하지 않고 브러시 투명도(Opacity) 조절만으로 바로 그려낼 수도 있습니다. 중요한 것은 겉과 속에 있는 색이 어떠한 방식으로든 섞여야 한다는 것입니다.

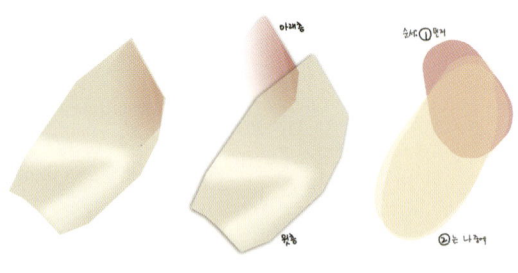

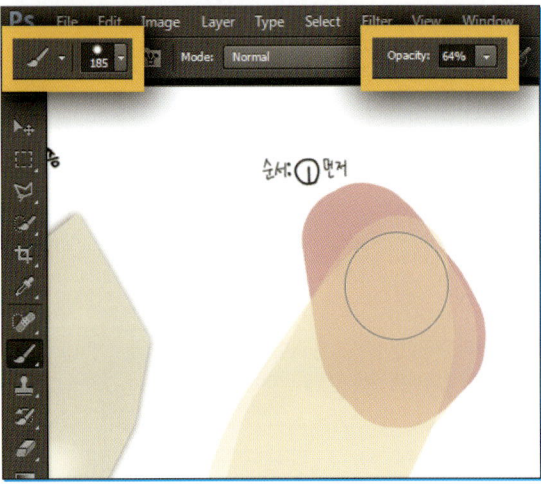

▲ 브러시 투명도를 조절하여 색 겹치기

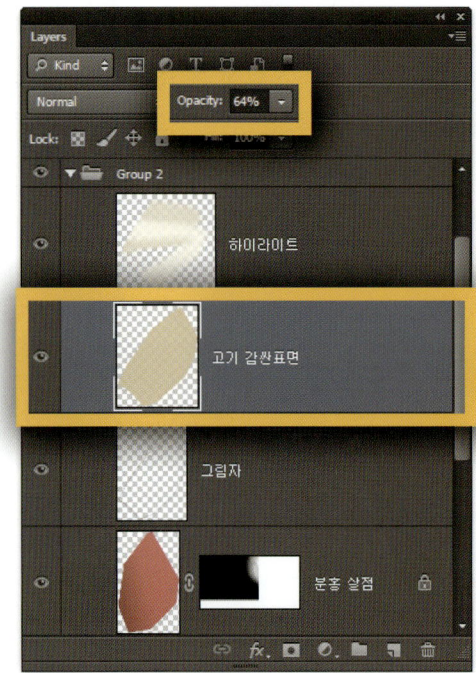

▲ 레이어 투명도를 조절하여 색 겹치기

레이어드 타입은 좁은 의미에서는 스타킹을 착용한 다리나 물에 젖어 몸에 붙은 티셔츠처럼 반투명 재질이 겹겹이 붙어 층을 이룬 상태를 말하고, 넓은 의미에서는 재질의 층과 층 사이의 거리에 관계없이 은은하게 속이 비치는 모든 경우를 말합니다. 앞서 말한 자동차 선팅유리, 색이 들어간 안경, 반투명 아크릴, 시스루 의상 등이 있습니다.

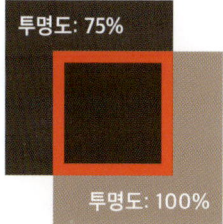

▲ 스타킹은 검정색이지만 피부는 갈색입니다. 두 색을 섞으면 어두운 갈색이 됩니다.

▲ 은은하게 색이 들어간 선글라스는 어두운 갈색 같기도 하고 검정색 같기도 합니다. 이 색을 투명도를 75%로 하여 노란색 네모에서 뽑아낸 살색에 겹치니 빨간색 네모의 색이 나옵니다.

레이어드 타입은 처음 그림을 접하는 사람들에게는 채색하기 가장 난해한 타입이라고 생각됩니다. 사물이 몇 개 겹쳐서 형성되는 색을 한 번에 이해하기가 쉽지 않기 때문입니다.

예를 들어 속이 살짝 비치는 흰색 상의를 입은 사람이 있습니다. 이 사람은 검정색에 가까운 속옷을 착용했습니다. 겉에 보이는 색은 크게 ❶ 밝은 부분의 옷 색깔과 ❷ 은은하게 비치는 피부색, 그리고 ❸ 은은하게 비치는 속옷색이 있습니다.

컬러를 추출해보면 약간 의아한 기분이 들 수 있습니다. 2번 노랑 영역의 색은 사진에서는 붉은 계열로 보였는데 실제로는 보라색으로 확인되기도 하고, 3번 푸른 네모 영역의 여자 속옷 색은 검정색으로 실제로 추출한 색보다 더 어두울 것으로 생각한 분들이 많을 것입니다. 겹쳐 보이는 재질은 우리로 하여금 관념적인 색을 떠올리게 하여 옷은 흰색, 속옷은 검정색, 비친 피부는 붉은색처럼 눈이 실제로 보고 있는 색이 아닌 다른 색으로 쉽게 착각하게 만듭니다.

색을 만들 때 자신이 없다면 한번에 정확한 색을 선택하려 하지 말고, 의복의 색이나 주변 환경, 반사광 같은 요소를 고려하여 그에 해당하는 색을 겹치거나 섞기도 하면서 최대한 근접한 색을 찾아 나가는 방식으로 연습 하기를 권해드립니다.

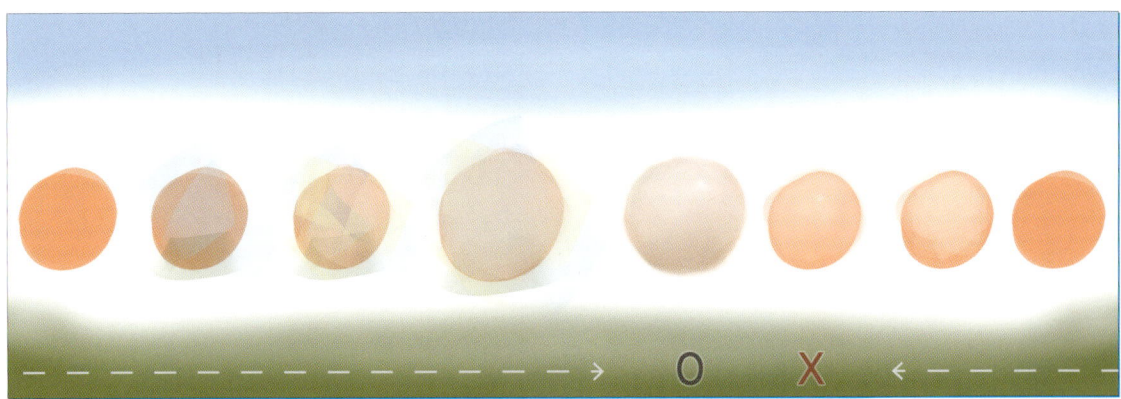

Unit 03 클리어 타입

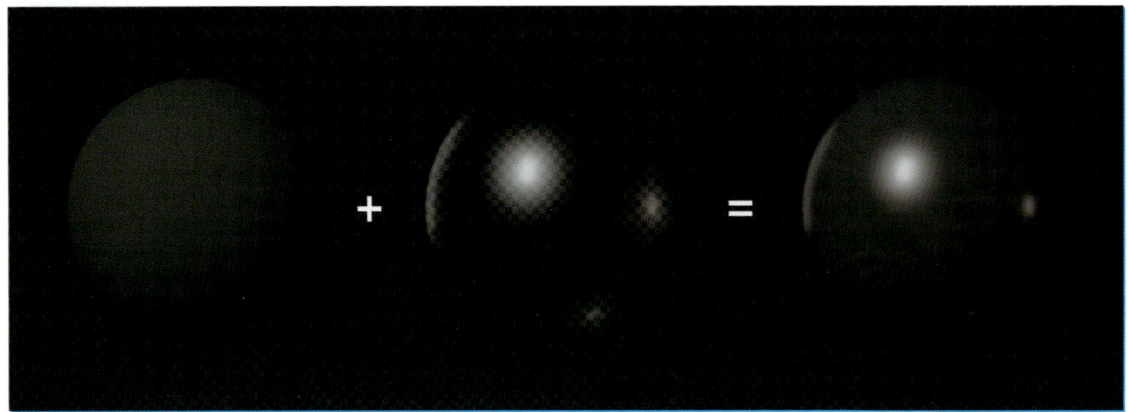

클리어 타입은 앞의 솔리드 타입에 투명한 코팅층이 한 겹 덧씌워진 물체를 생각하시면 됩니다. 자동차 도색할 때 보면 베이스 코트(Base coat)라는 단색 도료(색을 내는 페인트)를 한 겹 바른 후, 그 위에 클리어 코트(Clear coat)라는 투명한 도료를 뿌려 마무리 합니다. 클리어 코트가 있어서 차에 선명한 광이 나는 건데요. 클리어 타입하면 쉽게 떠오르는 게 자동차 철판 밖에 없어 보이지만 이 타입의 재질은 생각보다 많습니다.

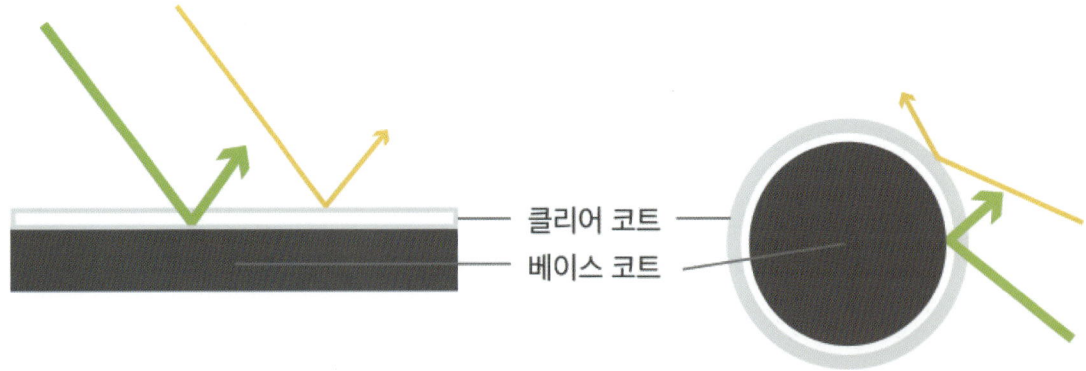

간단하게 말해 클리어 타입은 하이라이트가 강하게 표현되는 재질이라고 생각하시면 됩니다. 예를 들어 푸석푸석한 머리카락은 솔리드 타입이지만, 샴푸하고 린스해서 머리카락에 코팅층이 한 겹 덮어지면 이것은 클리어 타입입니다. 건조한 얼굴은 솔리드 타입이지만 미스트를 뿌려 표면이 고르게 촉촉해진 피부는 클리어 타입입니다.

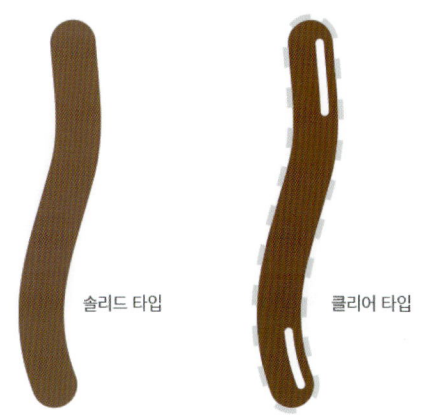

솔리드 타입이 주로 건조해 보이는 쪽이라면, 클리어 타입은 촉촉한 느낌을 가지고 있는 경우가 많습니다. 이러한 사소해 보이는 변화를 포착해야 하는 이유는 머릿결에 윤기가 있는 것과 없는 것의 차이로 인해 채색 시 사용하는 색이 크게 달라지기 때문입니다. 보통 기름지거나 촉촉한 재질은 주변 환경을 잘 반사하기 때문에 더 다양한 색상과 높은 채도의 색이 사용되는 경우가 많습니다.

표면이 고르고 코팅층이 깨끗할수록 광택은 맑고 강하게 형성됩니다. 반대로 표면이 울퉁불퉁하고 코팅층이 더럽고 불투명하면 채도가 떨어지고, 하이라이트는 뿌옇게 옅어집니다.

그 밖에 라면 포장지나 반사가 잘되는 글레어모니터, 스마트폰 액정, 랩이 씌워진 배달음식과 같은 것들이 모두 클리어 타입입니다. 공통점은 베이스 색이 있고 그 위에 유리나 비닐 따위의 투명 코팅층이 한 겹 존재한다는 것입니다.

Unit 04 세 가지 타입은 동일한 컬러에서 각각 어떻게 빛과 반응합니까?

백색광 태양 아래 빨간색 공이 있을 때 각각의 타입에 따라서 어떻게 채색이 되는지 대략적으로 알려드리겠습니다.

솔리드 타입은 빨간색을 칠한 뒤 광원이 백색이니까 흰색이 조금 섞인 분홍색을 사용해서 밝은 부분을 묘사하면 됩니다. 어느 정도로 밝게 칠해야 하는지는 물체 표면의 굴곡과 관련이 있는데 이것은 형태를 말합니다. 그러므로 채색을 잘하는 사람은 어느 정도 좋은 형태력을 가지고 있다고 생각해도 무방합니다.

레이어드 타입은 속은 빨간색이고 겉표면은 파란색인 공을 예로 들어 보겠습니다. 우선 속에 있는 빨간 공을 솔리드 타입으로 채색한 다음, 파란색을 투명도를 줄여 위에 덮어 칠합니다. 레이어드 타입의 표면은 불투명해서 속이 비치는 것과 그물망 사이로 속이 비치는 2가지 방식이 있습니다. 여기서는 스타킹 같은 그물의 형태로 속이 은은하게 비치는 모습을 설명하고자 합니다. 그물망은 물체의 굴곡에 따라 촘촘해 보이거나 덜 촘촘해 보이는 밀도가 존재하는데, 검은스타킹 신은 다리를 보면 옆으로 돌아나가는 면이 더 짙은 색으로 보입니다. 이것은 양 끝 쪽으로 갈수록 스타킹 그물의 밀도가 높아져서 피부가 가려 보이지 않기 때문입니다.

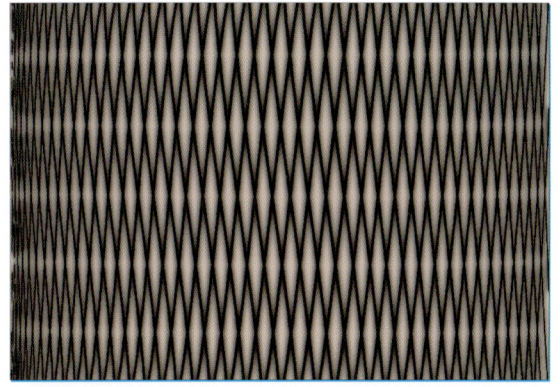

클리어 타입은 레이어드 타입과 마찬가지로 우선 안에 들어있는 물체를 먼저 묘사해 줍니다. 그리고 아주 밝은 흰색(광원색)을 선택해서 광원이 비칠만한 위치에 하이라이트를 추가하면 됩니다. 하이라이트는 주로 선명하고 직접적인 형태로 묘사되지만 때때로 넓게 퍼지듯 묘사되기도 합니다. 중요한 점은 클리어 타입의 하이라이트는 먼저 칠한 색과 섞이게 되면 탁해질 수 있다는 점입니다. 클리어 타입의 구조 자체가 겉표면에 완전 다른 재질이 감싸고 있는 것이기 때문에 안쪽 면의 색과 새로 칠하는 색이 섞이면 안됩니다. 레이어를 별개로 관리하거나 색이 섞이는 옵션을 끈 상태에서 칠함으로 깨끗한 클리어층을 표현해 주세요.

세 가지 타입의 재질이 서로 다른 만큼 붉은색 공이 만들어내는 그라데이션의 색에도 많은 차이가 납니다. 솔리드 타입은 밝은 부분에 흰색이 조금 섞인 분홍색이 사용되었다면 레이어드 타입은 전혀 다른 색이 붉은색과 비슷한 비중으로 사용되었고, 클리어 타입에서는 흰색이 선명하게 사용됩니다. 이처럼 베이스가 되는 색이 동일하다 하더라도 재질에 따라 사용하는 색이 달라진다는 점을 이해할 수 있습니다.

Section 05 | 환경(Environment)이란?

환경은 상당히 중요합니다. 동일한 광원과 동일한 물체가 있다 하더라도 환경이 바뀌면 물체의 색은 얼마든지 달라지기 때문입니다. 우주에서 태양이라는 광원은 낮과 밤에 관계없이 1년 365일 내내 동일한 빛을 내뿜고 있음에도 불구하고 왜 지구에 도착하는 빛은 때때로 파랑(맑은 하늘), 회색(잿빛), 주황/빨강(노을) 등으로 다양하게 나타납니까? 잘 알려진 것처럼 대기 중에 있는 기체 분자와 수증기 그리고 다양한 미세 입자들 때문입니다.

대기의 여러 성분들 때문에 태양빛이 대기를 통과할 때 파란색과 보라색 빛은 산란됩니다. 그래서 맑은 날에는 하늘이 아름다운 파란색으로 보입니다. 한낮의 태양이 주로 노란색을 띠는 이유는 태양의 가시광선에서 파란색과 보라색이 빠졌기 때문입니다.

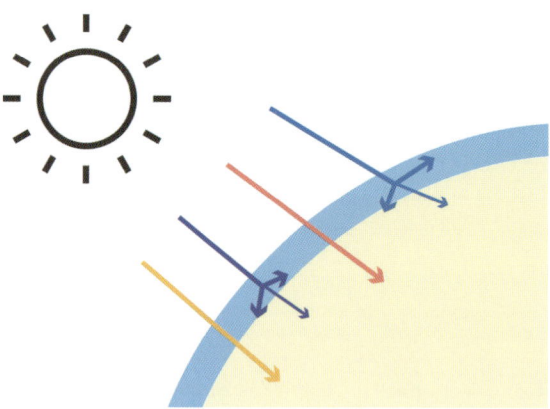

하지만 태양이 지평선 가까이에 아주 낮게 있을 때는 빛이 대기를 비스듬히 통과하여 지면에 닿습니다. 그 결과, 햇빛이 대기를 더 많이 통과하면서 파란색 영역의 빛과 녹색 빛이 매우 많이 산란됩니다. 결과적으로 입자가 너무 많이 흩어진 색들은 힘을 잃어 대기중에 사라지고, 직진성이 강한 나머지 색들은 상대적으로 더 멀리 가면서 더 넓은 범위에서 산란하게 됩니다. 일몰 무렵에 태양이 때때로 화려한 붉은색으로 물드는 이유가 바로 여기에 있습니다. 이러한 환경적인 요인들로 인해 조명과 물체는 변화가 없더라도 다양한 색의 변화가 일어날 수 있다는 점을 기억하시기 바랍니다.

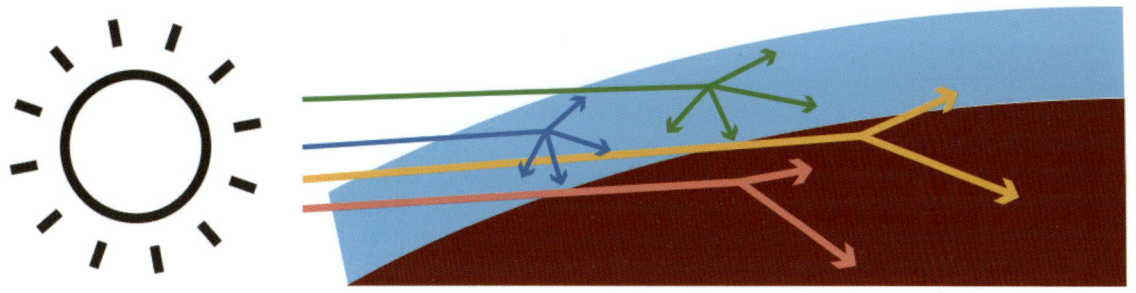

TIP 빛은 파장의 속성을 지닙니다.

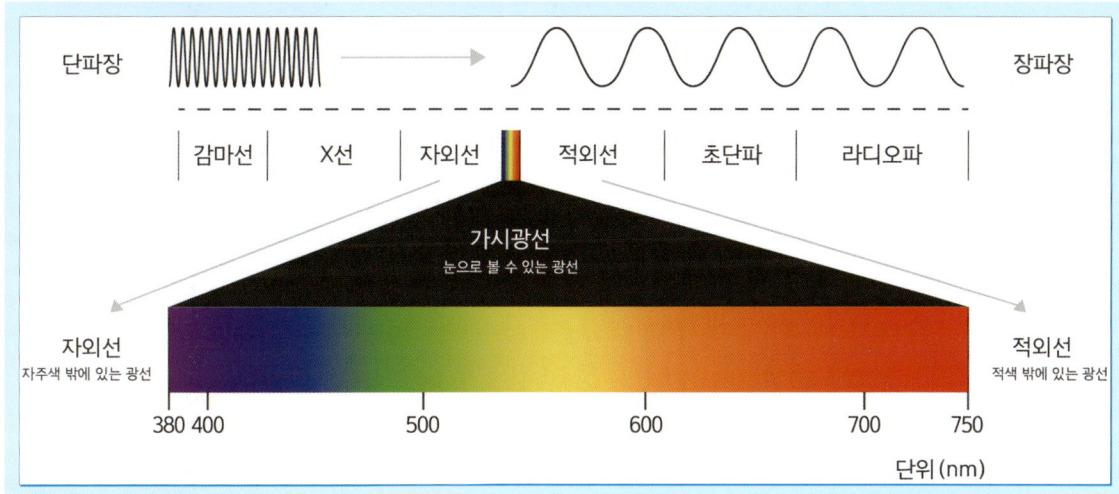

파장에는 단파장과 장파장이 있는데 이 파장들은 치고 나가는 성질이 서로 다릅니다. 파장(진동)의 속성을 갖는 것에는 주파수나 소리와 같은 것이 있는데, 예를 들어 기타줄을 튕겼을 때 상대적으로 빠르게 진동하는 줄은 고음을 내고, 느리게 진동하는 줄은 저음을 냅니다. 고음과 저음은 진폭(진동과 진동 사이의 거리)의 차이로 구분되는데, 빛에 있어서 진폭이 좁은 단파장은 좌측으로 파란색, 보라색을 넘어 자외선으로 가는 구간을 가리키고, 진폭이 큰 장파장은 우측으로 빨간색과 적외선 너머의 구간을 말합니다. 우리 눈으로 볼 수 있는 빛 영역인 가시광선에서 장파장(빨강)은 멀리 도달하는 특징이 있습니다. 반면 단파장(파랑, 보라)은 더 많이 산란하는 특징이 있습니다. 더 자세히 알고 싶다면 빛의 "산란"과 "파장"이라는 주제로 공부해보시기 바랍니다.

숲 속에 들어가면 물체는 온통 초록빛에 물듭니다. 물 속에 들어가면 파란색으로 물들지요. 초록색이나 파란색 조명을 켜지는 않았지만 주변 환경에서 반사하는 빛으로 대부분의 공간이 채워집니다. 이러한 특정 환경 속에 들어가면 저 멀리 있는 광원의 색은 잊어버리고 환경으로 인해 만들어진 반사광 색에 유의해야 합니다. 사실상 반사광이 주광이 되는 상황에서 같은 공간 안에 있는 모든 사물은 어떤 식으로든 반사광 색의 영향을 받습니다. 스케치 후 채색을 해야 하는 입장이라면 반사광에 해당하는 색을 밑색으로 깔고 시작하는 것이 좋을 정도로 환경이라는 요소는 화면 안에서 지대한 영향을 미칠 수 있습니다.

아래에 돌로 지어진 건물 안에 들어가 있는 여성분이 있습니다. 돌에서 나오는 누런 빛 반사광이 여성분 전신에 작용하고 있는 것이 보일 것입니다. 이제 환경적인 요소로 크게 고려되는 큰 규모의 반사광이 물체에 어떻게 영향을 미치고 그 색은 어떻게 만들어 낼 수 있는지를 알아보겠습니다. 우선 전신에 영향을 주는 건물 내부의 색을 뭉뚱그려 단색으로 배경에 칠하겠습니다.

평소 흰 배경에 분홍티셔츠와 청바지를 입은 사람을 그렸다면 맑고 경쾌한 색을 사용했을 것입니다. 이것이 흰 배경, 그러니까 밝은 공간에서 우리에게 보이는 색이기 때문입니다.

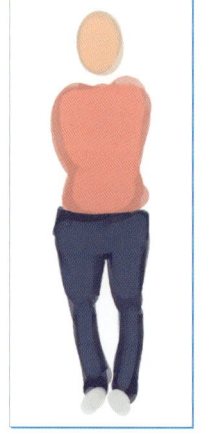

그런데 누런색 돌로 지어진 건물 속으로 들어오면 맑고 경쾌한 색은 좀 달라질 필요가 있습니다. 그렇게 하지 않으면 색이 튀기 때문입니다. 다르게 말하면 우측의 그림 속 사람 형상은 누런 색 건물 안에 있는 것으로 느껴지지 않습니다.

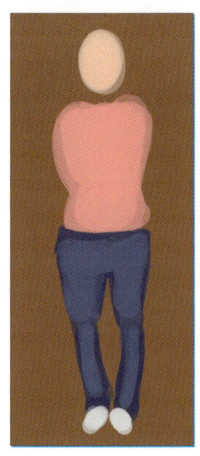

화면에 전반적으로 퍼져있는 색과 주제가 되는 물체색을 섞는 방법은 참으로 다양합니다. 여기서는 포토샵 블렌딩 모드를 사용해 배경과 어울리는 기본색을 만들어 보겠습니다. 레이어 팔레트에서 블렌딩이란 간단히 말해 레이어 간 색상을 합성(혼합)해주는 것이라 생각하면 되겠습니다. 꽤 많은 속성들이 있지만 자주 사용되는 것은 Multiply, Screen, Overlay, Soft Light 정도입니다. 하지만 다양한 소스들의 색 조합에 따른 블렌딩 결과를 예측하기 어렵기 때문에 두 색이 섞이면 밝은 색이 되는 모드, 반대로 어둡게 되는 모드 정도로만 구분하고 실제로는 매번 사용할 때마다 목록의 처음부터 끝까지 다 적용해보면서 적당한 색을 눈으로 찾아 사용하기 바랍니다. 그것이 가장 현실적인 사용법입니다.

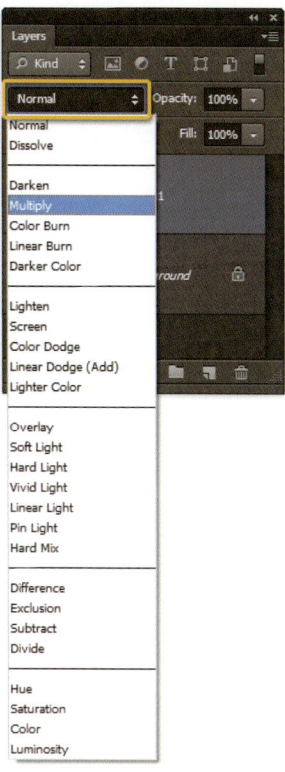

레이어 팔레트의 블렌딩 모드 목록에는 Multiply 라는 모드가 있습니다. 이것은 아래 색과 어둡게 섞이는 특징이 있습니다. 단순한 방법이지만 이것으로 맑은 날 흰 배경의 햇빛 아래 서 있던 인물은 그늘진 누런 빛깔 건물 속에 들어가 있는 것처럼 보이게 됩니다. 하지만 모드 자체가 두 색을 합쳐 더 어두운 색을 만들어 주는 것이기 때문에 원하는 색에 비해서는 좀 어둡습니다. 그래서 색을 좀 밝게 칠해야 하는데. 방법은 간단합니다. 어둡게 합성된 색을 선택하고, 컬러피커에서 약간 위쪽의 색을 선택하는 것입니다.

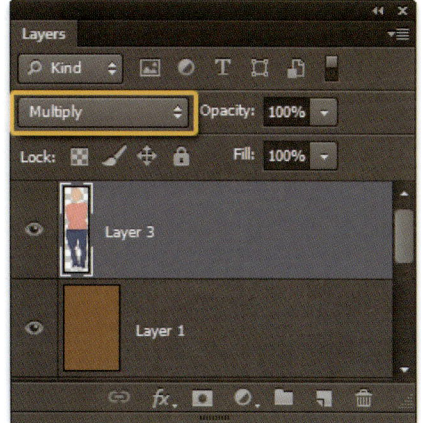
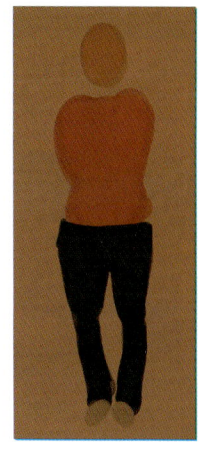

페인터에서 그림을 그리기 위해서는 컬러피커의 포인트를 옮겨 색상, 채도, 명도를 바꾸어야 합니다. 우측에 그려진 칙칙한 공의 어두운 영역에서 밝은 영역으로 변하는 과정을 체크해보면 삼각형 컬러피커 안에서 포인트는 어떤 경로를 지나가게 됩니다. 가급적 이 궤적이 직선을 그리지 않도록 하시기 바랍니다.

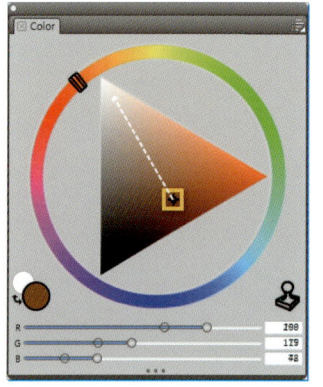 

대부분의 사진들에서 물체가 점점 밝아지는 부분의 색을 추적해보면 포인트의 이동 궤적은 포물선을 그리는 경향이 있습니다. 이것이 채도를 떨어뜨리지 않고 물체를 묘사할 수 있는 방법이며.

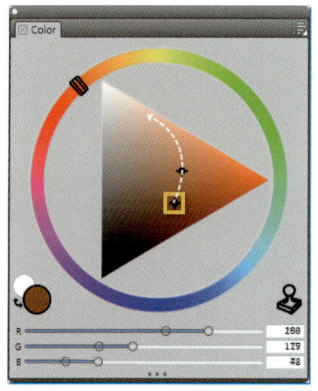 

가능하다면 광원의 색을 고려해서 동그란 색상바의 포인트도 함께 옮겨간다면 물체의 채도를 살리면서 광원의 색도 물체에 표현될 것입니다.

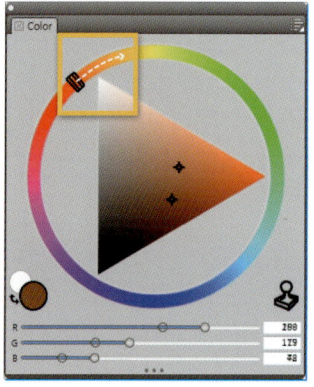 

이렇게 선택한 한 단계 밝은 색을 사용해 상의와 하의, 얼굴을 한층 밝게 칠해주었습니다. 묘사는 이제부터 시작하는 것이며 스포이트 툴을 활용해서 기존에 칠해진 색과 앞으로 칠할 색을 잘 이용한다면 튀는 색 없이 안정적으로 그림을 그려나갈 수 있습니다.

물체색은 환경에 따라 달라진다는 점을 기억하시기 바랍니다. 환경은 많은 경우에 배경색과 관련이 있습니다. (엄밀히 말하면 배경은 공간을 의미합니다.)

 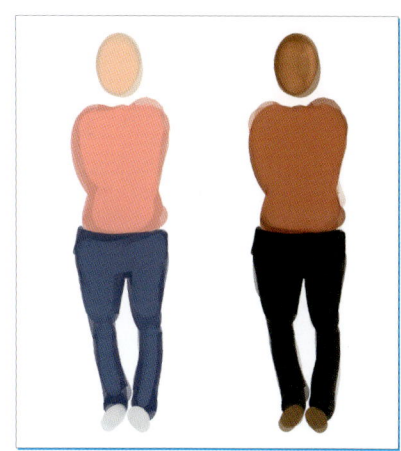

그래서 습작을 하더라도 가급적 배경색을 깔고 연습하시기 바랍니다. 배경과 물체가 잘 어우러진다면 우리 눈에 색감이 좋다고 느끼겠지만, 묘사가 잘 되었다 하더라도 배경색과 물체색의 톤이 전혀 다르다면 색이 좀 이상하다고 느낄 것입니다. 이것을 맞춰나가는 연습을 하다 보면 현실에 없는 공간을 그리게 될 때라도 물체를 자연스럽게 화면 안에 안착 시키는 것이 가능할 것입니다.

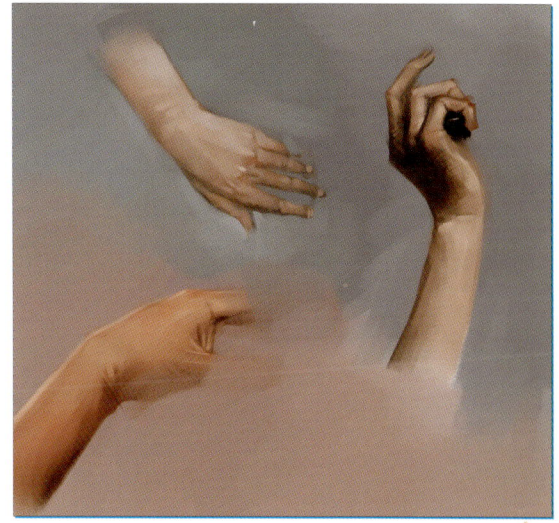

물체색과 빛색을 섞는 방법은 몇 가지가 있는데, 컬러팔레트에서 바로 만들기가 어렵다면 다음과 같은 방법을 사용해 보세요.

여러 색을 섞어 만든 그라데이션에서 몇몇 포인트를 스포이트 툴로 찍어 물체에 칠해보고 어울리는 색을 사용하는 방법이 있습니다. 이 방법은 그라데이션을 만들어 적당한 색을 뽑아내기 때문에 정확한 두 색을 선택하지 않아도 되는 편리함이 있습니다만 어울리는 색을 만들어 내기까지 시간을 들여야 하는 번거로움이 있습니다.

수채화 방식으로 색을 겹쳐 칠하는 것에 익숙한 분들은 제일 밝은 색을 전체적으로 먼저 칠한 뒤 명도를 떨어뜨린 색을 연하게 겹쳐 칠합니다. 그리고 주변에서 영향을 주는 빛을 찾습니다. 좌측 아래 사진에서 피부의 그림자 부분에 영향을 주는 색은 하늘의 하늘색, 잔디의 녹색 등 입니다. 이러한 색들을 겹쳐 칠하면서 어두운 부분의 색을 잡아나간다면 훨씬 풍부한 색이 만들어질 것입니다. 단 수채화 툴은 점점 어두워진다는 점을 감안해 색을 연하게 사용하세요.

 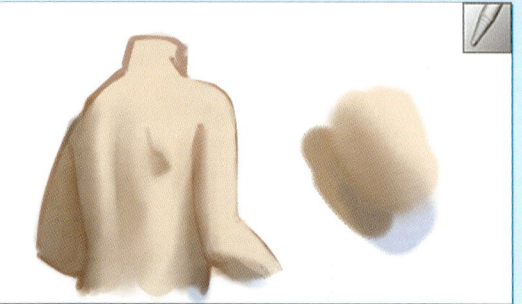

방법이 어떠하든 상관없이 중요한 점은, 이전까지 물체의 색만 고려하여 명도만 조절하여 채색하거나, 습관적으로 "그림자는 보라색"과 같은 공식을 적용하셨다면 이제는 환경적인 요소를 고려하여 물체의 색과 빛색을 섞어 사용하면 좋겠다는 것입니다.

한편, 혼합하는 색이 적으면 깔끔할 수 있지만 공간에 어울리는 색을 단 몇 번만에 찾아내기란 어려울 수 있습니다. 각각의 색들(물체색, 하늘색, 잔디색 등 넓은 범위로 흩어져 있는 색)을 모두 섞는 방법은 단순하긴 하지만 공간에 있는 색을 잡아내기 위한 최소한의 노력입니다. 공간에 존재하는 색을 정확히 잡아낼 수 있을 때, 물체는 화면 속에 이질감 없이 안착하게 됩니다.

사용한 페인터 브러시와 세부 옵션은 다음과 같습니다. 앞에 나온 이미지의 우측 상단에 브러시 아이콘을 표시해 놓았으니, 해당하는 페인터 브러시를 찾아 옵션값 맞추고 채색연습을 해보기 바랍니다.

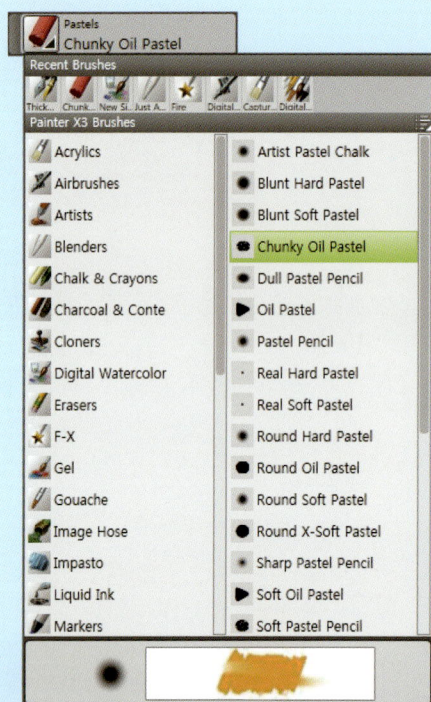

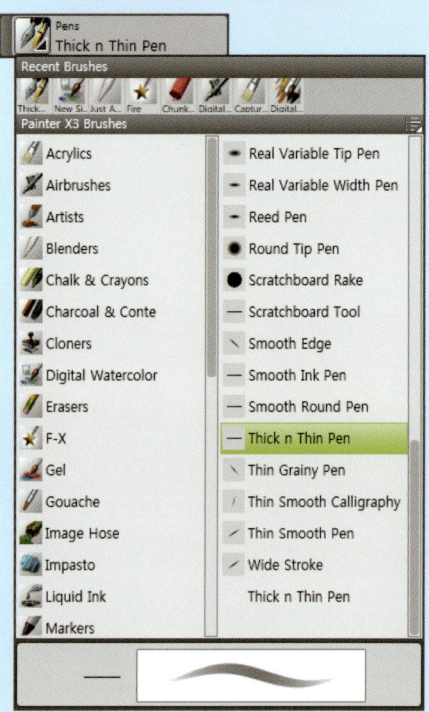
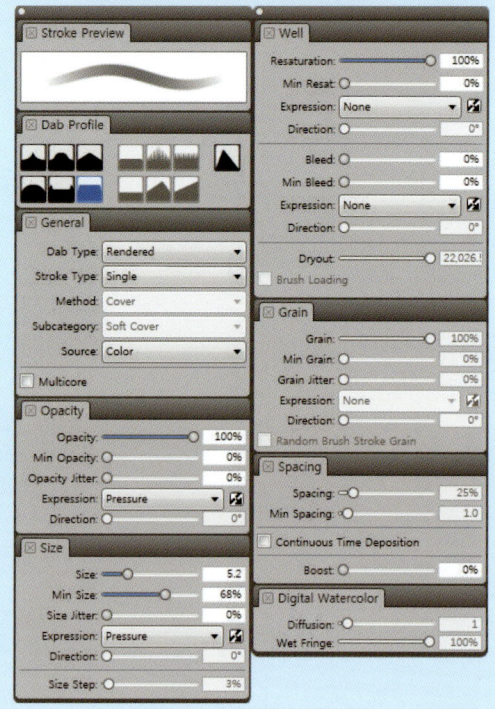

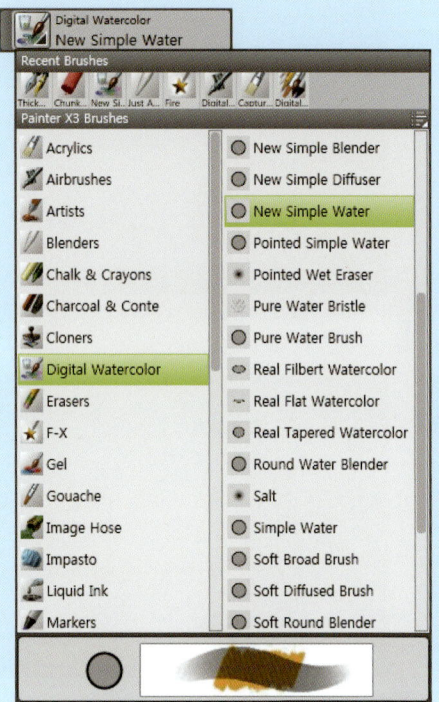
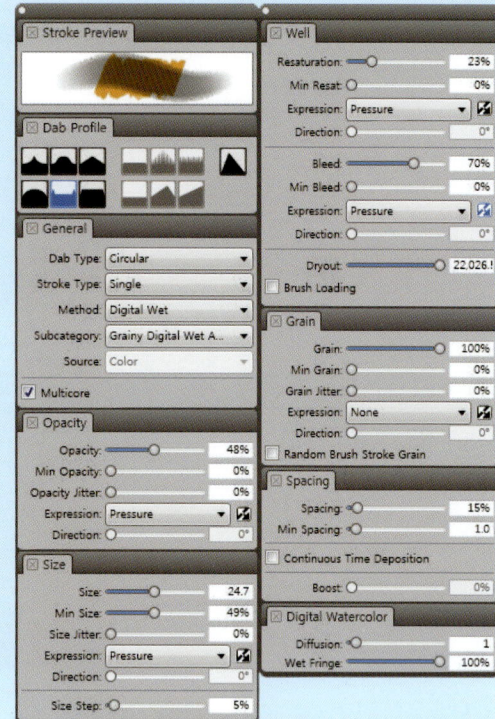

찰필은 있는 그대로 설정으로 사용하시면 됩니다. 사실 페인터에서 제공하는 브러시 중 상당수가 기본 설정 그대로 사용해도 되는 것들 입니다. 하지만 이렇게 세부 옵션 값을 조정하는 이유는 브러시가 약한 필압에서 사이즈가 작아진다거나, 사이즈를 키웠을 때 브러시 점 간격이 너무 벌어져 선으로 보인다거나 하는 것을 조절하기 위해서입니다. 사실 민감하게 받아들이지 않는다면 그림 그리는 데 크게 문제가 되는 것은 아닙니다. 그러므로 브러시의 세부 옵션을 탐구하는 시간은 적당한 브러시를 찾고 난 이후로 미루시기 바랍니다.

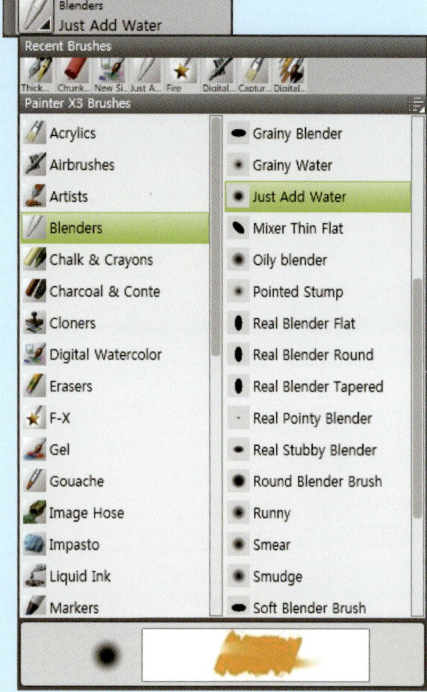

환경적인 요소를 계속 고려하겠습니다. 광원이 하나 있을 때는 해당 조명의 특징과 밝기, 조명색이 무엇인지에 대해 관심을 가졌지만 광원의 개수가 많아지면 이것은 환경적인 요소로 이해해야 합니다. 광원의 개수가 많고 적음에 따라 물체의 분위기가 많이 달라지기 때문입니다.

조명이 하나 켜지면 물체의 어둠부분과 그림자는 진하게 표현되고, 두 개가 켜지면 조금 밝아집니다. 조명이 3개를 넘어가면 2개 정도는 주 조명으로서의 역할을 하지만 그 외에는 전체적인 화면의 분위기를 바꾸는 보조등의 역할로 사용되는 경우가 많습니다.

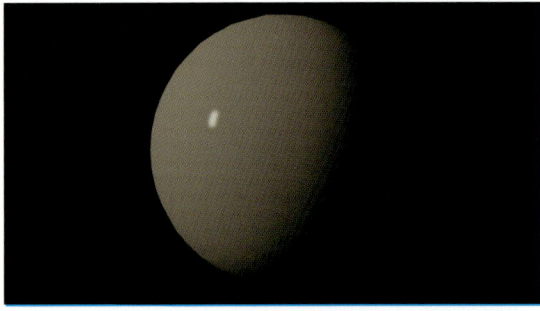 

그림자를 없애거나 물체의 명암 경계를 부드럽게 하는 등 조명이 강하진 않더라도 개수가 많으면 공간 전반에 빛이 감돌아 밝거나 포근한 이미지가 연출됩니다.

또 조명이 하나뿐이더라도 주변 사물의 색이 밝아서 반사광이 넉넉히 일어나는 재질이라면 포근한 이미지가 연출됩니다.

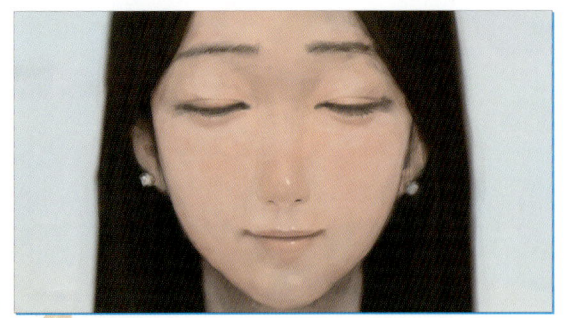 

TV드라마 실내 촬영장 사진을 보면 천장에 조명이 엄청나게 많이 달려있습니다. 아침드라마에서 어두운 분위기의 연기를 하는게 아니라면, 배우들의 얼굴에 진하고 강한 어둠이 형성되어 있는 장면은 보기 어려울 겁니다. 수많은 조명을 조절해서 그림자를 관리하는 것입니다.

▲ 좌측 이미지처럼 공간에 조명이 하나만 있으면 그림자가 어둡습니다. 하지만 조명이 여러 개면 그림자의 어둠이 점점 밝아집니다. 그러므로 넓게 퍼져있는 많은 조명 아래에 서 있는 사람에게 강한 어둠이 형성되는 일은 별로 없습니다.

연예인들 화보 촬영할 때 야외 햇빛 아래에서 찍는데 뭔가 묘한 분위기가 나는 사진들이 있습니다. 집에서 카메라 하나 들고나가면 절대 똑같이 안 나오는 사진들입니다. 반들반들한 얼굴에 비치는 하이라이트 위치로 조명이 있는 곳을 유추할 수 있는데, 야외 화보 촬영장에는 가장 밝은 햇빛이 주 조명으로서 있다 하더라도 보조 조명이 하나 이상 꼭 들어갑니다. 물론 반사판을 대거나 반사광이 잘 일어나는 환경을 찾아 이동함으로 조명을 대신하기도 합니다.

일단 조명이 추가되면 물체는 빛을 받는 모든 면에 많게든 적게든 영향을 받습니다. 빛 받은 물체를 표현할 때 초보자들은 밝은 색으로 칠하는 영역이 상당히 좁은 경우를 볼 수 있는데, 좀 더 크게 색을 퍼뜨릴 필요가 있습니다. 물체에서 검정이 아닌 부분은 모두 빛을 받고 있다고 생각하시기 바랍니다. 밝아진 부분은 이유가 있을 것이고, 어떤 조명에 의한 영향인지를 생각해보신 후 정면이나 약간 측면에서 비추는 조명이라면 물체의 전반적인 톤에 영향을 준다는 사실을 기억하세요. 언제나 조명이 하나 더 생기면 물체의 톤은 전체적으로 밝아집니다.

X   O

MEMO

PART 02

색 실기

CHAPTER 01 보이는 것을 그린다는 것
CHAPTER 02 의미 있게 습작하기

Chapter 01 보이는 것을 그린다는 것

Section 01 단순하게 시작하기

보이는 것을 그린다는 건 참 많은 계산이 들어간 행위입니다. 눈에 보이는 무언가를 그리기 시작했을 때, 우리 머릿속에서는 여러 가지 도구들을 만들어내고 또 사용하는데요. 간단하게는 줄자부터 각도기, 계산기, 원형자, 측량기, 메모지, 경우에 따라서는 착시에 속지 않기 위해 입체적으로 보이는 화면을 평면적으로 변환하기 위한 자체 스캐너와 카메라, 그리고 이 장면을 임시로 저장해둘 메모리까지... 눈에 보이지는 않지만 정말 많은 작업들이 이루어집니다.

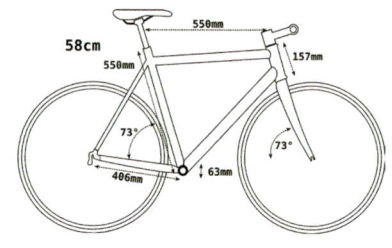

이것은 단지 형태를 묘사하기 위한 드로잉에 관한 얘기입니다. 채색이 들어가면 더 많은 재료와 계산이 들어가게 되는데, 어찌나 처리해야 할 양이 많은지 가끔은 감당이 안 될 때가 있습니다. 어쩌면 "머리 아파서 못 그리겠다"는 얘기가 의지 약한 누군가의 하소연이 아니라, 정말로 두통이 오는 것일 수도 있겠다는 생각이 듭니다.

▶ 8년 전에 그린 그림입니다. 형태에 대한 이해도 없으면서 브러시로 형태와 채색을 동시에 해내려니 어렵기만하고 재미도 없더군요.

복잡한 일을 처음부터 잘 할 순 없겠죠. 그래서 많은 사람들은 직접 본 장면을 그리기보다는 사진을 보면서 그리기도 하고, 사진 위에 기름종이를 깔아 사용하거나 일정한 간격으로 줄을 그어 라인을 따내기도 합니다. 이렇게 하면 일이 상당히 단순해지죠.

기름종이는 말할 것도 없고, 가이드라인을 이용하면 엄지 손톱만한 네모난 칸을 한칸한칸 옮겨 그리는 것만으로 전체 형태를 꽤 정확하게 그려낼 수 있게 됩니다. 이때 필요한 건 명석한 두뇌나 창의력이 아니라 꾸준하게 앉아서 그릴 수 있는 끈기와 인내 같은 특성입니다.

▲ 저에게 좋아하는 여성을 그리는 일은 무척이나 즐거운 일입니다. 여러분은 어떨 때 시간 가는 줄 모르고 그림을 그리게 되나요?

서점에는 드로잉 실력을 늘리는데 도움이 되는 많은 책들이 나와 있습니다. 어떤 대상을 그리는지에 관계없이 보고 그리는 실력을 키울 수 있게 도와주는 책도 있고, 동물이나 인체, 정물 등 각 사물의 구조를 파악할 수 있게 도와주는 책들도 많지요. 드로잉에 있어서 중요한 것은 얼마나 시간을 내서 연습하느냐에 달린 것 같습니다.

연습을 엄청나게 많이 하면 머릿속으로 들어가는 지식도 많아지겠지만, 더 중요한 것으로 손이 기억하는 선이나 감각들이 생깁니다. 예를 들면 우리 각자는 숫자를 포함하여 사용하는 글씨체가 다른데 언제나 신중하게 한자 한자 쓰지는 않죠. 하지만 언제나 비슷한 느낌의 글씨체를 만들어 냅니다. 이 일은 처음엔 연습했을 것이고 이후에는 지속적으로 반복되어 손에 익어버린 동작일 것입니다.

마찬가지로 많이 그리다 보면 구조를 이해하거나 파악하는 것과 별개로 단지 이전에 그렇게 그려왔기 때문에 습관적으로 그리게 되는 것들이 있습니다. 사람들이 보면 빠르면서도 정확하게 그리는 게 신기해서 "비결이 뭐예요?"라고 물어보겠지만, 정작 그림쟁이 본인이 할 수 있는 얘기는 "그냥 많이 그리다 보니 잘 그리게 됐습니다." 정도밖에 안 되는거죠. 절대로 잘난 체 하는게 아닌 겁니다.

▲ "음... 그냥 많이 그리다 보니 잘 그리게 됐습니다. 정말 다른 이유는 안 떠오르네요."

하지만 채색은 좀 다른 것 같습니다. 모작에 있어 채색에는 보이는 색을 컬러팔레트에서 정확히 만들어 내는 능력이 필요한데, 조색은 둘째치고 눈으로 보고있는 색을 정확히 인지하는 것부터 어려움을 겪는 경우가 많기 때문입니다.

▲ 네모 속 색깔은 무슨 색일까요?

지금까지는 올리브그린을 보고 초록이라고 말하거나, 핫핑크-딥핑크 구분없이 분홍색이라고 말했다면 이제는 좀 달라져야 합니다. 우측의 이미지는 실제 립스틱으로 나오고 있는 색상입니다. 영어로 표기된 분홍에만도 이렇게나 다양한 색이 존재합니다.

정확한 컬러 명칭은 모르더라도(세상에는 이름이 정해져 있지 않은 컬러가 훨씬 더 많습니다.) 어떤 색을 보게 되면 최대한 많은 수식어를 집어넣어서 생각하면 좋습니다. 예를 들어 '올리브그린'이라면 "초록색인데 약간 어두우면서 노란색이 조금 섞여있는 두꺼운 나무 잎사귀 색"이라든가, '세피아'라면 "갈색인거 같은데 좀 어두우면서 노란쪽 보다는 빨간색에 가까운 색"처럼 말입니다.

수식하는 단어가 많으면 많을수록 색깔의 단계는 더 잘게 표현되며, 본인이 표현할 수 있는 컬러가 많아지면 자연에서 눈으로 본 색을 비교적 근접하게 컬러팔레트에서 집어내기가 더 쉬울 것입니다.

TIP   컬러에 익숙해 진다는 것

"글자를 K100으로 했네요, 이대로 할 건가요?"

"네, 좀 진하게 하려고.. 근데 이렇게 하면 안돼요?"

"K값을 한 90정도로 줄이고 Y를 5~10정도 섞으면 그냥 쌩 검정 썼을 때 보다는 조금 더 고급스러운 느낌이 날거예요."

"(머릿속으로 컬러를 상상해본 뒤) 아~ 무슨 말인지 알겠어요. 그렇게 수정할께요."

쌩 검정 보다는 **연한 검정**이 더 **고급**스럽다.

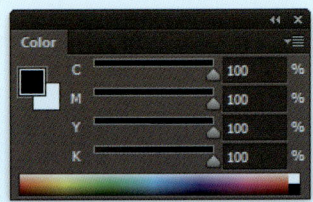

쌩 검정 보다는 **연한 검정**이 더 **고급**스럽다.

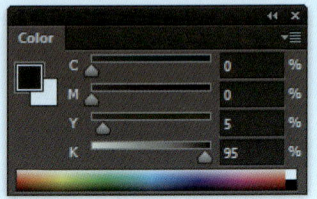

Section 02   이웃 색들 간의 균형에 대하여

어린이들 그림을 보면 대부분 단색으로 칠해져 있습니다. 그들이 자주 사용하는 크레파스라는 재료 특성상 두 가지 색을 섞기 어렵기도 하고, 그동안 포스터 형식의 그림을 그리는데 익숙하기 때문이기도 하겠지만 한편으로는 미묘한 색 차이를 인지할 줄 몰라서 그런 것 같기도 합니다.

필자는 중학생 시절 24색 색연필이나 물감을 보면서 "초록색이 하나면 됐지 왜 이렇게 여러 개를 넣어놨어?"라고 생각했던 적이 있습니다. 계열색의 필요성을 못 느낀 건데요, 자연을 관심있게 관찰해 본 경험이 없기 때문입니다.

컴퓨터에 있는 어떤 사진이든 확대해봤을 때, 동일한 픽셀이 여러 개 이어져 있는 경우는 보기 드뭅니다. 이미지를 확대하여 픽셀을 자세히 보면 똑같은 색은 하나도 없습니다.

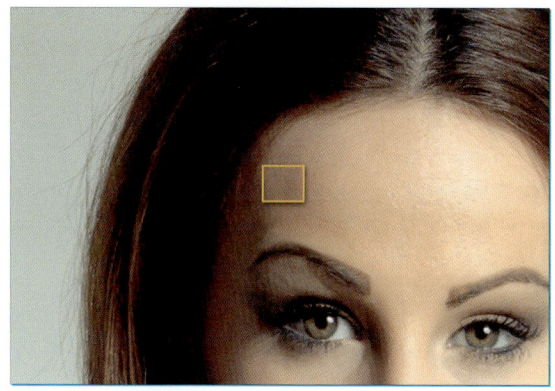

그뿐 아니라 확대한 이미지의 부분 부분은 어떻게 사진의 한 영역으로 존재할까 의아하기까지 합니다. 그런데 이 이해가 안가는 픽셀들의 색을 하나하나 캔버스로 옮기다 보면 완성되어진 그림은 사진과 똑같이 표현되어 진다는 것입니다. 이 지점에서 사진과 그림의 기술적인 차이는 사실상 없어집니다. 똑같은 픽셀을 카메라가 만들어 냈든 사람이 손으로 일일이 찍어서 만들어 냈든 결과물은 동일할 테니까요.

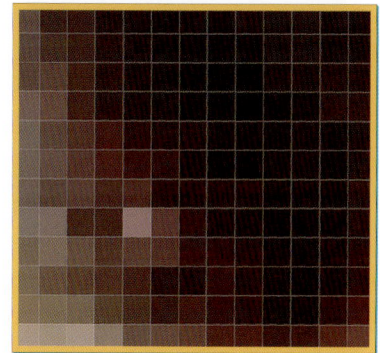

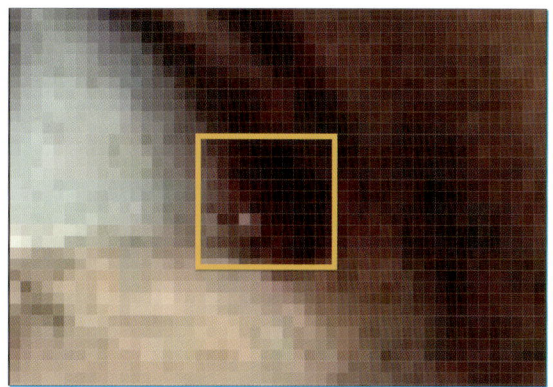
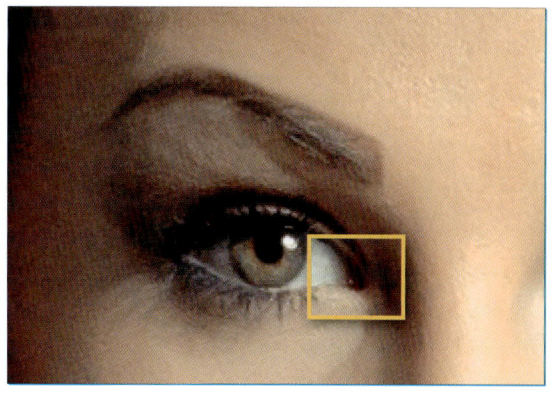

흔히 사진 같은 그림을 보고 사람들은 잘 그렸다고 말합니다. 사진 같은 그림이 언제나 좋은 그림이라고는 말할 수 없지만, 하이퍼 리얼리즘은 그림을 공부하는 입장에서 한 번쯤 도달해보면 좋은 경지라고 생각합니다. 기술의 정점을 한번 찍어보면, 그 이후에 그리는 것들이 아무리 단순한 그림이라 하더라도 표현력이나 형태력의 깊이감이 다르게 나타나기 때문입니다. 따라서 그림을 연습하는 사람들이 초반에는 사진을 탐구하는 시간을 가졌으면 합니다.

Section 03 사진 같은 그림이란

확대한 사진 이미지를 보면 픽셀 하나하나의 색이 다르기 때문에 사진 같은 그림을 그린다는 것이 아주 작은 부분까지 정밀하게 묘사하는 것이라 생각하실 수 있습니다. 하지만 많은 경우 의미 없는 잔터치 보다는 큼직한 면을 사용하더라도 색을 잘 잡아내면 사실적으로 보이는 경우가 많습니다. 다시 말해 많은 명암 단계보다는 (단계는 좀 적더라도) 정확한 색을 사용하는 것이 더 중요합니다.

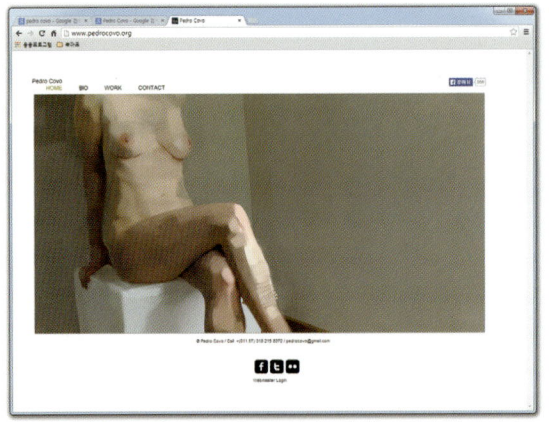 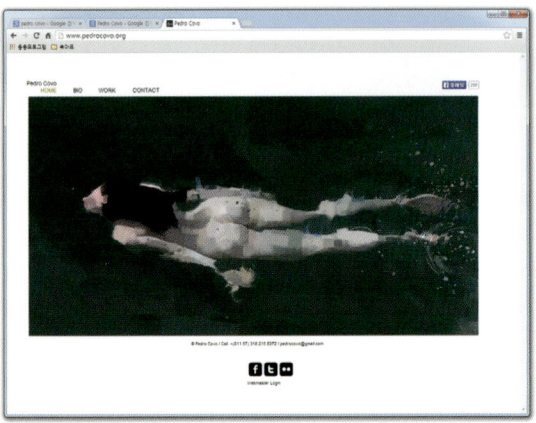

▲ Pedro covo라는 외국작가의 그림을 예시로 보여드리고 싶은데, 언어가 통하지 않아 저작권 동의를 얻지 못했습니다. 작가의 웹사이트에서 그림을 직접 찾아봐주세요! http://www.pedrocovo.org/

다음의 이미지는 어도비 일러스트레이터에서 image trace 기능을 사용하여 사진 이미지를 변형한 것입니다. 비트맵 이미지가 벡터화되는 과정에서 사용되는 색상 수를 한정시킬 수 있습니다. 총천연색의 명암 단계가 변환 과정을 거친 후 각각의 명암 경계가 보일 정도로 큼직큼직하게 표현되었지만, 사진 소스에서 변형한 것이라 꽤 사실적인 느낌이 납니다. 이처럼 '사실적'이라는 것은 많은 명암 단계보다도 정확한 색을 사용하는 것에 더 가깝다는 것을 알 수 있습니다. (물론 형태력은 기본적으로 뒷받침되어야 하겠습니다.)

그런데 이 정확한 색이라는 것은 주변 상황에 따라 달라집니다.

Section 04 정확하고 올바른 색이란?

▲ 좌측과 우측의 사진을 모작할 때 사용하는 색은 차이가 많이 납니다. 좌측 이미지는 난색 계열이고 우측 이미지는 한색 계열입니다.

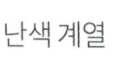      

두 개의 이미지를 그림으로 그린다고 하면 한색 계열의 색을 사용했다고 해서, 반대로 난색 계열의 색을 사용했다고 해서 잘못 그렸다고 말할 사람은 없을 것입니다. 사실 두 이미지도 따로 떼어 놓고 보면 지금보다는 색감 차이를 덜 느낄 것이기 때문입니다.

아이폰이 나왔을 때, 오줌 액정 뭐 그런 이야기가 있었습니다. 화면 전체에 노란빛이 강하게 감도는 액정이 있었는데요. 실제로 친구의 아이폰과 제 것을 비교해보니 약간의 색감 차이가 있는 걸 발견했지만(오줌 액정까지는 아니었음) 그 전까지, 혹은 친구와 헤어지고 난 후에는 별로 문제가 있는 것으로 느끼지 못했습니다.

사실 카메라도 제조사마다, 기종마다, 화이트밸런스 설정에 따라 색감은 천차만별입니다. 그에 더해 모니터 마다 인쇄기 마다 색상 표현이 조금씩 달라서 사실상 우리 모두가 완벽히 동일한 색을 본다는 것은 불가능에 가까운 일 일지도 모릅니다.

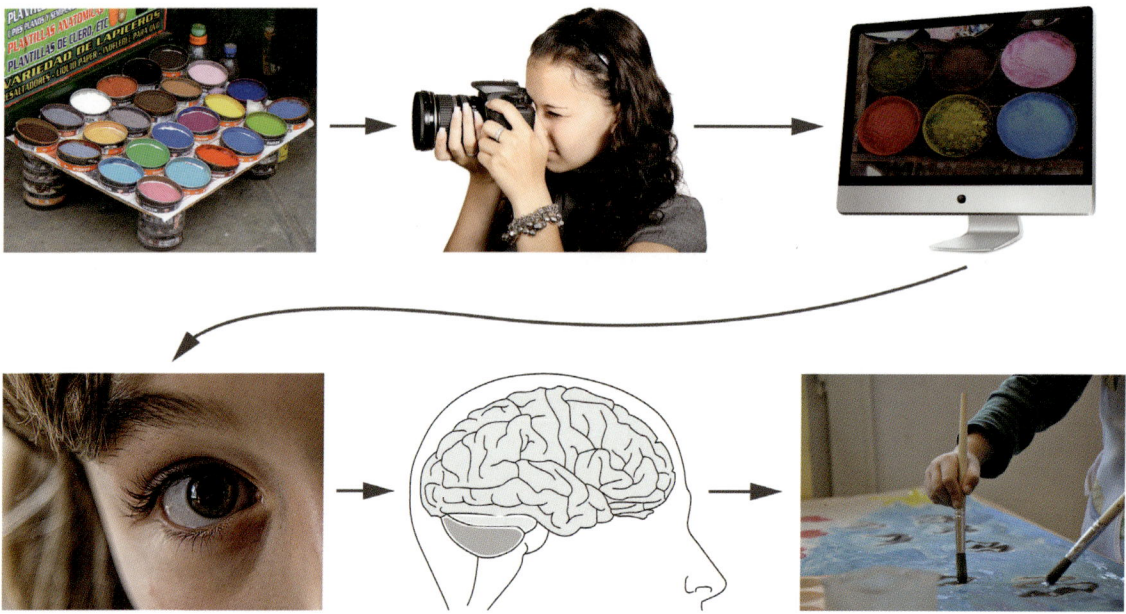

▲ 각 단계들을 거치면서 달라지는 색정보를 생각해보면, 절대적인 색이란 건 애초에 없는 것일 수도 있다는 생각을 해봅니다. 다만 유사한 색감을 맞추기 위해 노력할 뿐이지요.

가시광선의 범위가 남들보다 더 넓은 사람이 있다고 합니다. 그러니까 보통 사람들 눈에 안 보이는 색을 그들은 보는 것입니다. 또, 나이가 들어감에 따라 시세포의 기능도 떨어질 수도 있다고 생각합니다. 가령 노란색 자극만 강하고 나머지 색에 대한 자극이 떨어졌다면 오줌 액정이 아니라 오줌 시세포를 가지게 될 수도 있는 것입니다. 하지만 그렇다고 해서 눈에 보이는 사실적인 이미지가 비현실적인 것으로 바뀌는 것은 아닐 것입니다.

결론은 절대적으로 올바르거나 정확한 색은 없다는 것입니다. 하지만 상대적으로 정확한 색은 있습니다. 특정한 색이 올바르거나 적절한 것인지는 그 이후에 칠하게 될 색들과의 관계 속에서 결정됩니다. 그러니 섣불리 색을 잘못 칠했다고 자책하지 마세요.

Section 05 상대적으로 올바른 색!

특정 색이 올바른 색이라는 사실은 이후에 칠하게 될 색들과의 관계 속에서 결정됩니다. 이해를 돕기 위해 인물 하나를 그릴까 합니다.

01 우선 얼굴을 칠하기 위해 선명하고 예쁜 살구색을 만들었습니다. 이 색은 중간톤으로 적당하겠다고 생각해서 얼굴의 가장 넓은 면을 칠했습니다.

02 그리고 어두운 부분을 묘사하기 위해 색을 더 만들어 칠했습니다. 아직까지는 크게 이상하진 않네요.

03 이어서 밝은 면을 묘사하기 위해 색을 더 만들어 칠했습니다. 그런데 여기서 밝은 면의 색이 잘못된 건지, 처음 칠했던 살구색이 잘못된 건지 좀 헷갈립니다.

04 마저 한 단계를 더 넣어서 마무리를 지어보니 확실히 알겠네요. 살구색 중간톤이 혼자만 너무 튀어서 문제라는 게 이제는 확실히 보입니다. 그래서 튀는 색만 잡아 채도를 조금 떨어뜨려 균형을 맞추었습니다. 이제는 튀는 색 없이 5단계 명암이 조화롭게 보이는군요.

05 한 가지 경우를 더 보시죠. 아무렇게나 선택한 색입니다. 그냥 봤을 때는 좀 탁해 보이는군요.

06 채도를 올릴까 생각해봤지만 다른 색들을 여기에 맞춰봐야겠다고 생각했습니다. 그래서 어두운 면, 밝은 면에 칠할 색을 채도가 낮은 쪽에서 선택하였습니다.

07 우려와는 달리 여기서는 크게 탁하다는 느낌 없이 서로 잘 어우러지는 것을 볼 수 있습니다.

처음 선택한 색은 얼굴을 채색하기에 적당한 색이라고 생각했지만, 결과적으로는 맞지 않는 색이었습니다. 두 번째 선택한 색은 맞지 않는 색 같았지만 결과적으로는 무난한 색이 되어버렸죠. 이처럼 한 화면 안에서 각각의 색들이 의미를 가지려면 서로 어울리는 관계 속에 존재해야 합니다.

그래서 색이 탁하거나 심심하거나 지저분하거나 하는 등의 느낌은 회색을 잘 못써서, 혹은 검정색을 잘 못써서가 아니라 한 화면 안에서 색의 균형을 못 맞췄기 때문이라고 이해하는 편이 훨씬 더 이치에 맞는 해석입니다.

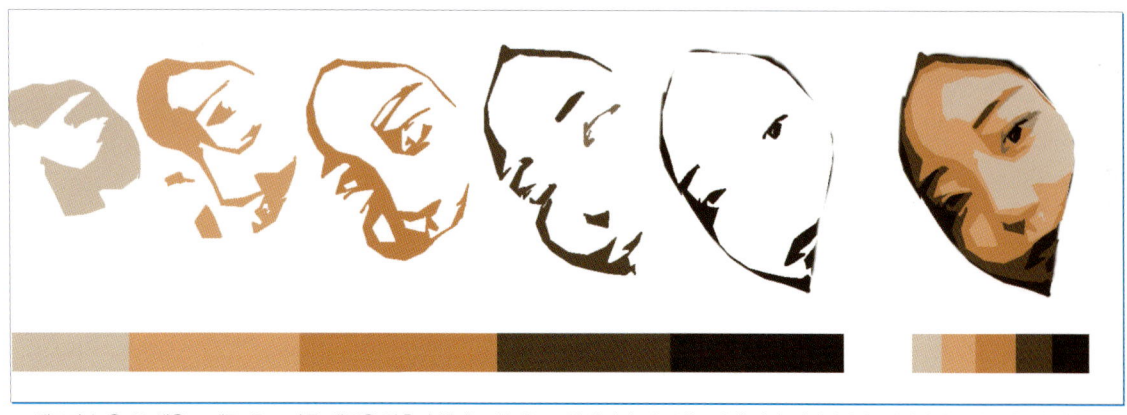

▲ 채도가 높은 두 색을 그대로 두고 다른 색들을 맞출지 반대로 할지는 그림쟁이가 의도하는 바에 따라 달라집니다. 개별적인 색에 대한 판단은 적어도 두세 개의 명암 단계를 나눈 후 하기 바랍니다.

색의 균형을 못 맞췄다는 말은 형태를 못 맞췄다는 말로 바꿔도 크게 무리가 없습니다. 앞선 예시에서 튀는 색깔이 있는 이미지는 그레이(흑백)톤으로 변환한다 하더라도 여전히 튀는 톤, 다르게 말하면 튀는 형태가 있는 그림이 됩니다. 특정 구간에서 색이 갑자기 밝다는 것은 빛을 향해 면의 각도가 틀어지거나 더 돌출되어야 가능하기 때문입니다. 컬러를 사용하지 않는 경우 흑백의 명도(밝기) 조절만으로 조금 들어가는(돌아가는)면과 더 많이 들어가는(돌아가는)면, 완만한 면과 급하게 경사지는 면을 표현할 수 있는 것처럼 채색할 때 우리는 구조를 파악할 필요가 있습니다.

우측 이미지에서 abc의 면이 균형을 이루기 위해서는 형태를 파악하는 능력이 필요합니다. 광원의 위치를 고려하여 물체의 꺾인 면의 각도를 계산해 명도를 대입하면 컴퓨터처럼 정확한 색의 균형을 만들어 낼 수 있을 것입니다. 하지만 대부분의 그림쟁이들은 눈으로 보고 적당한 톤을 결정합니다. 밝은 면에서 어두운 면까지 명도값이 2단계씩 건너뛰는 것도 균형이라고 할 수 있지만, 1단계씩 뛰는 것도 균형이 유지되는 것입니다. 더 대비가 강한 그림을 그릴지, 좀 희미한 그림을 그릴지는 온전히 그림쟁이 본인의 몫입니다.

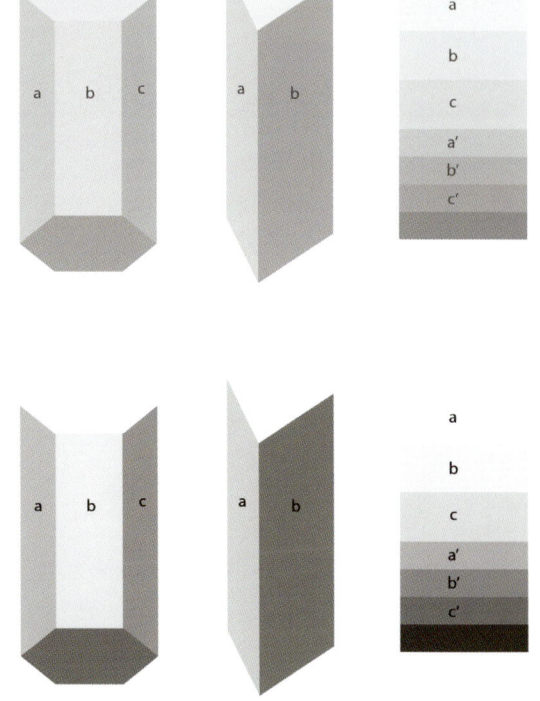

한발 더 나아가서 피부가 보라색으로 표현되거나 그레이톤, 연두색, 녹색으로 표현된다 하더라도 그것이 사람으로 보이지 않는 것은 아닙니다. 여기에는 주로 형태가 관련되어 있으며, 좋은 균형은 꺾인 면에 맞는 톤을 칠하는 것을 의미합니다. 그러므로 여러분이 색을 선택할 때, 물체의 고유색과 관련된 고민도 물론 해야겠지만 그것보다 우선하여 형태에 대한 정확한 이해가 필요할 것입니다.

▲ 색이 달라진다고 해서 여자아이 사진이 그림처럼 보인다거나 사람이 아닌 것으로 바뀌는 것은 아닙니다. 어떻게 색을 보정하든지 간에 이 사진은 계속 여자아이가 웃고 있는 사진이 될 것입니다. 이것은 우리가 특정한 하나의 색에 집중하기보다, 전체적인 균형, 말하자면 밝고 어두운 면의 규칙적인 단계 변화나 그림자 및 어둠의 톤, 머리카락이나 얼굴 등 각 요소들이 가지고 있는 전반적인 색, 가장 중요한 것으로 각 색들이 형태를 바탕으로 제자리를 찾아가는 것에 더 신경 써야 한다는 점을 이해하게 해 줍니다.

Section 06 기본색 정하기

일부 작가들은 밑색 내지는 기본색을 넓게 칠하고 묘사를 시작합니다. 기본색은 전체적인 분위기를 체크할 수 있기 때문에 유용합니다. 또한 처음 설정하였던 기본색을 끝까지 크게 벗어나지 않으면서 묘사를 하면, 애초에 계획했던 색상이나 색 톤을 유지할 수 있어서 통일감 있는 채색을 하기에 용이합니다.

물론 이런 것들이 익숙해지면 부분적으로 완성을 해 나가더라도 결국 자연스러운 채색이 가능하긴 합니다. 하지만 채색에 능숙해진다 하더라도 변하지 않는 사실은 전체적인 색 계획이 미리 세워져 있어야 원활한 작업이 가능하다는 것입니다. 능숙한 작업자는 언제나 전체적인 분위기를 체크하면서 그림을 그립니다. 달리 말하면 앞서 칠한 색과, 현재 칠하는 색, 이후에 칠하게 될 색의 관계를 생각하며 균형을 유지합니다. 아무렇게나 낙서하는 게 아니라면 가급적 채색 계획을 세운 다음 작업을 진행하시기 바랍니다.

▲ 언제나 생각이 정리되면 작업을 진행하세요.

▲ 반대가 되어버리면 실패할 가능성이 커집니다.

기본색을 신중하게 선택하는 것은 초심자들에게 중요한 문제입니다. 그림을 중반까지 그렸다 하더라도 언제든지 변화무쌍하게 수정하고 바꿔낼 수 있는 능력이 있다면 이것은 별일이 아니지만, 초심자들은 대부분 처음 칠한 색을 마지막까지 남겨 두는 경우가 많기 때문입니다.

노란 백열등 전구가 있는 방을 묘사하기 위해 배경을 노란빛이 감도는 회색을 기본색으로 잡았다고 가정해 봅시다. 그러면 인물을 그린다 했을 때, 얼굴도 당연히 노란빛이 느껴지게 기본색을 잡아야겠지요.

하지만 여기서 붉거나 보랏빛 내지는 회색빛을 기본색으로 칠한다면, 그 이후에 칠하게 될 색상들은 자연스럽게 먼저 칠한 색의 계열색이 될 것입니다.

사실 계열색으로 분위기를 맞추는 것도 잘하는 것입니다. 톤을 맞추지 못해 이상한 그림들도 많으니까요. 하지만 그처럼 계열색을 사용해 덩어리감을 만들어 낼 줄 안다 하더라도, 화면 안에 있는 각각의 물체가 한 조명 아래 있는 것으로 느껴지지 않는다면 각각의 요소들은 합성한 것 같은 느낌을 주거나 비현실적인 것으로 느껴질 수 있습니다. 어느 누구도 노란 조명 아래 분홍색이나 회색을 보고 사람 피부색을 칠했다고 느끼는 사람은 없을 것입니다.

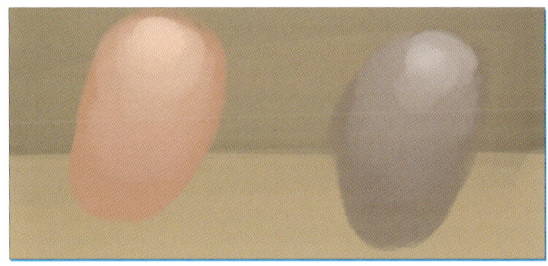
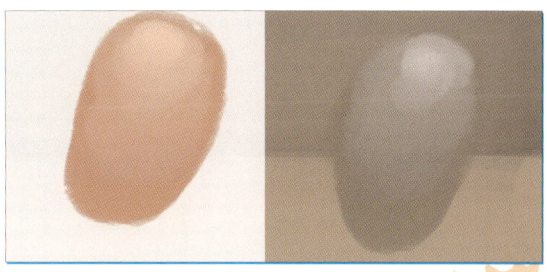

하지만 이것은 피부색이 (주황에 가까운) 분홍색이나 회색이 될 수 없다는 이야기는 아닙니다.

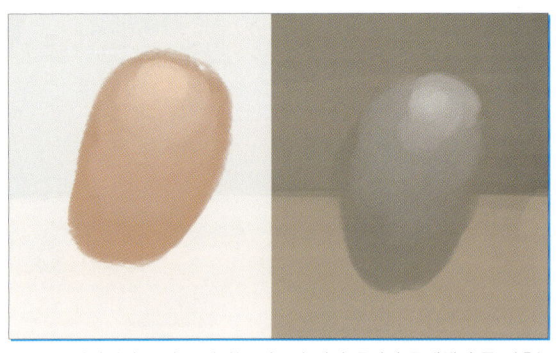
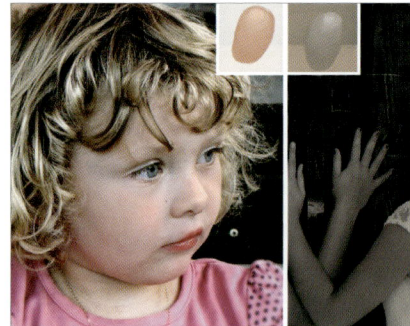

▲ 요소 하나하나를 잘 묘사하는 것보다 먼저 공간과 물체색의 톤 맞추는 연습을 하시기 바랍니다.

TIP 계열색이란

계열색이란 기준이 되는 색 근처 색들을 말합니다. 색상(Hue)의 근처일 수도 있고, 채도, 명도의 근처 색일 수도 있습니다. 계열을 벗어나서 어울리게 칠하는 건 쉬운 일이 아닙니다. 유사하다고 느끼는 색 구간을 벗어나면 잘 못 칠한 느낌이 나기 때문입니다. 그래서 초심자는 기본색상(Hue)을 신중하게 선택할 필요가 있습니다.

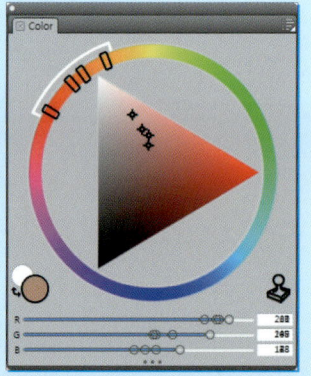

일러스트집 출판하는 일을 하시는 분들 중에 간혹 거래하던 인쇄소 기계가 색상 표현을 잘 못해 업체를 바꿨다고 얘기하는 것을 들어보신 적 있으신지 모르겠습니다. 유명한 일러스트레이터 분들 중에 대형 현수막에 인쇄된 그림을 보면서 잘 나왔지만 색감이 달라져 아쉽다고 말씀하시는 분들도 계시죠. 내가 볼 땐 똑같은데, 아니면 별 차이 없는데 뭐 그리 호들갑인가 생각할 수도 있지만, 앞으로 여러분이 색에 더 익숙해지고 친숙해지게 되면 자연스럽게 이해가 될 것입니다.

어떤 작가가 주황 계열의 피부색을 예쁘다고 생각하면서 4일 동안 채색하여 그림을 완성했다고 생각해보시죠. 비유적으로 말해서 망막은 아직 매끈한 주황색 피부 톤을 기억하고 있는 상태입니다. 그런데 이 그림 전체가 노랑 계열이나 빨간 계열로 변색이 되어 표현되면, 작가 본인은 계속 주황 계열의 색을 보면서 그림을 그려왔기 때문에 누구보다도 문제를 빨리 알아 차리게 됩니다. 미묘한 색 변화를 감지한 것이지요.

▲ 그림쟁이는 보통 사람들에 비해 색에 민감해야 할 필요가 있습니다. 미묘한 변색으로 인해 그림이 주는 분위기가 크게 달라지기도 하기 때문입니다.

그런 의미에서 여러분이 색을 훌륭하게 다룰 줄 안다면 마지막 완성 장면의 분위기를 빠르게 체크하기 위해, 색을 잘 다룰 줄 모른다면 전체적인 톤의 통일성을 유지하기 위해 기본색을 잘 잡는 것이 중요합니다. 이것을 집중적으로 연습할 때는 너무 자잘한 것을 묘사하느라 시간을 허비하지 마세요.

 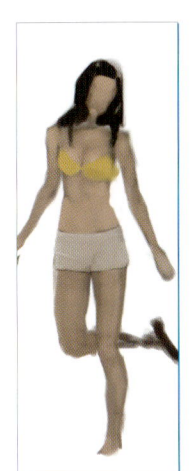    

▲ 색감을 공부할 때 자잘한 묘사를 하느라 시간을 허비하지 마시기 바랍니다. 전반적으로 세밀한 묘사를 하지 않는 것에 유의하세요.

Section 07 | 채색 계획 세우기

초상화를 한 점 그려달라는 의뢰를 받았다고 생각해봅시다. 의뢰인은 증명사진을 달랑 한 장 보내주고 그려달라고 합니다. 예전 같았으면 똑같이 베껴 그렸겠지만, 이제는 채색에 자신감이 생겨서 포즈도 다양하게 생각해보면서 적당한 밑그림을 떠올렸다고 가정합시다. 구도를 고려해서 썸네일 스케치를 그립니다.

몇몇 사람들에게 보여주니 초상화가 딱딱하지 않고 재밌을 것 같다고 해서 그걸로 확정짓고 빈 캔버스를 열어 스케치를 합니다. 그리고 색깔을 선택하는 시점에 머릿속에 얼굴색과 옷(상의) 색 등을 생각하며 전체적인 분위기를 상상해봅니다. 그렇게 해서 아래와 같은 느낌의 이미지를 머릿속에 떠올렸다고 가정해봅시다.

그러니까 아래 사진은 현실에는 없는 장면이고 머릿속에만 존재하는 이미지입니다. 상상속 그는 좀 어두운 공간에 앉아 있고 붉은색 옷을 입었습니다. 의뢰인의 피부는 햇볕에 적당히 그을린 구릿빛으로 거친 남성의 이미지를 표현해야겠다고 마음먹습니다.

이런 상황에서 제일 처음 해야 하는 일은 공간에 대한 톤을 잡는 것입니다. 머릿속에 있는 이미지가 실내의 약간 어두침침한 느낌이었기 때문에, 뒤로 보이는 모습이 콘크리트 배경일지 벽지일지는 모르겠지만(그건 나중에 생각하기로 하고) 적당히 짙은 회색을 골라 전체를 한번 칠해봅니다. 어두운 공간에 조명이 하나 있다고 생각하고 칠하는 겁니다.

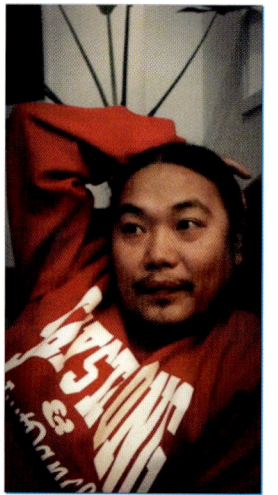 

▲ 머릿속에만 존재하는 가상의 이미지입니다.

이 네모를 보고 대부분 사람들은 회색이라는 컬러만 보겠지만, 작업자는 좀 더 다양한 것을 투영시켜서 생각합니다. "여기가 공간(실내)이라면 너무 어두운 것 같은데, 조명이 좀 더 밝은 공간이었으면 좋겠어. 톤을 조금 밝게 하자." 그래서 다음과 같은 채색을 하게 됩니다.

"이정도면 머릿속에 있는 모습과 비슷한 것 같다. 그러면 이제 얼굴을 칠해볼까? 얼굴 톤은 실내에 있는 걸 고려해서 너무 밝지 않게 그려야지. 그리고 얼굴이 조금 까무잡잡한게 의뢰인의 특징이니까 약간 더 어둡게 색을 조절해야겠다. 아참, 약간 밝게 덧칠할 걸 고려해서 생각한 것 보다 조금만 더 어둡게 기본색을 칠해야 겠다."

"이제 옷을 채색해야지. 이것도 어두운 곳에 있으니까 짙은 빨간색을 써야겠다. 아냐, 어차피 어두운 부분이 더 많을 거니까 아예 검정색을 넉넉하게 칠하고 다시 빨간색으로 밝게 칠하면서 묘사해 나가야 겠다."

그림을 그려가다 보면 공간이 점점 드러나고 조명과 인물이 서서히 나타날 것입니다. 우리는 그리고 있는 내용을 바탕으로 더 선명하게 이미지를 찾아가면 됩니다. 초반에는 머릿속에 있는 이미지를 바탕으로 자꾸 끄집어내는 작업을 했다면 나중에는 표현되어있는 이미지에서 자유롭게 상상하며 그려나갈 수 있을 것입니다. 어느 정도 그림이 그려진 상태에서는 얼굴이 빨갛다든지, 배경이 탁하다든지 하는 느낌을 받을 수 있습니다. 그림이 이야기하는 것을 그대로 받아 수정하다 보면 점점 자연스럽게, 괜찮은 것으로 다듬어져 나갈 것입니다. 그러므로 그림을 그린다는 것은 끊임없이 작업물과 대화하는 작업이며 애정 없이는 절대로 만족스럽게 마무리 할 수 없는 일입니다.

결국 여러분의 머릿속에 분명한 이미지가 그려져 있다면 이후 작업을 진행하면서 분명한 그림이 나올 것이고, 머릿속 이미지가 불분명하다면 그림도 마찬가지로 불분명하게 표현될 것입니다.

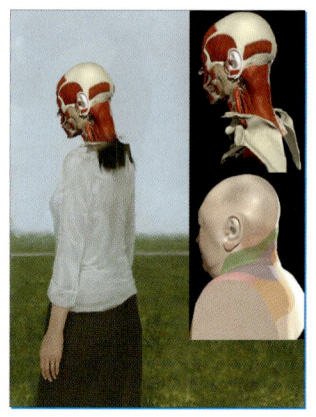

'형태력이 없어서, 색감이 없어서'라는 말은 손기술이 없다는 얘기가 아니라 머릿속에 형태를, 색감을 정확하게 떠올리지 못한다는 얘기일 수 있습니다. 마지막 픽셀 하나까지도 명확하게 머릿속에 떠올릴 수 있다면 표현 못할 이유는 없을 것입니다. 그림을 그리기 전에 전체적인 큰 구도 외에 세부적인 장식이나 사물의 구조에 대한 이해를 정확하게 끝내 놓았는가에 대한 점검을 꼭 마치고 작업을 시작하시기 바랍니다.

자료를 보지 않고 세부적인 부분들을 가볍게 스케치 해보거나 큰 덩어리로 채색해 보는 것은 대상을 정확하게 이해하고 있는지 확인할 수 있는 좋은 방법입니다.

▲ 자료를 보지 않고 그릴 때, 자신이 알고 있는 형태가 생각보다 별로 없다는 걸 확인하게 될 것입니다.

Chapter 02 | 의미 있게 습작하기

사진 모사는 사물의 형태와 브러시를 편안하게 다루는 기술, 그리고 색을 이해하는 데 있어 많은 도움이 됩니다. 하지만 단순히 형태와 색을 베끼는 수준과 구조를 파악하고 이해하며 그리는 작업은 결과면에서 차이가 큽니다. 사진 잘 베끼는 것을 최종 목표로 삼는 사람은 없을 것입니다. 마찬가지로 모사를 할 때 우리는 어떤 목적을 가지고 있어야 하며 그렇게 연습하는 것은 유익한 습작 활동이 될 것입니다. 이제 자유롭게 이 활동을 하는데 방해가 되는 요소와 습작을 좀 더 의미 있게 하는 방법에 관해 알아볼 것입니다. 기술보다는 주로 마음과 관련이 있는 내용이기 때문에 가벼운 마음으로 보시기 바랍니다.

Section 01 참고는 표절?

곧 죽어도 창작만 할 거라던 한 고등학교 남학생은 입시미술반에 있으면서 친구들과는 다르게 주구장창 본인의 자작 캐릭터 연습만 해댑니다. 그리고 얼마 전 들어온 시간 강사 선생님에게 "선생님, 제 그림 어디가 이상한지 좀 봐주세요."라며 연습장을 꺼냅니다. 그리고는 "팔이 좀 이상하죠? 다리는요? 특히 가슴 돌아가는 부분이 어려워요."라고 얘기하며 의도를 알 수 없는 미소를 짓습니다. 시간 강사는 "캐릭터도 좋지만 기본을 좀 다지는 게 어떠니, 소묘반에 가면 덩어리감을 많이 키워올 수 있을거야."라고 얘기합니다. 실망한 듯한 표정을 짓는 남학생은 연습장을 빼앗듯 가져가서 다시 자리에 앉아 캐릭터 낙서를 계속합니다.

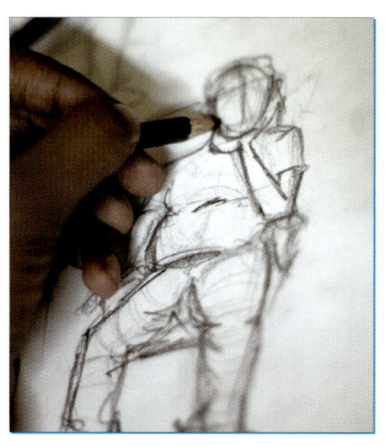

많은 사람들이 처음에 자신은 창작을 할 거라며 그림을 시작합니다. 그리고 정물, 인체, 크로키 등 실물을 보면서 그리다가 어느 순간 자리에 앉아 사진 자료를 보고 연습하게 됩니다. 그리고는 문득 이런 생각을 하죠. "지금 하고 있는 게 나중에 창작하는데 방해가 되지는 않을까? 사실 지금 나는 배끼고 있는거잖아. 다른 사람들 그림을 배끼다 보면 나중에는 배낀 그림을 내 그림이라고 말하게 되는거 아닐까?!"

다른 사람 그림을 자신의 그림인양 도둑질하는 것에 대해 조심스러워 하는 것은 참 좋은 태도입니다. 하지만 나쁜 목적으로 베끼는 것과 다른 사람의 기법을 익히기 위해 습작하는 것에는 큰 차이가 있습니다. 전자는 베낀 그림을 세상에 내보이기 위해 그리는 것이고, 후자는 내 컴퓨터 하드디스크에만 두는 것이죠. (습작을 웹상에 공개하는 것에 대해 부정적으로 말하는 것은 아닙니다.)

꽤 많은 사람들이 사진을 모사하면서 이런 생각을 한다는 것을 알게 되었습니다. "언젠가는 사진을 보지 않고 창작을 할거야. 지금은 자존심이 좀 상하긴 하지만 어쩔 수 없잖아?" 정말 바보같은 생각입니다.

새로운 자동차가 나왔습니다. 클라이언트가 새 자동차 홍보 브로슈어(책자)에 들어갈 일러스트를 하나 그려달라고 요청한다면, 사진을 안 보고 그리는 것이 잘하는 일입니까? 일례로 고증을 바탕으로 하는 그림은 자료에 의존적일 수록 잘하는 것입니다.

인체를 잘 그리고 싶습니까? 그런데 사진으로 나온 포즈는 그리면 안 될 것 같고, 그것을 이용한 작업물을 창작물이라고 소개하면 사람들이 비난할 것 같은 생각이 듭니까? 한 가지 이야기를 해 드릴게요.

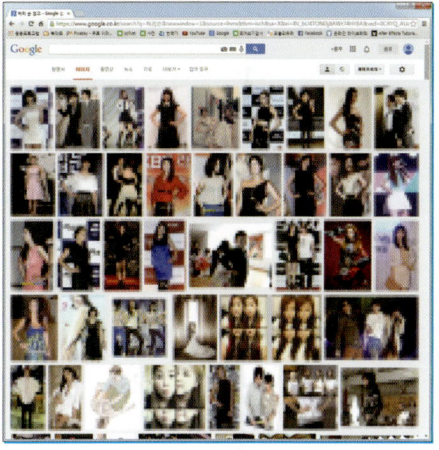

패션업계에는 잘 알려진 정석 포즈가 몇 개 있습니다. 위의 이미지는 제가 '허리 손' 포즈라고 부르는 포즈인데 꽤 많은 패션 잡지의 모델들, 연예인들이 취하는 포즈이며, 게임 일러스트 여자 캐릭터가 종종 이 포즈를 하고 그려지기도 합니다. 옷의 허리부분을 손으로 눌러 허리 선은 들어가게 하고 골반 라인은 살리는 뭐 그런 포즈라고 알고 있습니다. 여성의 신체적 특징을 부각시켜보이게 하는 포즈인 것입니다.

언젠가 다른 사람이 그린 정면 허리 손 포즈 그림을 트레이싱한 게임 일러스트레이터가 있었습니다. 두 그림을 겹치니 꽤 유사한 라인이 나와서 트레이싱 의혹이 제기 됐지요. 잘 기억은 나지 않지만 꽤 비난 받았던 사실로 유추해보면 단순히 포즈를 넘어 콘셉트를 도용하는 수준이었던 것 같습니다. 이 사건을 지켜본 사람들이 경각심을 가지는 것은 좋지만 여러분이 자유롭게 습작하는데 방해가 되지는 않았으면 좋겠습니다.

한번 상상해보시죠. 우리가 다른 이의 창작 캐릭터를 베끼지는 않았지만 허리 손 포즈로 그림을 그리게 된 게임 일러스트레이터라고 생각해봅시다. 어느덧 신작 게임 출시를 앞두게 되었습니다. 회사에서 주인공 캐릭터 몇 명으로 일러스트를 그리라고 합니다. 남자 캐릭터들은 근육질로 서있는 포즈를 그렸고, 여자 캐릭터는 전략적으로 여성적인 이미지를 부각시켜달라는 주문에 따라 여러 가지 포즈를 만들어 냈습니다. 그 중 가장 여성적인 포즈라고 느껴지는 허리 손 포즈가 좋다고 해서 그걸 사용하게 되었다고 합시다.

▲ "이 포즈는 이번 여성 캐릭터 콘셉트와 맞지 않군. 저기 허리 손 포즈를 더 다듬어 보게나."

결과적으로 어느 패션잡지에 나온 포즈랑 유사하다고 말할 사람이 나오겠지만, 여기서 잘못된 것은 없어 보입니다. 일러스트레이터는 여성적이라는 콘셉트에 의해 몇 가지 포즈를 만들었고, 3D 모델러가 만들어낸 모델링 소스들을 참고하여 '손 허리' 포즈에 게임 캐릭터의 의상을 입혀 액세서리를 포즈에 맞게 그려낸 것뿐이기 때문입니다. 사실상 이 캐릭터가 어떤 자세로 있을 것인가는 전체를 관통하는 콘셉트에 의해 좌우됩니다. 이것을 베꼈다고 비난하려면 적어도 허리 손 포즈가 어느 작가의, 혹은 특정 여성의 고유한 저작물이 되어야 하는데 우리가 취할 수 있는 다양한 포즈가 특정 개인이나 단체의 저작물로 인정되어 사용할 수 없다는 건 기본권을 침해당하는 일이겠죠.

설령 창작자들 간에 비슷한 포즈의 결과물이 나온다 하더라도 세부적인 차이점에서 작업자의 의도가 드러나기 마련입니다. 이런 걸 무서워해서 서두에 언급한 학생처럼 연습장에 자기 캐릭터만 그리면서 틀린 걸 고치지도 못하는 상황에 빠지지 않길 바랍니다.

모사는 탄탄한 창작물을 만드는 기초 작업입니다. 모사하면서 조금씩 새로운 것들을 추가하거나 변형하는 방법으로 연습해보시길 권해드립니다. 언젠가 부분적으로 조금씩 바꾸는 것들이 전체를 바꿀 수 있게 되었을 때, 사람들은 그 작업물을 창작물이라고 부르게 될 것입니다.

▲ 2004.06 습작. 연예인의 상반신 사진에 내 몸을 붙여 전신을 완성했다.

Section 02 습작을 의미 있게 하려면

습작과 모사를 대하는 필자의 방식을 조금 소개해드리겠습니다. 다른 사람들처럼 저도 처음에는 형태력이 좋았으면 좋겠다고 생각했습니다. 그런데 세상에는 사물이 너무나 많아서, 이것저것 다 잘 그리기 위해 연습하다가는 데뷔도 못해보고 죽겠다는 생각이 들었습니다. 인체 해부학 공부가 끝나면 동물 해부학, 이어서 의상(천) 주름 공부, 건축물 등 참 공부해야 할 게 많다는 생각을 했습니다. 그래서 공부할 것을 제계석으로 정리하는 대신, 자수 그리고 솧아하는 얼굴이나 그때그때 모사하는 사진에 들어있는 인체의 다른 부분과 소품들을 틈틈이 그려서 실력을 늘려나가자고 생각했습니다.

학생 때는 주로 얼굴을 그리는 것에 재미를 느끼고 좋아했기 때문에 눈코입이나 얼굴 외곽 라인, 머리카락이나 눈썹 등 털을 자연스럽게 묘사하는 것에 관심이 있었습니다. 뼈나 근육은 생각할 겨를이 없었습니다. 모르기 때문이기도 하고 당시에는 눈코입의 표면적인 것만 잘 그리기도 벅찼기 때문이죠. 얼굴을 편하게 완성하게 되고 익숙해지니까 목 아래로 조금 확장해서 그리고 싶어졌고, 자연스럽게 상반신 근육을 공부하게 되었습니다. 하지만 손은 자연스럽게 그리는 것이 어렵다고 느꼈기 때문에 되도록 손이 나오지 않는 사진들만 주로 모사하였습니다. 그러다 보니 그 시절에 창작이라고 그린 작업물에는 손이 화면 밖에 나가있거나 다른 것들에 가려 보이지 않는 것이 대부분입니다.

이렇게 인체를 포함하여 복잡한 사물을 공부할 때, 전체를 놓고 공부한 것이 아니라 아주 작은 부분을 조금씩 이해하면서 공부할 영역을 점차 늘려나가는 방식을 사용했습니다. 어렵다고 느낀 부분들은 그냥 넘겨 버리기도 했는데, 그래서 그런지 공부하는 것이 크게 어렵다거나 공부해야 할 양이 너무 많다거나 하는 것에 압도당하지 않고 즐겁게 그릴 수 있었습니다.

이후에는 손이 나오는 포즈를 의도적으로 공부하면서 동시에 팔이나 가슴 근육, 목, 얼굴, 눈코입을 거슬러 올라가면서 표면적으로 알고있던 부분들에 대해 구조적인 이해를 발전시켰습니다. 하지만 인체에서 좋아하는 부분은 딱 여기까지 였는데요. 다리 근육을 공부하기 시작한 것은 전신을 그려야 하는 외주 작업 요청이 들어와서부터입니다.

▲ 친구들에게 보여주기 위해 미니홈피에 올려놓았던 그림을 디자인 회사에서 시안용으로 구입해 주었다. 생애 처음 경험한 일이라 친구들에게 많이 자랑했었다.

그 동안 자료를 조합해서 구조를 파악하고 그것을 내 것으로 만드는 일련의 과정을 즐거운 활동으로 여겼기 때문에 요청에 의해 잘 모르는 것을 그려야 하는 상황이 왔을 때도 크게 스트레스를 받지는 않습니다. 모르는 사물은 공부하면 되고, 마찬가지로 인체의 잘 모르는 부분도 그때그때 공부해서 작업을 마무리 짓곤 하였기 때문에 평소 그리기 싫어하는 부분이나 사물을 일부러 시간 내서 그리지는 않습니다.

지금도 이런 태도는 여전합니다. 저는 여자 얼굴을 예쁘게 잘 그리고 싶어 하는 마음이 있는데, 다른 부분은 못 그려도 좋으니까 얼굴만큼은 세상에서 가장 예쁘고 귀엽게 그릴 수 있으면 좋겠다고 생각하며 삽니다. 외주 작업 요청이 들어오면 덜컥 겁이 나긴 하지만 일단 하겠다고 하고 그때부터 열심히 공부해서 벼락치기 하듯 작업을 마무리하는 경우가 많습니다.

▲ CGV 무비꼴라쥬 '해피 뉴 무비' 기획전 – 디자인색 의뢰 작업

결과적으로 저는 이것이 크게 스트레스 받지 않고 그림 그리는데 도움이 되었다고 생각합니다. 언제나 모든 것을 잘 그리려고 한 것이 아니라 작은 미션들을 정하고 그것을 완수하는 방식으로 공부를 했는데요, 형태력이 문제라면 정확히 어떤 사물의 형태를 잘 그리기 원하는가? 그것이 사람인가? 사람이라면 눈인가 코인가 입술인가? 등으로 아주 세부적으로 공부할 범위를 정한 것이 유익했다고 생각합니다. 인체를 잘 그리는 것은 상당히 어려운 일이지만, 입술 하나, 눈 두개를 잘 그리는 것은 상대적으로 쉬운 일이기 때문입니다.

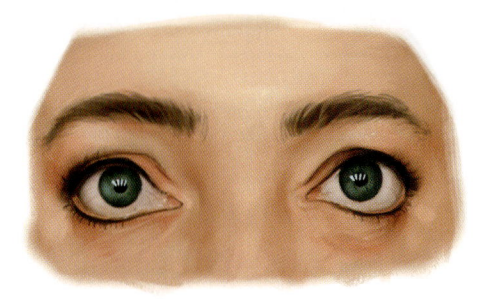

여러분도 한 번에 많은 양을 공부하느라 여러 가지를 놓치면서 부랴부랴 마무리 하지 마시고, 당장 좋아하고 이해할 수 있는 부분들에서 출발하여 내 것으로 하나하나 정복해 나가듯 공부하시기를 권해드립니다. 잘 이해도 안가는 전신을 한 번 그리는 시간에 눈코입을 3번, 5번 반복해서 그리는 편이 다음번 그림을 그릴 때 더 기억에 남지 않을까요?

사진 모사를 하면서 단순히 베껴 그리는 작업을 하고 있는지, 구조를 이해하면서 익혀 나가고 있는지를 자문해 보시기 바랍니다. 복잡한 걸 잘 베끼는 것보다는 단순한 사진이더라도 모사하면서 구조를 잘 이해하는 편이 나중에 본인의 그림을 그릴 때 더 도움이 될 것입니다.

Section 03   뭐든 다 잘 그려야 하지 않을까?

외국에는 주구장창 커튼과 같은 천만 그리는 작가가 있다고 합니다. 본인이 좋아서 하는 것이겠죠. 뭐든지 잘 그리면 회사에 들어갔을 때 편하게 일하겠지만, 천만 잘 그릴 줄 알면 주름을 쉽고 자연스럽게 그리는 방법을 사람들에게 알려주는 일을 하면 되지 않을까요? 책을 내거나 강의을 한다거나 하는 방식으로요.

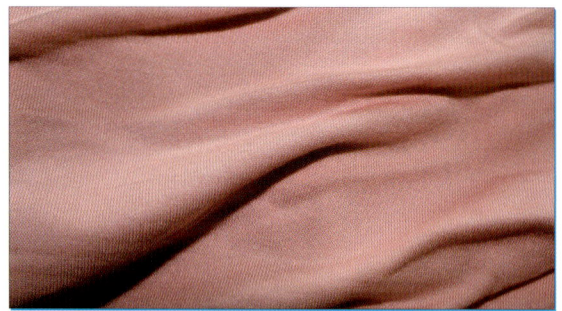

사실 그림을 굉장히 잘 그리는 상당수의 사람들도 평소에 자기가 안 그려본 것들을 능수능란하게 그려내지는 못합니다. 회화과 졸업한 제 친구는 자연물이나 동물은 어색하지 않고 빠르게 잘 그려내지만, 인물은 사진을 보고 그려도 어색한 느낌이 났습니다. 하지만 2019년 현재 그는 인물, 동물, 자연물 할 거 없이 다 잘 그립니다.

저는 반대로 여자만 주로 그려왔기 때문에 남자는 잘 못 그리고 자연물은 더더욱 못 그립니다. 그래서 카툰이나 만화하시는 분들이 스케치 선 없이 단숨에 여러 가지 자연물을 그려내면 본인들은 별거 아니라고 생각하지만 제 입에서는 "와우!"소리가 절로 납니다.

모두가 세상의 모든 사물을 다 잘 그리면 좋겠지만, 그것이 버겁게 느껴진다면 굳이 그렇게 할 필요가 있나 하는 생각이 듭니다. 고양이 그리는 걸 좋아하는데 다른 건 그리기 어렵고 흥미도 못 느낀다면, 일반 직장을 다니면서 금전적인 여유를 누리며 휴일에 고양이를 취미로 그리며 살아가는 것이 더 행복할 수도 있지 않을까요? 모든 것을 그리기 좋아하는 직업형 그림쟁이가 아닌 사람이 회사에 들어가기 위해 모든 것을 잘 그리려 노력하는 모습은 왠지 좀 씁쓸한 기분이 들게 합니다. 돈은 다른 방법으로도 벌 수 있으니 자신이 행복한 방식으로 그림을 그렸으면 합니다.

PART 03

실기 도구

CHAPTER 01 수작업 도구 vs 디지털 도구
            (나는 어떤 도구를 사용해야 할까?)

CHAPTER 02 실전 채색
            (사실상 별 차이가 없는 도구들에 관하여)

Chapter 01 | 수작업 도구 vs 디지털 도구 (나는 어떤 도구를 사용해야 할까?)

태블릿이 보급되면서 컴퓨터로 그림 그리는 일은 아주 흔한 일이 되었습니다. 아마 요즘은 붓보다 태블릿 펜을 먼저 잡는 학생들도 꽤 많을 것 같습니다. 과거에 비해 그림 그리는 일이 더 편리해지고 비용도 적게 들어가는데요, 그만큼 학생들의 그림 실력도 전반적으로 향상 되었을까요?

확실히 요즘 학생들 그림 실력을 보면 어마어마합니다. 이전에 비해 더 많은 자료를 빠르고 쉽게 접할 수 있어서 그런 건지 아니면 학원 강사 분들의 가르치는 기술이 계속 발전해 와서 그런건지 모르겠지만, 요즘 학생들 입시그림 보면 "와 어떻게 저렇게 그리지?"하는 감탄사가 나올 때가 많습니다.

입시를 준비하는 학생 입장에서 미술도구는 사실상 대학과 학원에서 정해주는 것이죠. 그게 정답이니까 그때는 뭐 이런 고민할 필요가 없었을 것입니다. 그런데 입시와 별개로 취미나 직업적으로 그림을 그려야겠다고 마음먹을 때 적잖은 혼란이 생깁니다. 왠지 수작업은 근본있는 그림같고 정통파 같은 느낌이 듭니다. 한편 디지털작업은 요즘 시대에 당연히 해야 될 것 같고, 할 줄 모르면 좀 뒤쳐 지는듯한 느낌이 들기도 하지요.

수작업을 해야 하나, 디지털 작업을 해야 하나란 고민은 꽤 오래전부터 있어 왔습니다. 그리고 사실상 결론이 나 있습니다. 컴퓨터가 아무리 편리하다고 해도 그것은 단지 표현의 수단에 불과한 것이라는 점이죠. 사실 색깔을 칠하는데 컴퓨터로 칠하든 물감으로 칠하든 그게 무슨 상관이겠습니까. 손에 익숙한 것으로 계속 밀고 나가시기를 권합니다.

▲ 짜장면을 먹을까, 짬뽕을 먹을까? 일단 배부터 채웁시다.

"냉면성애자"로 불리는 존박은 같은 브랜드의 냉면이라도 지점별로 맛의 차이를 구분한다고 합니다. 많이 먹어봤기 때문에 터득한 것인지 아니면 타고난 감각이 있어서인지는 모르겠지만, 확실히 냉면에 대한 애정을 느낄 수 있는 대목입니다.

존박이 냉면을 싫어하면서 억지로 먹었을 거라고 생각하는 사람은 없을 것입니다. 마찬가지로 여러분이 도구를 선택할 때, 자신이 선택한 도구를 오랫동안 좋아할 수 있을지 고려하는 것은 중요한 요소입니다.

▲ 일단 칼 사용법을 알아야 뭐라도 썰지 않겠습니까?

어떤 도구든 간에 오래 사용하다 보면 익숙해지기 마련입니다. 이왕이면 좋아하는 도구를 사용할 때 사용법을 더 빨리 습득하게 될 것입니다. 도구를 다루는 게 편안해져야 더 중요한 레이아웃이나 스토리 등을 고민하는데 시간을 더 많이 투자할 수 있는 것입니다.

사람들마다 선호하는 미술 재료와 그렇지 않은 재료가 있다고 생각합니다. 선호하는 이유는 취향 때문일 수도 있고 직업적 특성 때문일 수도 있고, 그 밖에 다양한 이유일 수 있다고 생각합니다.

▲ 유화물감은 마르는데 시간이 많이 걸립니다.

일례로 성격이 급한 한 남성분은 평소 유화 작품의 진득한 느낌을 좋아해서 취미로 유화를 좀 해야겠다고 생각하고 유화 재료를 잔뜩 사다가 집에 갖다 놨다고 합니다. 그런데 유화 물감을 사용해보시면 아시겠지만 손에 안 묻어날 정도로만 물감을 건조시키는 데도 여러 날이 지나야 합니다. 이 남자는 그걸 못 참아서 수 분 내로 건조되는 수채화로 재료를 갈아탔다고 합니다. 현재 그는 수채화를 꽤 능숙하게 잘 다룹니다.

한편 대학교 2학년인 부산의 한 회화과 학생은 1학년 때부터 줄곧 유화물감을 다뤄왔는데, 건조시키는 데만 여러 날 보내는 게 아까워서 이런 생각을 했다고 합니다. "유화 물감이 다 마르기 전에 작업을 진행시켜서 완성할 수 없을까?" 몇 번의 고민과 실패를 반복하다가, 물감을 두껍게 붓으로 찍어서 올리면 아래쪽에 덜 마른 물감과 섞이는 일을 최소화 하면서 작업을 진행할 수 있겠다는 결론을 내렸습니다.

동화작가 데뷔를 준비하고 있는 한 친구는 건식 재료인 색연필을 사용해서 그림을 그리고, 디자인 회사를 다니고 있는 한 친구는 개인 전시회를 준비하는데 습식 재료인 아크릴 물감을 사용합니다. 저는 스케치하는 데는 건식 재료인 4B 연필의 느낌을 좋아하지만 채색하는 데는 습식 재료인 유화의 느낌을 좋아합니다. 더 빨리 마르는 아크릴 재료를 좋아하는 사람들도 많지만 저에게 아크릴의 마르는 속도는 꽤 빠르게 느껴집니다. 허겁지겁 그림을 그리게 되더군요. 그 밖에도 붓으로 칠할 때 캔버스에 묻어나는 느낌이 개인적으로는 유화가 더 좋다고 생각합니다.

▲ Two ladies under an umbrella by Charles Boom (1858–1939) – Philadelphia Art Conservatory (USA)

여러분도 각자 좋아하는 재료가 있습니까? "연필 vs 붓", "물 vs 기름", "깨끗한 종이 vs 시멘트 벽" 등 다양한 재료 가운데 자신과 잘 맞는 재료를 찾게 되기 바랍니다. 경험상 다양한 것들을 얕게 알고 있는 것보다는, 좋아하는 한두 가지를 깊이 있게 다룰 줄 아는 것이 다른 재료나 장르를 배울 때에 더 빠르게 습득하는데 도움이 된다는 것을 알게 되었습니다.

새로운 재료들을 사용할 기회가 생겼을 때 편식하지 말고 호기심을 갖고 적극적으로 사용해본다면 편견을 가졌던 재료 중에서도 상당히 매력적인 특성들을 종종 발견하게 될 것입니다. 그런 소중한 경험은 이후에 디지털 재료로 채색을 하게 될 때에 적지 않은 도움이 될 것입니다.

"이것은 유화와 비슷한 느낌이구나, 어... 이렇게 하니까 좀 더 끈적한 느낌이 되는구나. 이제야 알겠다.", "이것은 수채화 물감과 비슷한 느낌이네, 실제 수채화처럼 물을 말릴 수도 있네? 그러면 물로 지울 수도 있을까?"

▲ Corel Painter X3. 사용한 브러시는 좌측부터 순서대로 유화, 디지털 수채화, 리얼 수채화입니다.

코렐사의 페인터는 여러분이 이전에 경험했던 수작업 재료의 느낌과 특성들을 떠올리게 만들어줄 것입니다. 그리고 과거에 직접 사용해봤던 재료들에 대한 경험은 현재 새로운 디지털 재료의 특성을 더 빨리 파악하고 기억하는데 크게 도움이 될 것입니다.

그러면 수작업 재료와 포토샵, 페인터 중 어떤 도구가 나에게 가장 잘 맞을까요? 각 도구들이 주는 사용감보다는 제가 사용하면서 알게 된 각 재료의 장점과 불리한 점을 위주로 소개하겠습니다. Section 1, 2, 3의 내용을 보실 때는 여러분의 취향이 아니라 장래 직업을 고려하여 자신에게 맞는 재료가 무엇일까를 고민해보신다면 좋겠습니다.

Section 01 수작업 도구

Unit 01 연필

건식 재료 중 가장 많이 쓰이는 것은 뭐니뭐니해도 연필이겠지요. 깔끔한 선화를 그리시는 분들은 B, HB 정도의 비교적 딱딱한 연필을 사용할 것입니다. 2B, 4B는 면을 칠하면서 완성하는 그림에 용이하죠. B 종류는 손에 가루가 잘 묻어나옵니다. 그렇기 때문에 찰필이라는 재료로 가루를 고르게 펴 바를 수가 있습니다. 휴지나 면봉을 사용하기도 하지만 손으로 비벼서 번지게 하기도 합니다. 이처럼 연필은 가장 기본적인 재료이면서도 자유도가 높은 재료입니다.

흑연이 고르게 발라진 표면은 강한 하이라이트의 표현이나 모서리 면을 표현하는데 용이합니다. 연필을 사용하여 면을 칠할 때는 잠시 딴생각을 하더라도 손은 계속 흔들어 주세요. 곱게 쌓인 가루들은 밀도를 올리는데 도움이 됩니다. 연필을 눕힌다면 연필심이 종이에 닿는 면적이 커져서 더 적은 횟수의 움직임으로도 전체를 칠할 수 있게 될 것입니다.

▲ 연필 친구 콩테는 풍부한 농담 효과를 내는데 적합합니다.

Unit 02　수채화

수채화 물감은 소심한 사람들이 사용하기에 참 어려운 재료라고 생각합니다. 자신감이 없는 사람들은 물감에 물을 많이 탑니다. 연하게 칠하기를 좋아하지요. 계속 연한색만 칠하니 그림이 완성이 되지가 않습니다. 적절한 물 양이 중요합니다. 감각적인 부분이라 익히는데 시간이 필요합니다.

저렴한 종이는 물이 닿는 횟수가 잦을수록 빨리 손상됩니다. 한편, 밀도를 올리기 위해선 많은 붓질이 필요할 수도 있지만, 수채화 경력이 꽤 있으신 분들의 작업 과정을 보면 종이에 물을 흥건하게 적셔놓고 몇 번의 붓질로 고운 그라데이션을 만들어 내기도 합니다.

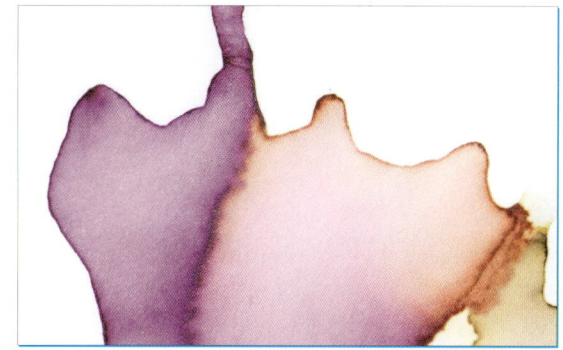

수정이 어렵다는 건 단점으로 작용할 수 있지만 대신 넓은 영역을 빠르게 채울 수도 있고, 소금을 뿌리거나 종이를 긁어내는 등 다양한 표현기법을 사용할 수 있다는 점, 건조시키는데 그리 많은 시간이 걸리지 않는다는 점은 수채화의 장점입니다. 무엇보다도 여러분이 수채화를 연습하신다면 화면상의 아주 세부적인 부분까지도 계획해서 작업에 들어가야 실패하지 않을 텐데, 이런 연습을 잘 해놓으신다면 어떠한 재료나 상황에 직면하게 되더라도 두려움 없이 작업하는데 도움이 될 것입니다.

수정이 어려운 수채화를 성실히 해 두신다면 머릿속으로 작업 과정을 미리 "시뮬레이션" 돌려 보는 것을 습관으로 삼게 될 것입니다. 미리 작업 계획을 잘 세우고 실전에 임하는 것과 무작정 시작하고 보는 것은 천지 차이라는 점을 말씀드리고 싶습니다. 예를 들어 벽화 작업 때 미리 작업 계획을 세우지 않으면 작게는 조색 시 물감을 필요 이상으로 많이 만들어 낭비하게 되고, 크게는 일당과 함께 여러 날을 통째로 날려버리는 안타까운 상황을 맞이하게 될 수도 있다는 점 잊지 마세요.

Unit 03 유화

서양 미술의 역사를 보면 참 다양한 재료가 등장합니다. 유화물감은 말하자면 가루로 된 색 안료를 점성이 있는 기름과 섞어 만들어 내는 것인데, 과거에는 계란 흰자를 사용하던 것이 현재의 형태로 발전했다고 하는군요. 유화물감은 덮어 칠할 수 있다는 것이 가장 큰 특징입니다. 물감에 점성이 있기 때문에 모래나 톱밥 등 다른 재료와 섞어 사용하는 작가들이 있고요. 점성이 있으니 나이프로 물감을 떠서 바르는 것이 가능하고 고운 붓으로 곱게 펴 바르지 않는다면 붓질 자국이 남는다는 특징도 있습니다.

한편 물 묻은 손은 수건에 닦지 않더라도 조금만 시간이 지나면 대충 마르죠. 하지만 치킨 집어먹었던 손을 닦지 않거나 씻지 않고 오랜 시간 방치하는 분들은 없을 것입니다. 유화물감은 치킨 기름과도 같아서 손에 묻은 채로 닦지 않으면 여러 시간이 지나도 다른 사람들 옷을 더럽힐 수 있습니다. 천천히 건조되는 것이 단점이라고 말하는 분들이 계시지만, 동시에 여러 작품을 작업한다면 그리 불편하다는 생각은 들지 않을 것입니다. 다만 기름성분이기 때문에 명백하게 불리한 점이 한 가지 있는데, 유화 작품은 작품 촬영 시 표면의 광택 때문에 주변의 조명 빛이 쉽게 반사되어 최종적으로 변색된 이미지가 사진에 담길 수 있다는 것입니다.

▲ 아크릴에 바니쉬로 마무리한 작품입니다. 유화의 기름기 성분이 비슷한 효과를 나게 합니다. 그래서 유화 작품 촬영은 잘 계획된 스튜디오가 아니라면 차라리 야외에서 촬영하는 것이 더 낫습니다.

도록을 만들거나 각종 홍보물에 싣는 등 지면에 인쇄해야 될 일이나 웹상에 홍보를 위해, SNS에 자랑하기 위해서 등등 요즘 시대에 사진촬영은 거의 필수가 되어버린 것 같습니다. 이런 시대에 유화 작업은 적어도 작품 촬영 부분에서 만큼은 확실히 많은 수고와 비용이 들어간다는 면에서 다른 재료에 비해 불리한 면이 있는 건 사실인 것 같습니다.

TIP 수작업은 물리적으로 우연의 결과물을 만들기가 더 수월하다.

한 작가분이 종이에 실수로 커피를 쏟았답니다. 그런데 커피색이 생각보다 예쁘더래요. 그래서 그 위에 그림을 그렸는데 맨 종이에 그린 것보다 느낌이 좋았다고 합니다.

 수채화 작업하는 친구가 종이에 물감을 바른 후 그 위에 소금을 뿌리면 예쁘게 번진다고 알려줍니다. 소금을 뿌린 최초의 사람은 무슨 생각으로 종이에다가 소금을 뿌릴 생각을 하게 되었을까요?

유화물감을 발라놓고 약간 건조시킨 후 청바지를 갖다 대서 천의 질감(Texture)을 이용하는 작가가 있습니다. 질감(Texture)을 잘 이용하니까 세밀하게 묘사해서 그린 그림보다 더 진짜 같은 청바지가 완성 되더군요.

한편 땡볕에서 벽화하는 친구가 기존의 벽에 칠해진 페인트 색과 같은 색을 만들기 위해 조색을 하는데, 제가 볼 땐 아무래도 벽 색깔보다 밝은 듯한 느낌이 들어서 색이 좀 차이가 난다고 말했더니, 페인트는 마르면 좀 어두워진다고 말합니다. 실제로 벽에 발라보니 나중에 색이 점점 어두워지더군요. 그래서 페인트가 마르면 좀 어두워지는 성질이 있구나라고 이해했지요. 그런데 어느 날은 햇빛이 건물들에 가려 그늘이 심하게 지는 곳에서 색을 맞추기 위해 조색을 하고 있었어요. 벽 색깔보다 조색하고 있는 페인트 색이 더 어두워서 더 밝게 해야 되는 거 아니냐고 했더니, 자신도 잘은 모르겠지만 경험상 그늘에서는 페인트가 마르면 밝아진다고 하는군요. 실제로 발라보니 처음 어둡게 느껴지던 색이 마르면서 점점 기존에 벽에 칠해진 색과 톤이 비슷해지는 걸 본적이 있습니다.

아직까지 저도 잘은 이해 못했는데, 아마 수성 페인트에 포함되어있는 물 분자가 빛에 어떻게 반응하느냐에 따라 페인트 안료색이 달라 보이는 게 아닐까 추측만 하고 있습니다. 아니면 그림자 속에 들어갔을 때 하늘에서 비치는 색은 주로 파란색 계열인데, 사용하고 있던 색이 노란색 계열의 색이라 대부분의 파장을 흡수하면서 어둡게 보였는지도 모르겠습니다.

물감은 각 회사마다 발색이 다릅니다. 특히 유화물감은 각 색깔마다 마르는 시간의 차이도 있습니다. 노련한 그림쟁이가 아니라면 우리 대부분의 수작업물은 상당 부분 우연의 산물이라고 해도 과언이 아닐 것입니다. 아날로그라는 것이 원래 수치로 정확히 딱딱 떨어지는 것이 아니니 언제나 동일한 결과값을 얻지 못하는 건 어쩌면 당연한 일입니다.

컴퓨터 속 캔버스에 실수로 커피를 쏟을 일은 없습니다. 우연히 소금을 떨어뜨릴 일은 더더욱 없지요. 입고 있던 바지를 벗어서 물감에 찍어볼까라는 생각이 들었다 해도 이미지 편집 기술을 배우지 않는다면 바지 질감(Texture)을 사용할 수도 없을 것입니다.

수작업은 종종 예상치 못한 일들로 그림을 망치게도 하지만, 때때로 예상치 못하게 좋은 느낌의 결과를 만들어 내기도 합니다. 우연이라는 요소는 디지털 작업에서 보다는 수작업에서 훨씬 더 빈번하게 일어나며, 그렇기 때문에 우연히 생기는 좋은 효과, 좋은 느낌의 소스들이 아날로그적인 실험들에서 더 많이 얻어지는 것은 어쩌면 당연한 이야기입니다. 그래서 아직도 많은 디자이너들은 수작업물을 기반으로 하는 소스를 활용하여 다양한 디지털 이미지를 생산해내고 있습니다.

Section 02 디지털 도구

Unit 01 포토샵

포토샵의 근간은 "이미지 편집"에 있습니다. 포토샵의 브러시 기능은 이미지를 편집하는 중에 줄 하나 긋자고 그림판 여는 건 좀 아니지 않느냐, 그래서 탑재되어 있다고 생각하시면 편합니다. 물론 매번 새 버전을 개발하면서 꾸준히 브러시 기능이 함께 강화되어 온 것은 사실이지만 브러시 종류가 많아지고 세부 옵션이 늘어나도 여전히 변하지 않는 건, 포토샵 브러시는 "칠한다"는 느낌이 아니라 브러쉬 모양의 "도장을 찍고 있다"는 느낌을 준다는 것입니다. 간혹 "어? 이건 좀 특이하네" 싶은 브러시는 도장을 돌려가며 찍어대는 느낌인데, 일반적으로 보기에는 마치 색이 섞이거나 점점 번지는 듯한 느낌을 주지만 저는 그것마저도 어설픈 착시에 불과하다는 느낌을 받습니다.

물론 포토샵으로 멋진 작품들을 뽑아내는 분들이 많이 있습니다. 해외 콘셉트 아트의 거장 굿브러쉬의 작품을 보면 쫀득쫀득한 유화의 느낌까지 포토샵으로 재현해 내는 것을 보게 됩니다. 하지만 포토샵으로 다양한 느낌들을 표현해 내는 것을 단지 브러시 기능이 막강하기 때문이라고 생각하는 것은 틀린 말일 수 있습니다. 이미지를 자르거나 복사해서 붙이고, 왜곡하거나 밀어내거나 뿌옇게 만드는 기능들은 엄밀히 말하면 (포토샵에서 만큼은) 이미지 편집을 위한 도구입니다.

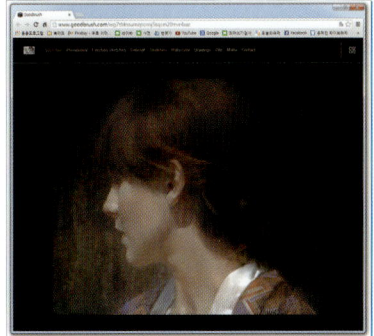

▲ http://www.goodbrush.com/

수작업 시 물감에 모래를 섞거나 환상적인 느낌을 좋아하는 분들, 사진을 조합해서 빠르게 콘셉트 시안을 제작해야 하시는 분들은 이미지 편집 기술을 배워서 포토샵 기본 브러시와 잘 조합하여 사용하신다면 원하는 이미지를 빠르게 제작하는데 도움이 될 것입니다.

포토샵 브러시는 칠해지는 원리만 놓고 보자면 겹겹이 쌓아나가는 방식이 연필 소묘의 작업 방식과 유사하다고 생각됩니다. 컴퓨터가 익숙하지 않은 수작업자분들이 어쩔 수 없이 디지털작업을 해야 하는 상황에 직면하게 되었다면 페인터니 사이툴이니 코믹스튜디오니 하는 복잡해 보이는 프로그램들의 브러시 기능을 익히느라 진 빼지 마시고, 그냥 포토샵 기본 브러시로 투명도 조절해 가면서 작업하시길 권해드립니다. 수작업을 잘하시는 분들이라면 특징이 강한 브러시보다는 단순해 보이는 동그란 기본 브러시가 가장 직관적으로 느껴질 것입니다.

후에 기본 브러시 사용이 익숙해지면 세부 옵션들을 알고 싶다는 욕심이 생길지 모릅니다. 그때는 포토샵 브러시의 기능만을 다룬 책들이 따로 있으니 이용해 보시기 바랍니다. 현재 포토샵 브러시는 각종 기능 설명과 사용 예제만으로 책 한 권이 나올 수 있을 정도로 브러시 기능이 다양하고 강력합니다. 기본 브러시로 채색하는 것에 더해 틈틈이 이미지 편집 기술을 배워놓으신다면 더할 나위 없이 좋은 창작 도구가 될 것이라 확신합니다.

TIP 포토샵 브러시는 두 가지 옵션만 알면 됩니다.

기본으로 제공하는 브러시 프리셋 가운데 어떤 것을 사용하더라도 다음의 2가지 옵션은 꼭 익혀 놓으시기 바랍니다. 태블릿이 있다면 필압에 따라 투명도와 사이즈의 조절이 가능한 옵션입니다. 참고로 브러시 창은 'F5'번을 누르면 열립니다.

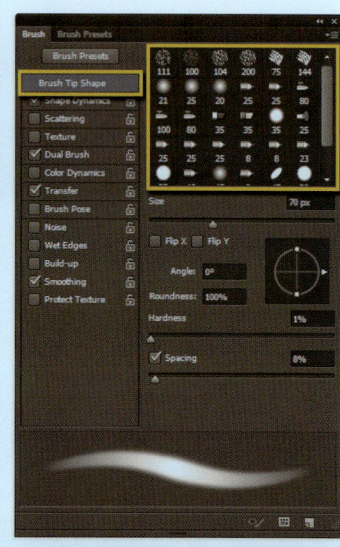

우선 사이즈 조절 옵션입니다. 수치는 좌측의 'Shape Dynamics' 메뉴를 클릭하시면 조절 가능합니다. 우측의 노란 네모에 'Control:'을 보면 'Pen Pressure'로 되어 있는데요. 태블릿의 필압을 이용하겠다는 의미입니다. 그리고 바로 아래에 'Minimum Diameter'의 값을 0%에서부터 조금씩 올리면서 적당한 사이즈를 찾으시기 바랍니다. 'Minimum Diameter'는 펜에 힘을 가장 적게 주었을 때, 현재 설정한 브러시 사이즈에서 최소 몇 퍼센트 비율로 사이즈를 줄일 건지 설정하는 옵션입니다. 너무 작게 하면 얇은 선으로 나올 수 있기 때문에 채색시에는 10% 이상으로 적당히 올려 줄 필요가 있습니다. 직접 그려보면서 수치를 조정해 나가시기 바랍니다.

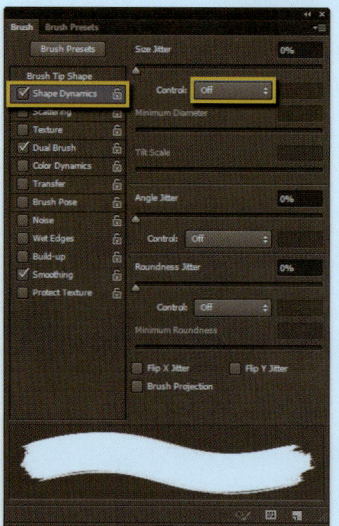

다음으로는 투명도 조절 옵션입니다. 이것도 간단합니다. 'Pen Pressure'는 태블릿의 압력값을 이용하겠다는 얘기이고, 'Minimum'은 가장 적은 힘을 줬을 때 얼마나 연하게 할 거냐는 옵션입니다. 이 옵션은 0%로 두었을 때 폭 넓은 농담을 표현할 수 있습니다. 90년대 2D 애니메이션 식으로 채색할 것이 아니라면 수치는 항상 0%로 두고 사용하시기 바랍니다.

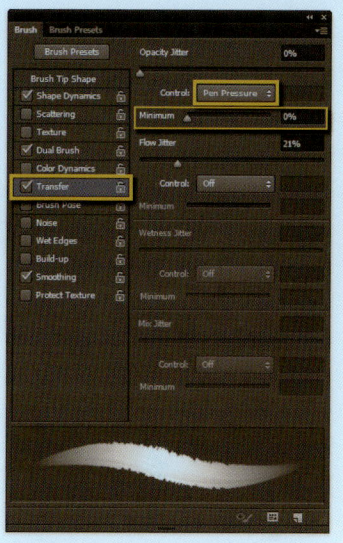

Unit 02 페인터

오랫동안 페인터를 안 쓰다가 그림을 그리게 될 때, 간혹 사용하고 있는 브러시가 좀 불편하다는 느낌을 받을 때가 있습니다. 익숙한 이름인데도 전에 쓰던 브러시가 아닌 것 같고 (만질 수도 없는 가상의 것이지만) 붓 끝의 느낌이 왠지 좀 딱딱하거나 너무 무른 것 같을 때가 있습니다.

디지털 도구는 뭐 포토샵이나 페인터나 똑같겠지, 이질적인 느낌은 지울 수 없을거야라고 생각하셨다면 생각을 조정할 필요가 있을지 모릅니다. 페인터의 브러시는 아주 소소해 보이는 옵션값의 차이로 "오늘은 브러시가 좀 찰지네, 왠지 잘 그려지네"라는 느낌을 주기도 하고, "오늘은 좀 어색한데, 느낌이 좀 딱딱한 것 같아. 잘 안 칠해져"라는 정반대의 느낌을 주기도 합니다.

포토샵이 브러시 옵션의 향연이라면, 페인터는 브러시의 그 자체의 연회이며 뷔페고 잔치입니다. 포토샵은 원하는 브러시 효과가 있을 때 옵션 값을 일일이 조절해가며 테스트해보면서 만들어가야 하는 불편함이 있습니다. 반면 페인터는 이미 잘 세팅된 값의 브러시들이 기본적으로 제공되어 사용자는 쭉 나열되어 있는 수많은 브러시 중 하나를 꺼내 바로 사용하면 됩니다.

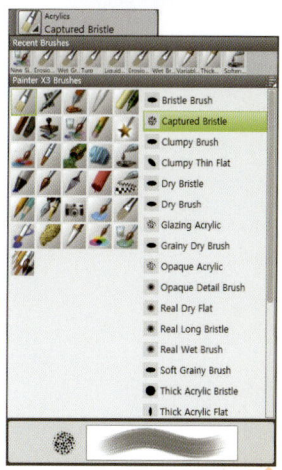

페인터에는 화방에서 구할 수 있는 대부분의 채색 도구와 물감 재료들이 있습니다. 쉽게 떠올릴 수 있는 것으로는 연필, 에어브러시, 수채화, 유화, 잉크, 먹 등이 있습니다. 아무래도 현실 세계에 존재하는 재료들이기 때문에 익숙해지기가 쉽습니다. 때문에 각 재료의 주된 특성이 예상 가능하고 이해가 쉽습니다.

포토샵과의 차이를 위해 페인터의 수채화 기능 한 가지만 설명하자면, 포토샵은 수채화의 물 흐르는 모습을 도장으로 찍어내듯 표현하지만, 페인터는 진짜 물을 줄줄 흘린다는 점에서 생동감이 넘칩니다.

▲ 좌측의 이미지가 포토샵이 흉내낼 수 있는 수채화 효과의 거의 전부라고 생각하시면 됩니다. 우측은 페인터의 수채화 브러시입니다. 2019년 현재 유료로 판매하는 포토샵 브러쉬는 아날로그적 표현에 있어 퀄리티가 상당히 높습니다. 때때로 가끔 오류나서 뻗어버리는 페인터를 버리고 포토샵 브러쉬를 새로 공부할까 하는 마음이 들 정도입니다.

페인터를 처음 켜서 브러시를 뭘 써야 할지 모르겠다면 제가 소개하는 몇 가지를 먼저 사용해 보시기 바랍니다. 우선 피해야 할 것들이 있는데, 브러시 중에 너무 딱딱하거나 너무 물러서, 혹은 특정 브러시의 고유한 특성 때문에 우리가 원하는 바대로 칠하기 어려운 것들이 있습니다. 예를 들면 브러시 형태가 사각형 모양으로 생긴 것들인데 Chalk & Crayons(초크 앤 크레용), Charcoal & Conte(숯 & 콩테)를 포함하여 몇 몇 브러시 카테고리 안에 들어있습니다. 브러시 형태가 사각형이더라도 카테고리가 다르기 때문에 사용감은 차이가 있습니다.

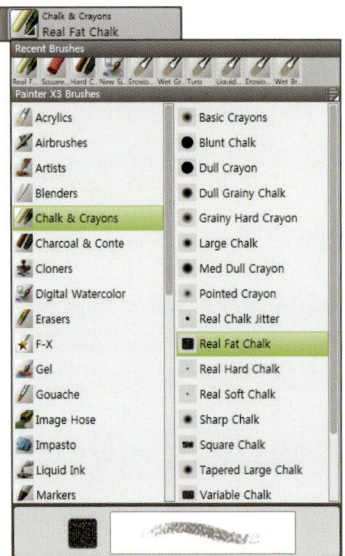

▲ 브러시 하나를 잘못 사용하면 이렇게나 그림이 이상해집니다. 부족한 테크닉 때문이라기 보다는 과정이 재미가 없거나 그림 자체에 애정이 생기지 않아 망치는 경우가 훨씬 더 많습니다. 그리고 위 이미지에서는 잘 보이지 않지만, 배경 질감 때문에 색이 칠해지지 않은 영역이 흰 점으로 남아있습니다.

앞에 이미지는 Real Fat Chalk 브러시로 그려본 그림입니다. 설정을 하나도 손대지 않은 기본 상태의 브러시인데, 손에 힘이 많이 들어가는 브러시이고 잘 채워지지 않는 부분들이 흰 점으로 표현됩니다. 이것은 페인터의 종이 재질과 어느 정도 관련이 있지만 문제를 해결하는 방법을 하나하나 설명해야 하는 상황 자체가 이 브러시는 별로라는 걸 얘기해 주는 것이기 때문에 그냥 이 브러시는 안 쓰는 것으로 하겠습니다.

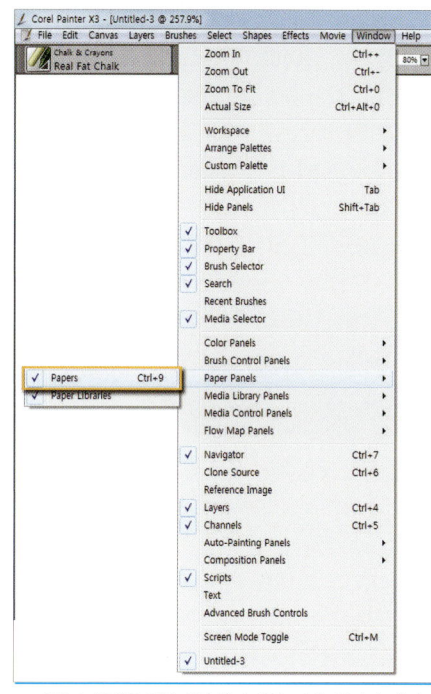

▲ 페이퍼 설정은 이곳에서 할 수 있습니다. 종이의 재질과 입자의 굵기 등을 설정할 수 있습니다.

사각형 브러시는 필압을 잘 조절하지 못하면 엣지 부분이 너무 강하게 표현되기 때문에 사용하기가 조금 까다롭습니다. 그 밖에 색이 잘 안 섞이는 브러시라든가 삼각형 모양의 브러시, 브러시 털의 결이 너무 강하게 남는 브러시 등은 초보자들이 사용하기에 조금 까다로운 브러시들입니다. 시간을 내서 전체적으로 브러시들을 한 번씩 테스트 해보실 때, 이런 류의 브러시는 자체적으로 걸러내시기 바랍니다.

▲ 채색 레이어를 복사해 포토샵의 'Darken' 필터를 사용하여 합성하였더니 전체 색상에 영향을 주지 않으면서 흰 점이 메워졌습니다.

그럼 다시 처음으로 돌아가서 사용하기에 그리 까다롭지 않은 브러시 몇 가지를 소개 해드리죠. 개성이 강하지 않고 브러시 모양이 원형에 가까운 브러시들로 준비해봤습니다. 첫 번째는 'Airbrushes – Digital Airbrush'입니다.

세부 옵션은 크게 바꾸지 않았습니다. 중요한 옵션들 세 가지만 고려해보시죠. 디지털 에어브러시는 바깥쪽이 부드럽게 퍼지기 때문에 명암 단계를 부드럽게 그려낼 수 있습니다. 포토샵의 브러시와 아주 유사한데요, 기본 실력만 있으면 에어브러시 하나만으로 웬만한 건 다 그릴 수 있을 것입니다. 사이즈를 키워 크게 칠할 수도 있고, 브러시 사이즈를 줄여서 세세하게 머리카락이나 속눈썹까지도 묘사할 수 있습니다. 하지만 에어브러시 특성상 브러시 사이즈를 많이 줄이지 않는다면 부드럽게만 칠해지기 때문에 자칫 그림이 흐릿하거나 뿌옇게 그려질 수 있습니다. 여러분이 좋은 형태력을 가지고 있지 않다면 선명하게 그려내기가 어려울 수 있지만, 브러시 자체는 단순한 모양이기 때문에 채색하는데 어려움이나 부담은 없을 것입니다.

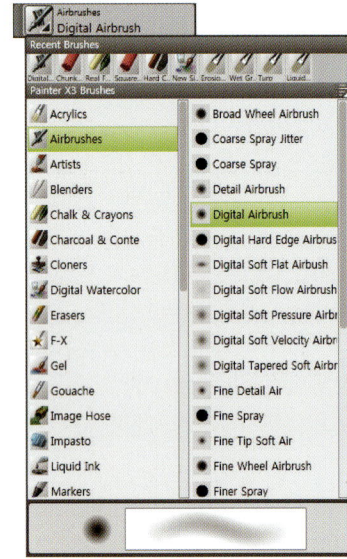

중요하게 작용하는 옵션으로는 Opacity(투명도)와 Min size(최소 사이즈), Spacing(간격) 등이 있습니다. 투명도는 값이 너무 높게 되면 새로 칠하는 색이 항상 이전 색을 모두 덮어버리기 때문에 점점 색을 쌓아올려 밀도 있어 보이게 만들기가 어렵습니다. 반대로 투명도가 낮으면 힘 조절을 잘 못해도 두세 번에 걸쳐 색을 올리면 되기 때문에 시간이 더 들긴 하지만 고운 그라데이션을 표현할 수 있고 칠하는데 부담이 적습니다.

Min Size의 수치는 높게 잡으시기 바랍니다. 이 수치가 낮으면 힘을 좀 빼고 칠할 때 뾰족한 선이 나오게 되는데, 큼직큼직하게 채색하는데는 별로 도움이 되지 않습니다. 날카로운 선은 부드럽게 칠할 수 있는 에어브러시의 장점을 잃게 만듭니다. 이 수치를 줄이는 경우는 거의 마무리 단계에서 속눈썹을 포함한 각종 털들을 묘사할 때 정도 뿐입니다. 그 외에는 브러시가 작아지면 칠하는데 시간만 더 들기 때문에 이 수치를 줄이는 것을 별로 권하지 않습니다.

Spacing은 브러시 사이즈를 크게 했을 때 종종 점이 찍히는 것처럼 띄엄띄엄 간격이 보이는 경우가 있습니다. 기본 세팅 값과 상관없이 눈으로 보시고 죽 이어지는 선이 아니라 띄엄띄엄 점이 찍히는 것처럼 보인다면 Spacing 값을 줄여서 선으로 이어주시기 바랍니다.

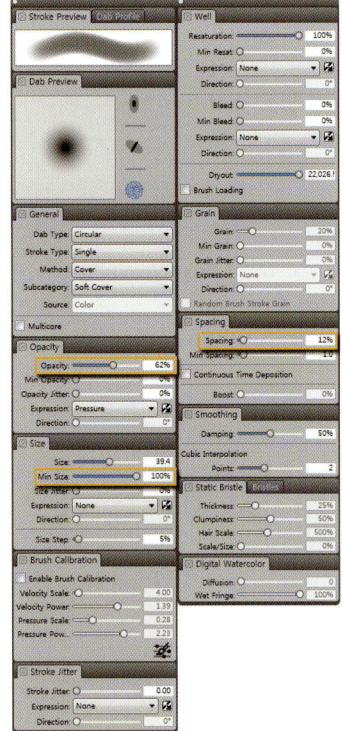

다음은 Pastels – Chunky Oil Pastel입니다. 이 브러시는 외곽이 딱딱한 형태를 가졌지만 밑색과 잘 섞이는 부드러운 특성을 가지고 있습니다. 저는 제 손에 맞게 세부 옵션들을 조금 변형시켜 보았는데요. 보시고 저와 동일한 설정으로 함께 맞춰 보시기 바랍니다.

이 브러시의 옵션에서 중요한 점 몇 가지를 소개해드리겠습니다. 우선 Opacity(투명도)는 에어브러시와 같은 이유로 수치를 조금 줄여놓을 필요가 있습니다. 마찬가지로 이 브러시도 100%에서는 색을 계속 덮으면서 작업하기 때문에 밀도를 올리기가 쉽지 않습니다. 투명도 값을 줄이면 힘 조절을 섬세하게 하지 않더라도 색을 점점 쌓아 나갈 수 있으며 결과적으로 더 풍부한 색감을 만들어 낼 수 있습니다.

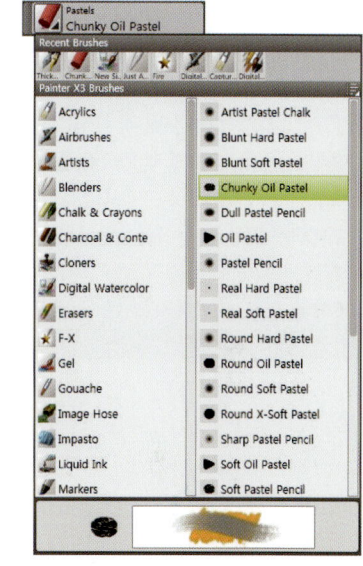

다음으로 Bleed 옵션은 굉장히 중요합니다. 이 브러시는 밑색과 잘 섞인다고 하였는데요, 그것은 이 브러시가 가진 아주 큰 장점입니다. 솔리드 타입의 물체를 묘사할 때 색이 섞이는 이 Bleed 옵션은 굉장히 유용하게 사용됩니다. 그래서 수치를 100%로 맞춰 놓았습니다. 좀 유의하시면 좋은 점으로 이 옵션의 바로 아래에 네모가 있는데, 이것은 필압 옵션에 반전을 걸어준 상태입니다. 저 파란 색 버튼이 비활성 상태가 되면 회색으로 바뀌는데, 비활성 상태에서 Bleed: 100% 값은 태블릿 펜을 힘주어 누를수록 섞이는 정도도 함께 증가하는 걸 뜻합니다. 반대로 지금 상태는 압력값(Pressure)에 반전을 걸어놓은 상태이기 때문에, 힘을 약하게 줄수록 색이 100%로 강하게 섞이고 힘을 세게 줄수록 약하게 섞이게 됩니다. 말 그대로 압력에 반비례하여 Bleed 값이 작동하는 것입니다.

Grain의 초기 설정값은 17정도 일 것입니다. 이것은 종이 재질에 얼만큼의 물감을 묻히는지와 관련이 있는데, 수치를 작게하면 종이 질감이 선명하게 드러나고, 수치를 올리면 종이를 두껍게 덮어버리듯 칠해지기 때문에, 질감이 강하게 드러나지 않게 됩니다. 수치가 낮을 때는 손에 힘을 많이 줘야 원하는 만큼 칠해지기 때문에 저는 손이 좀 편하려고 이 값을 조금 올려 놓았습니다.

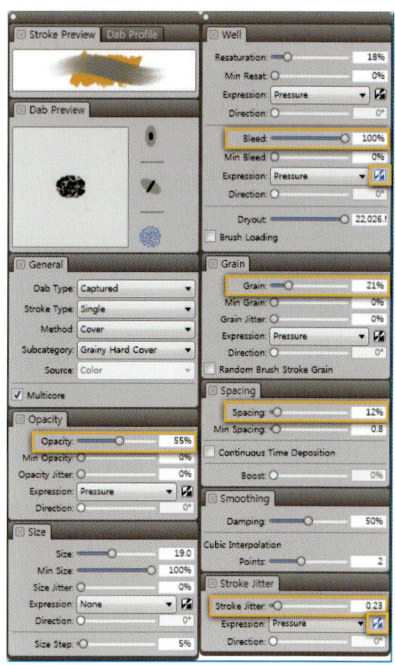

Spacing 값은 좌측 페이지에서 설명드린 바와 같습니다. 브러시 사이즈를 키우면 점으로 찍히는 게 보이기 때문에 값을 많이 줄여놓은 상태입니다.

Stroke Jitter는 재미있는 옵션입니다. 이 수치를 0으로 줬을 때 채색하게 되면 이 브러시의 형태가 딱딱하다 보니 경계가 딱딱 구분되게 칠해지는 경향이 있는데, Jitter(지터) 값을 높이게 되면 수전증 있는 사람이 브러시를 칠하는 것과 동일한 작용을 합니다. 그렇게 되면 점을 찍듯 선을 긋기 때문에 딱딱한 경계가 뭉개지며 밑 색과 더 잘 섞이게 됩니다. 반전값을 걸어준 이유는, 힘을 뺐을 때 덜덜 떨리는게 더 강하게 작동하고, 힘을 많이 줬을때는 떨리지 않게 하기 위함입니다. 이 옵션은 형태가 딱딱한 다른 브러쉬들에서 종종 사용하면 면이 심심해지지 않고 색이 더 잘 섞이게 하는데 도움이 될 것입니다.

마지막으로 하나만 더 소개해드리겠습니다. 미술 재료 중 찰필이라고 부르는 것인데요. 딱딱한 류의 브러시들을 사용하다 보면 좀 부드럽게 뭉개고 싶을 때가 생깁니다. 그럴 때 찰필을 사용합니다. 초기 세팅이 잘 되어 있어 설정에 손대지 않고 그냥 사용하면 됩니다. 힘 조절을 잘 해서 부드럽게 면을 이어준다면 눈동자나 입술 등 부드럽게 칠해져야 하는 곳에 효과적으로 사용될 것입니다.

그 밖에 브러시들은 직접 하나하나 사용해 보고 느낌들을 알아 가시기 바랍니다. 적당한 걸 찾으면 알려드린 세부 옵션들 몇 가지를 수정해서 조금 더 자신의 손에 맞는 것으로 변형시키면 좋겠습니다. 그렇게 하면 세상에 둘도 없는 내 손에만 잘 맞는 커스텀 브러시를 가지게 될 것입니다.

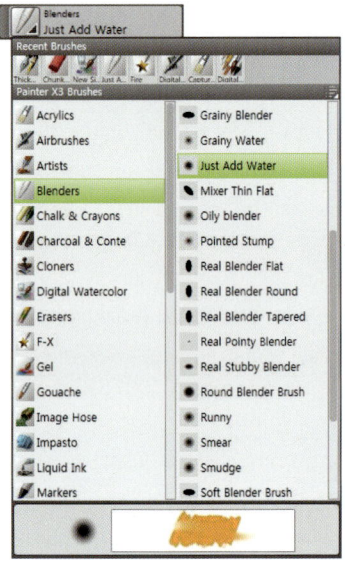

TIP 디지털 작업용 컴퓨터를 새로 구입할 때, 어느 부품을 신경써야 합니까?

포토샵의 브러시는 대부분 도장 찍듯 선을 그린다고 하였습니다. 반면 페인터의 수채화 브러시는 아예 물이 줄줄 흐르는 장면을 실시간으로 보여주는데, 마치 포토샵이 다 되어 있는 밥을 퍼다 주는 거라면, 페인터의 많은 브러시는 아예 물을 붓고 쌀을 씻어 밥을 지어 내어주는 듯한 연산 과정을 거칩니다.

이렇게 복잡한 연산이 들어가는 브러시들은 높은 성능의 CPU를 필요로 합니다. 하지만 브러시의 특성을 파악하고 능숙하게 사용할 줄 안다면 돈을 들여 성능이 좋은 비싼 컴퓨터를 장만한다 하더라도 손해 본다는 느낌은 없을 것입니다. 페인터를 원활히 사용하는 데는 좋은 CPU와 용량 큰 RAM이 중요한 요소입니다. 오래전부터 고성능 그래픽카드(GPU)의 필요성에 대해 의문을 가진 사람들이 있었는데, 페인터에서는 그 효과가 미미한 수준이라고 합니다. 반면 포토샵은 구동 속도가 CS3 이후로 그래픽카드의 영향을 많이 받는다고 하니 컴퓨터 구매하실 때 이점을 참고하시기 바랍니다.

Unit 03 디지털 작업의 이점

디지털 작업의 이점에 대해서는 다들 잘 알고 계실거라 생각합니다. "간편하다, 재료비가 지속적으로 들지 않는다, 작업 공정이 간소화되어 빠르다, 변색의 위험으로부터 자유롭다." 등등이 있겠죠. 그런데 제가 실제로 사용하면서 가장 크게 느끼는 이점은 넓은 색상 범위와 디테일한 묘사를 가능하게 해주는 확대/축소 기능입니다.

01 넓은 색상(Hue)과 명도(Lightness)의 범위 차이

벽에 아무리 맑고 깨끗한 흰색을 발라도 모니터의 흰색만큼 밝지는 못하죠. 검정색은 또 어떻습니까. 침침한 작업실에서 유화 작업을 하다보면 색 중에서 가장 밝은 색인 흰색을 하이라이트로 찍고도 더 밝은 색을 올리고 싶다는 생각을 할 때가 있습니다. 수작업에서 하이라이트라고 칠한 흰 색이 빛을 묘사한 것으로 보이는 것이 아니라 그냥 흰 색 물감을 발랐다는 느낌이 들면 참 그림 그리는 게 재미가 없습니다.

일부 형광등의 파장은 태양의 가시광선 파장에 비하면 되게 볼품없습니다. 다르게 말하면 빛이 좀 가볍습니다. 소리로 치면 1,000원짜리 이어폰에 비할 수 있습니다. 소스가 되는 음악을 아무리 풍성하게 만든다 하더라도 값싼 이어폰으로 들으면 뭉개지고 가벼운 소리를 내는 것처럼, 물감이 아무리 발색이 좋고 비싼 거라 하더라도 작업하고 있는 머리 위 형광등이 노란빛이나 푸른색의 단일파장 몇 개를 모아놓은 색을 내고 있다면, 물감은 풍부하게 많은 색 단계를 보여주지 않습니다. 분광기를 통해 태양빛과 형광등 빛을 계측해보면, 태양빛은 무지개색의 고른 스펙트럼을 보여주는 반면 형광등 빛은 3, 4가지 색이 좁은 스펙트럼으로 띄엄띄엄 표시되는 것을 볼 수 있습니다.

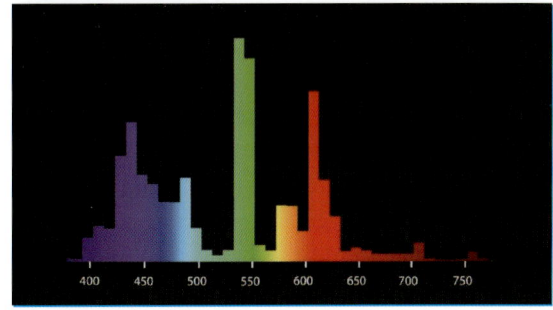

마트에서 별 생각 없이 선택한 형광등으로 인해 정확하게 조색하는데 어려움을 느낀다는 것이 너무 이론적인 이야기로 들릴 수 있지만, 자동차 도장(도색)일을 하는 곳에서 맑은 날은 태양빛으로, 흐린 날은 데일라이트라는 별도의 조명 아래에서 조색하는 것을 보면, 그것은 분명히 눈으로 구별 가능한 차이고 실제로 불편을 느낄 수 있는 영역이라는 점을 이해할 수 있습니다.

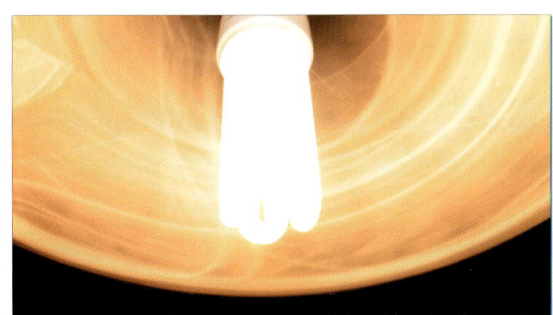

▲ 이 전구 아래에서 흰색 물감은 누런색으로 보입니다. 결과적으로 그림에 흰색은 존재하지 않는 것이나 다름없지요.

신경 써야 하는 작업실 형광등

이렇게까지 색상(Hue)에 민감하진 않더라도 작업실을 새로 마련하게 되었다면 가장 우선적으로 신경써야 할 부분은 여전히 형광등입니다. 공간의 어느 한 지점에 그림 그릴 자리를 정하고 캔버스를 구입해 이젤에 올려놓았다면, 기존에 달려있던 형광등을 떼서 새로 옮겨 달 필요가 있을지 모릅니다.

이론적으로 실내 공간의 캔버스 가까운 천장에 형광등 하나를 달면 캔버스의 위쪽과 아래쪽 영역은 색상 차이가 납니다. 큰 사이즈의 캔버스일수록 차이는 더 심할 것입니다. 이것은 작업하는 중에 끊임없이 여러분의 눈을 피로하게 하는데, 색 차이를 민감하게 느끼시는 분들이라면 작업실의 형광등을 늘려 캔버스에 빛이 고르게 닿을 수 있도록 반드시 조치하시길 권합니다.

이런 것들을 꼼꼼하게 신경 쓰기는 싫고, 그럼에도 색에 민감한 눈을 가지셨다면 모니터를 사용하는 디지털 작업으로 넘어오시기 바랍니다. 색 재현율이 높은 모니터와 빛샘 현상이 없는 건강한 모니터를 사용한다면 형광등을 옮겨 다네 마네, 빛이 어둡네, 분광기로 보니 태양빛에 한참 모자르더라는 얘기는 할 필요가 없어집니다. 다만 각 제조사 모니터마다 약간씩 다르게 표현되는 색상 차이는 여전히 신경 쓰일 수 있으며 인쇄를 목적으로 디지털 작업을 한다면 모니터와 인쇄물 간에 생기는 색상 표현력의 차이가 불편하게 다가올 수 있습니다.

02 디테일한 묘사

수작업에서 대단히 세부적인 묘사를 하기 위해서는 큰 사이즈의 캔버스에 그리면 된다는 것을 그림을 시작하고 한참 뒤에 깨닫게 되었습니다. 종이 사이즈가 클수록 사람들이 모니터나 사진으로 보는 일정한 크기는 실제에 비해 한참이나 줄어든 사이즈가 됩니다. 달리 말하면 아주 세밀한 묘사가 들어있다는 것입니다. 그런데 매번 자세한 걸 그리고 싶다고 캔버스를 키보다 더 크게 준비하여 작업하기란 쉽지 않죠. 그래서 수작업물에 있어서는 디테일이 아쉬운 그림들을 많이 그리게 됩니다.

웹상의 다른 사람들을 보니 상황이 비슷하더군요. 유화 작업과 페인터 작업이 별 차이가 없다는 걸 설명하는 한 그림쟁이의 그림을 봐도 머리카락의 세밀한 부분에서는 확실히 디테일이 떨어지더군요. 그도 그럴 것이 얇은 세필붓에 유화물감은 굉장히 적은 양이 묻습니다. 한 번 찍어서 머리카락 한 줄 그으면 바닥나지요. 이런 상황에 한줄한줄 어떻게 일일이 긋고 있겠습니까만은, 시간이 없어서라기보다 확대할 수 없어 묘사를 못하는 것도 큰 이유라고 생각합니다.

디지털 작업에서 포토샵의 경우 3200%를 확대할 수 있습니다. 가로 세로 1cm 새끼손톱만한 영역을 32cm로 키워서 작업할 수 있다는 얘기입니다. 세밀하게 묘사하는 것이 언제나 좋은 습관인 것은 아닐 수 있지만, 디테일하게 묘사할 줄 아는 것은 전반적인 그림 실력이 조금 모자란다 하더라도 사람들 눈에 잘 그렸다는 인상을 주는 데 유리할 수 있습니다.

여러분이 가지고 있는 가장 얇은 펜으로 찍을 수 있는 점도 스캔 떠서 컴퓨터 속으로 들어가면 적어도 픽셀 4개 이상의 조합으로 색을 표현할 것입니다. 달리 말하면 컴퓨터 작업은 언제나 수작업의 4배 이상의 크기로 작업할 수 있다는 뜻이며, 언제나 4배 이상 디테일한 묘사를 할 수 있다는 뜻입니다.

이처럼 컴퓨터 작업에 여러 가지 이점이 많지만 그렇다고 해서 수작업이 컴퓨터 작업보다 언제나 불리한 것은 아닙니다. 어떤 선택을 하더라도 극복 가능한 지점은 항상 있는 것 같습니다. 유화물감이 천천히 마르는 것이 단점이라는 생각을 하는 것이 아니라, 그렇기 때문에 동시에 여러 작품을 진행하면 된다고 생각하는 긍정적인 마인드가 필요하겠습니다.

어떤 도구를 선택하게 되든 간에 도구는 목적을 이루는 단순한 수단에 불과하다는 점을 기억하시기 바랍니다. 어떤 재료를 사용할까가 아니라 무엇을 표현할까를 먼저 생각한다면 그림이 아니라 어쩌면 글이나 영상, 음악이 더 적합한 표현 방법임을 알게 될 수도 있습니다. 각 도구들과 분야와 장르를 넘어 전달하고자 하는 메시지에 초점을 맞춰 표현 방법들을 새롭게 고민할 필요가 있을지 모릅니다. 사람들에게 감동을 넘어 전율을 느끼게 할 수 있을 정도의 콘텐츠는 모든 요소들이 아주 적절하게 선택되고 조화를 이룬 콘텐츠일 것 입니다. 그리고 그것은 주로 기술보다는 스토리에 달려 있는 경우가 더 많습니다.

▲ 많은 경우 그림이 감동을 전해주는 순간은 작가가 어느 회사의 물감을 사용했는지를 사람들이 알게 되는 순간이 아니라, 이 그림에 어떤 사연이 있고 작가는 어떤 이야기를 담고자 했는지를 알게 되는 순간입니다.

Chapter 02 | 실전 채색 (사실상 별 차이가 없는 도구들에 관하여)

지금까지 연필, 수채화, 유화, 포토샵, 페인터의 특징을 살펴보았습니다. 각각의 도구들은 누가 사용하느냐에 따라 쓰임이 다를 것입니다. 포토샵을 그림 그리는데 사용하는 사람들이 있는가 하면, 페인터에서 그린 그림을 가져와 이미지 보정과 편집하는 데만 사용하는 사람들도 있습니다. 이제 필자의 생활 속에서 각각의 도구들이 어떻게 사용되고 있는지 보여드리겠습니다. 가볍게 읽어보면서 여러분은 각각의 도구들을 어떻게 활용할 수 있을지 그 쓰임새에 대해 고민해보셨으면 합니다.

필자의 작업실 책상에는 A4용지 묶음과 연필이 항상 구비되어 있습니다. 작업 의뢰가 들어오면 손쉽게 꺼내 메모하고, 이후에 아이디어를 발전시키고 썸네일 스케치를 하는데 연필이 사용됩니다.

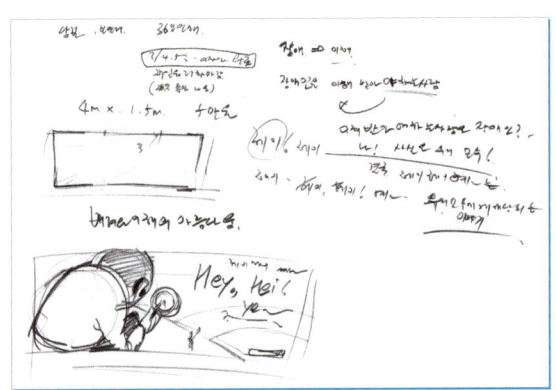 

▲ 재료 : A4 용지, 4B 연필

다듬거나 색칠하는 작업은 페인터에서 하기 때문에, 연필을 사용해 스케치하는 일은 아주 부담이 없는 작업입니다. 인체가 심하게 어긋나고, 구조에 안 맞는 그림을 그리더라도 괜찮습니다. 나중에 다 수정될 것이기 때문에 이 과정에서는 정말 자유롭게 스케치합니다. 사실상 이때 하는 스케치는 트레이싱을 위한 사전작업이라기보다는 포즈를 만들고 어떤 물체들로 화면을 채워넣을 것인가를 설계하는 계획서에 더 가깝습니다. 일단 스케치가 끝나면 이미지를 스캔받아 컴퓨터에 저장하고, 포토샵에서 새 파일을 만들어 바닥에 깔고 페인터로 넘어가 형태를 새롭게 만들어나갑니다.

▲ 좌측의 그림을 그리는데 사용된 스케치는 우측의 이미지입니다. 스케치가 형편없어 그리는데 무슨 도움을 줬을까 의심스러우시겠지만 큰 틀 속에서 작은 부분들을 변형해가며 그림을 다듬어 나갔습니다.

빠르게 진행해보죠. 결국 처음 소개한 스케치는 다음과 같이 완성되었습니다.

▲ Adobe illustrator로 작업

01 요즘은 연필 스케치를 하지 않고 컴퓨터에서 스케치를 바로 하는데, 주로 페인터를 이용해 스케치합니다.

02 스케치하는 재료로는 한 가지를 정해놓고 사용하진 않습니다. 어떤 날은 자주 사용하는 연필이나 펜(Pens) 브러시가 좀 심심하게 느껴져서 재미없을 때가 있습니다. 이번에는 Acrylics - Captured Bristle을 사용해서 약간 회화적인 느낌으로 스케치하였습니다.

03 스케치는 캔버스에 바로 그려졌기 때문에 선을 지우지 않는 수채화 브러시를 이용해 밑 색을 깔았습니다. 수채 브러시는 말리고 덧입히는 방식으로 톤을 잡아 나갑니다. 주로 어두운 부분을 칠하며, 색이 겹치면 점점 어두워 지는 특성이 있기 때문에 처음부터 너무 진한 색을 사용하지는 않습니다. (수채화 브러시의 물 말리는 단축키는 Ctrl + Shift + L 입니다.)

04 수채 브러시의 겹치는 특성은 입술이나 피부에 첨가되어있는 다양한 색들을 추가하기에 좋습니다. 상단에 Diffusion 값을 넉넉하게 주면 번지는 범위가 커지기 때문에 칠할 부위를 고려해서 값을 달리 하면 좋습니다. 예를들어 이 경우에 입술은 영역이 작아서 적게 번지게 하였고, 볼이나 광대는 넓은 면이기 때문에 크게 번지는 것이 자연스러워 보였습니다. 그래서 두 부분에 번지는 값은 다르게 하였습니다.

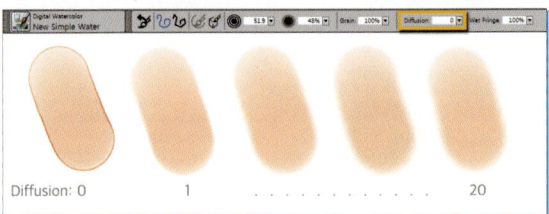

05 어둠을 추가하면서 동시에 밝은 부분도 묘사하는 건데요, 그러니까 중간 톤을 기준으로 양쪽의 균형을 맞춰 나가는 작업입니다. 한쪽이 너무 밝으면 그림이 가벼워 보입니다. 반대로 밝은 영역이 충분히 밝지 못하면 그림은 어두워 보입니다. 어두운 영역도 마찬가지입니다. 너무 어두우면 그림이 칙칙해 보입니다. 하지만 어두운 부분이 어둡지 않으면 그림이 희미해서 약해 보입니다.

06 일단 이렇게 터치를 생각없이 척척 올리다 보면 튀는 터치들이 생기기 마련입니다. 정리할 필요가 있기 때문에 이때 찰필을 사용합니다. 부드럽게 뭉개주는데, 어떤 작가의 경우에 아예 Blur 필터를 걸어서 뿌옇게 밑색으로 만들어 버리는 작가도 보았습니다.

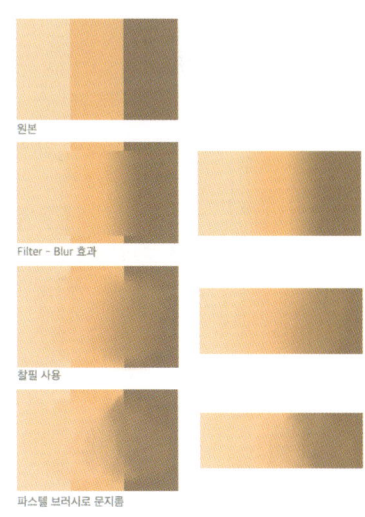

▲ 참고하면 좋은 영상으로 youtube.com에 'Jeliju'라는 분이 올려놓으신 튜토리얼 영상이 있습니다. 제목이 'Frozen Elsa and Anna fan art Painting'이고 검색해서 찾아보실 수 있는데요. 거칠던 얼굴 부분이 12분30초 구간에서 갑자기 부드러워집니다. Blur 필터를 사용해 이미지를 의도적으로 흐리게 만드는 것입니다. 경계를 한정해 놓지 않으면 옷과 피부색. 피부색과 머리카락 색이 섞이는 것과 같이 의도하지 않은 지저분한 색이 나올 수 있다는 점 유의하세요.

이렇게 하면 빈틈이 탄탄히 메워지기 때문에 다음 색을 올릴 때 밑색이 안정적으로 받아 줍니다. 밑색이 좀 부실하게 칠해져 있으면 색을 쌓아 올려도 그림이 비어 보이고 가벼워 보이니 이 점 유의하세요.

07 지금은 세부적인 묘사를 하면서 형태를 만들어 주고 있습니다. 색을 칠한다는 것이 사실은 형태를 따는 작업임을 잊지 마세요. 터치를 신중하게 할 필요가 있으며 이것은 각 면이 어떻게 구성되어 있는지를 찾아 나가는 과정입니다. 저의 경우에 색 하나를 선택하면 바라보고 있는 방향이 동일한 면을 찾아 모두 다 같은 색으로 칠해줍니다.

무슨 말이냐면 육면체 3개가 한 공간에 있다고 가정해 봅시다. 동일한 광원 아래 놓여있는 위치는 다르지만 같은 방향으로 놓여져 있습니다. 이런 경우 3개의 물체가 바라보는 방향이 같으면 색도 엇비슷합니다. 아무튼 채색할 때 우리는 선택한 색에 맞는 면을 집요하게 찾아내야 할 필요가 있습니다. 이왕이면 색을 바꿔가며 육면체 하나를 완성한 후 또 다른 육면체를 동일한 방법으로 2번 더 반복하는 것이 아니라, 색을 먼저 선택하고 동일한 면을 찾아 모두 다 칠해주는 방식으로 작업하시기 바랍니다. 그렇게 하면 색을 바꾸느라 시간을 허비하지 않을 수 있고, 전체적인 덩어리 감을 유지하기가 더 쉬울 것입니다.

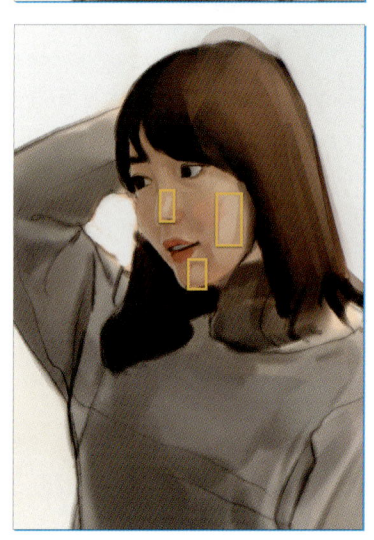

▲ 색을 자주 바꾸느라 시간을 허비하지 마시고, 선택한 색으로 칠할 수 있는 다른 영역이 있는지 화면 전체에서 찾아내세요. 시간이 걸리는 것 같아도 이것이 더 효율적인 방법입니다.

08 다음으로 수채 브러시를 사용해 어두운 부분을 조금 더 칠해 주었습니다. 어둠을 칠하는데 수채브러시가 좋은 이유는 기존에 칠해진 터치 자국을 남기면서 어두워진다는 점입니다. 색을 덮어버리는 브러시를 사용하면 마지막으로 칠한 터치만 남아 다시 단순한 면이 되었을 텐데, 수채 브러시를 사용했기 때문에 이전에 발라놓았던 브러시 자국들을 유지하면서 작업을 진행할 수 있어 좋습니다.

▲ 터치가 쌓여야지 자꾸 사라지면 풍부한 색감을 내기가 어렵습니다. 덮이면서 칠해지는 브러시를 사용할 때 투명도를 50% 정도로 약하게 사용하는 것도 같은 이유입니다.

09 여기에서는 주로 머리카락을 묘사하였습니다. 얼굴 부분에서는 밝은 색을 칠하고 뭉개는 작업을 하면서 부드럽게 면을 이어주는 작업을 하였습니다. 그리고 이 시점에서 옷이 좀 어두워서 색이 더럽다는 생각을 하게 되었는데, 이렇게 틈틈이 전체적인 색 균형을 체크할 필요가 있습니다. 그래서 가급적 톤을 잡는 초 중반에는 화면을 크게 확대하여 세부적인 묘사를 하지 마시기 바랍니다. 톤이 변하면 칠해야 하는 세세한 색들이 다 바뀌기 때문에 그동안 삽질했다며 후회하는 순간이 옵니다. 세밀한 묘사 이전에 큰 덩어리와 분위기 잡는 것을 먼저, 명심하세요!

10 옷 주름을 그리다 보니 덩어리 감이 깨지고 색도 많이 어둡다는 생각을 하였습니다. 그래서 Pens 브러시를 사용하여 크게크게 덮어주었습니다. 이때도 필압으로 투명도를 잘 조절해 터치가 완전히 사라지지는 않게 합니다.

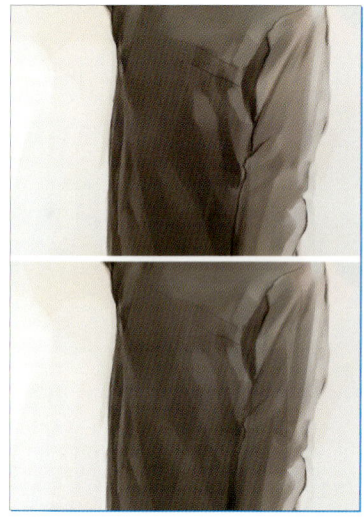
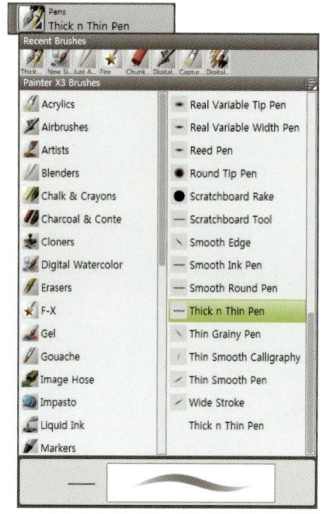
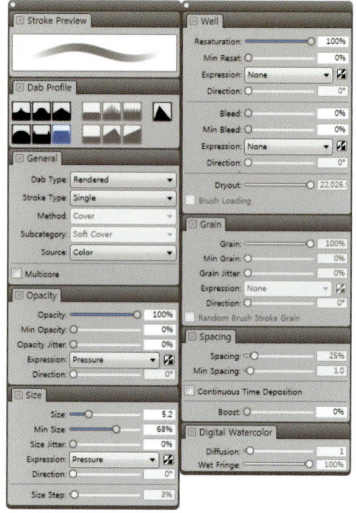

▲ 이 그림을 그리는데 사용하고 있는 페인터의 Pens 브러시의 설정값 입니다.

11 머리카락을 포함해 얼굴 부분을 조금 더 묘사하였습니다. 지금부터는 브러시 사이즈를 작게해서 사용하기 때문에 변화가 미묘합니다. 사람들은 차이를 잘 모르죠. 이제부터는 자신과의 싸움입니다.

12 아까부터 옷이 지저분하게 보여서 걱정이 많았는데, 레이어를 하나 만들어 블렌딩 모드를 Overlay로 두고 밝은 색을 칠해 나갔습니다. 직접 해보시면 알겠지만, 오버레이 설정은 약간만 밝은 색을 칠해도 확 밝게 칠해지기 때문에 칠해보고 되돌리면서 적당한 색을 찾으셔야 합니다.

13 이렇게 해서 옷이 밝아졌고요. 찰필로 부드럽게 문지르면서 묘사하기를 반복했습니다.

14 모니터 캡쳐화면입니다. 막바지에는 이 정도로 확대해서 얼굴을 다듬었는데요. 볼이 통통한 것 같아서 조금 깎았습니다. 작은 변화지만 몸무게가 많이 빠진 것처럼 느껴집니다.

15 이렇게 해서 대충 마무리 지었습니다. 앞에서 밝힌 바 있듯이 제가 주로 얼굴만 그리다 보니 옷 주름은 잘 못 그리는데요, 이번에도 어렵다고 느껴 안 그렸습니다. 그래서 쓸만한 부분만 살리고 나머지는 버리기로 하였습니다. 포토샵에서 이미지를 자르고 약간의 색 보정을 했으며, 심심하지 않게 대충 만든 로고를 하나 넣어서 완성함으로 마무리 지었습니다. 이처럼 제가 그림을 그릴 때 사용하는 페인터와 포토샵의 비중은 9대 1정도입니다. 포토샵은 정말 편집하는 데만 사용합니다.

저의 그림 그리는 과정은 전반적으로 칠하고 문지르기의 연속입니다. 다른 사람의 작업 과정을 보면 대개 초보자들은 어떤 브러시가 사용되었는지 궁금해 하지만 그건 별로 중요한 게 아닙니다. 다음의 이미지를 보시죠.

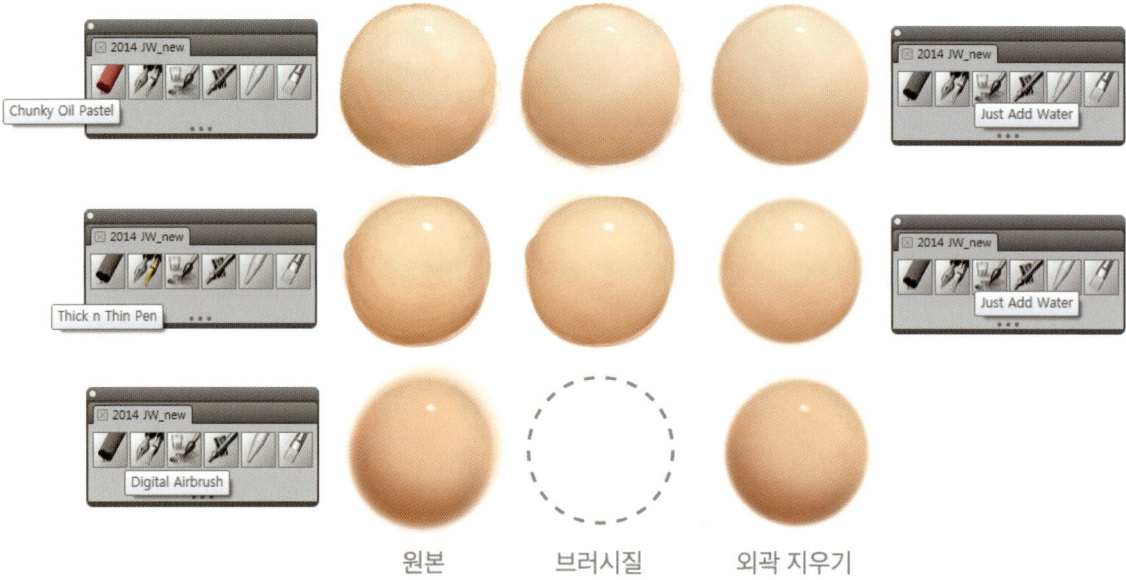

모두 다른 브러시로 채색을 시작했지만, 딱딱한 브러시는 찰필을 사용해서 부드럽게 만들었고, 에어브러시는 그냥 부드러운 상태 그대로 손대지 않았습니다. 결과물만 놓고 보면 별 차이가 없죠. 이처럼 의도하는 바가 명확하다면 도구는 이리저리 둘러가더라도 결국 같은 목적지에 다다르게 됩니다. 많은 경우 브러시 보다는 그림쟁이 개개인의 작업 스타일에 따라 채색 방식이 달라집니다. 심한 경우는 수채화로 유화같은 느낌을 내는 사람도 봤습니다. 그래서 여러 번 강조하는 거지만, 따로 시간을 내서 페인터에 있는 모든 브러시들을 한 번씩 사용해보았으면 합니다.

선을 긋든 구를 그리든 상관없습니다. 보통 한 번만 캔버스에 슥삭슥삭 문질러보면 바로 감이 옵니다. 느낌이 좋은 브러시는 시간을 좀 더 할애해서 여러 가지 것들을 그려보시기 바랍니다. 일단 내 손에 맞는 브러시를 찾게 되면 그림 그리는 게 재미있어 지는 신기한 경험을 하게 될 것입니다.

질문과 대답

CHAPTER 01   하이라이트는 정말 흰색일까?
CHAPTER 02   어두운 부분에 보라색을 칠하는 이유
CHAPTER 03   밤이라고 해서 항상 어두운 것만은 아니다
CHAPTER 04   그림 그릴 때 흔히 범하기 쉬운 잘못된 습성들
CHAPTER 05   내가 칠하면 색이 더럽다
CHAPTER 06   내 그림은 뭔가 가볍다
CHAPTER 07   노이즈와 텍스쳐의 사용
CHAPTER 08   형태력의 응용
CHAPTER 09   3D 프로그램을 공부해야 하는가
CHAPTER 10   공부하기 좋은 자료들

Chapter 01 하이라이트는 정말 흰색일까?

하이라이트란 무엇일까요? 영어 단어니까 영어로 추리해봅시다. 하이(High)가 높다는 걸 의미하니까, High-Light는 높은 빛, 그러니까 음으로 치면 저음이 아니라 고음을 의미할 것입니다. 그런 의미에서 '높은 빛'이란 흰빛이 아니라 '가장 밝은 빛' 정도의 뜻이 될 것 같습니다. 그러면 실제로 이미지에서 하이라이트를 찾아보시죠.

01 여기 빨갛게 잘 익은 사과가 하나가 있습니다. 꼭 표면에 뭘 바른 것처럼 반지르르 하는군요. 하이라이트는 당연히 좌측 상단에 흰 점처럼 보이는 부분입니다. 컬러값을 찍어보니 예상대로 흰색으로 나옵니다. 그럼 다른 사진을 하나 더 보겠습니다.

 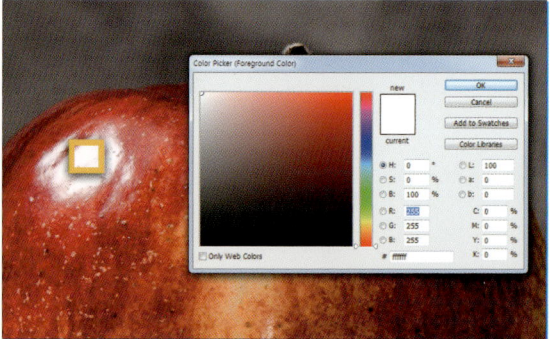

02 테니스 공입니다. 공의 좌측부분이 가장 밝네요. 밝은 영역 안에서도 가장 밝은 곳의 컬러값을 찍어보니 흰색은 아니고, 약간 밝은 연두색이었습니다. 여기서는 흰색이 아니라는 점만 기억하고 넘어가겠습니다.

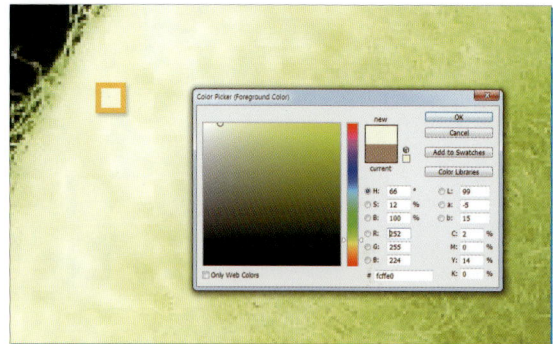

03 사과와 테니스공의 하이라이트를 비교해보니 조금 헷갈리는 것이 있습니다. 보통 하이라이트라고 하면 그림을 다 그려갈 때쯤 흰색 물감을 써서 '톡'하고 찍듯이 표현하는 것인데, 사과의 경우에 하이라이트란 광택 부분에 해당된다고 말할 수 있지만 테니스공에서 하이라이트란 단지 가장 밝은 면을 말하는 것으로 보이기 때문입니다. 상대적으로 테니스공은 사과에 비해 하이라이트 영역이 넓게 형성되어 있기 때문에 하이라이트를 '찍는다'는 표현보다는 '칠한다'는 표현이 더 어울릴 것 같습니다.

04 차이점은 더 있습니다. 사과의 하이라이트는 시선이 이동하면 하이라이트의 위치도 사과의 표면을 따라 이동합니다. 하지만 테니스공의 넓은 하이라이트 영역은 이동하지 않습니다. 마치 "조명위치는 이곳이다."라고 방향을 알려주듯 하이라이트가 고정되어 있습니다. 테니스공의 하이라이트는 사과의 하이라이트와 다르게 우리의 시선이 이동한다고 해서 함께 따라 움직이지 않습니다. 그저 태양을 바라보는 해바라기처럼 밝은 면은 광원을 향해 빛날 뿐입니다.

흔히 입시생들이 알고 있는 하이라이트는 빨간 사과에 있는 것입니다. 그리고 깨끗한 치아에서, 눈동자에서,

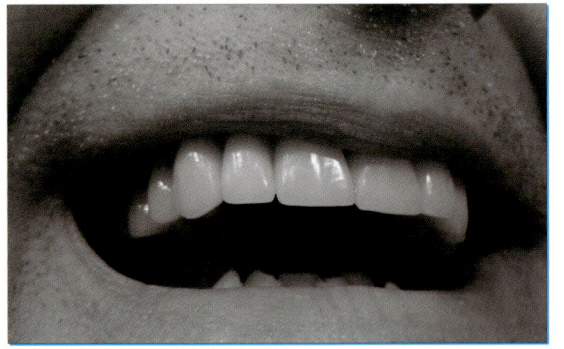 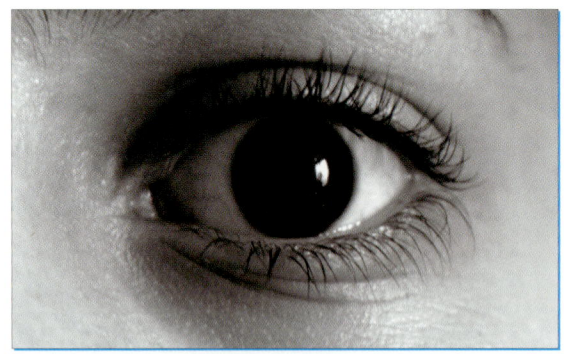

물방울이 떨어질 때 햇빛에서 반짝하는 부분들이 클리어 타입의 재질에서 발생하는 하이라이트입니다.

클리어 타입은 표면에 투명한 코팅층이 하나 있는데, 이 코팅층이 주변에 있는 빛을 모두 다 반사시킵니다. (물방울의 경우 속이 비치는 굴절된 이미지 말고, 표면의 굴곡에 따라 형성된 하이라이트에 유의하시면 물방울에도 코팅층이 있다고 이해하는데 크게 무리가 없을 것입니다.)

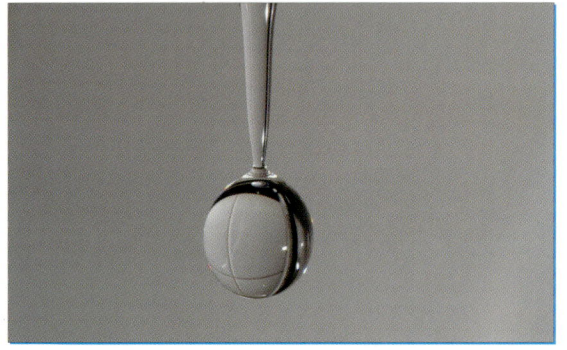

여기서 주변 빛이란 검정색이 아닌 모든 것을 말합니다. 물체에 반사된 하이라이트를 유심히 살펴보면 하이라이트라는 것이 어떤 동그란 빛 갈라짐 같은 것이 아니라 주변에 존재하는 그냥 밝은 물체나 조명 자체의 모양이라는 점을 이해하게 됩니다. 우측 이미지에서 주전자에 반사된 하이라이트를 유심히 보고 있으면 어렴풋하게 우측의 탁상용 전등의 조명이 비친다는 것을 알게 됩니다. 조금 오래 보고 있으면 동그란 모양의 전구라는 것까지 추리해내실 수 있을 것입니다. (그밖에 이 책에 클리어 타입이라고 소개된 이미지 속 다른 하이라이트들도 유심히 관찰해보시기 바랍니다.)

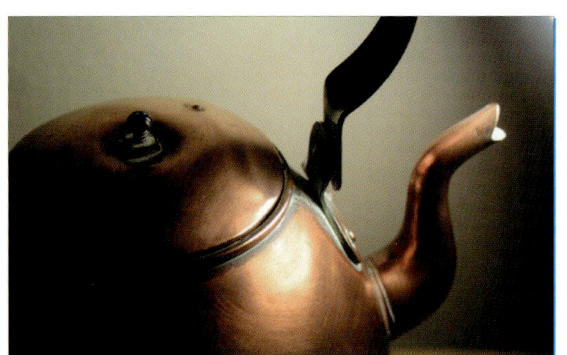

매끄러운 표면을 가진 물체는 형태를 알 수 있을 정도로 선명하게 주변 사물을 반사합니다. 다음의 흰색 주전자 표면에 보면 좌측에 하이라이트가 하나 있는데 자세히 보면 창문으로 들어오는 햇빛이라는 것이 식별 가능합니다. 창문은 네모 형태지만, 주전자의 굴곡으로 인해 형태가 왜곡됩니다.

TIP 입사각

다음은 입사각을 설명하기 위한 이미지입니다. 시선이 위치한 곳에서 광원을 보기 위해 평평한 손거울을 이리저리 기울여보고 있는 모습을 상상해 보시기 바랍니다. ❶ 시선과 수직이 되게 손거울을 세우면 자신의 얼굴이 보이겠죠. 아예 눕히면 반대쪽 풍경이 비칠 것입니다. ❷ 이것을 45도로 비스듬히 세우면 위쪽이 비치는 것입니다. ❸,❹ 이리저리 조절하다가 광원이 거울 안으로 들어왔을 때, 거울을 기울인 각도에서 수직선을 그어 양쪽의 각도를 재보면 언제나 A와 B의 각은 동일합니다.

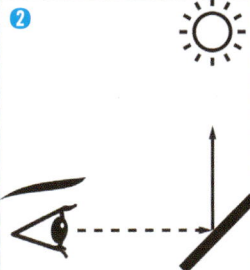
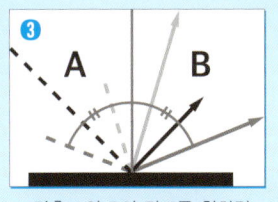
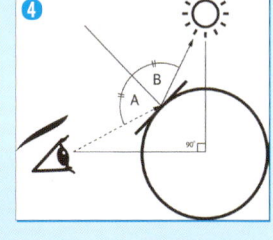

▲ 간혹 A와 B의 각도를 합하면 언제나 90도가 된다고 잘못 생각하시는 분들이 계십니다. 농구공을 멀리 있는 사람에게 보낼 때 공이 바닥에 튕기면서 반사되는 각도는 오른손에서 왼손으로 보내기 위해 바로 앞에서 공을 튕길 때 형성되는 각도와 많은 차이가 납니다. 마찬가지로 빛이 사물의 표면에 닿아서 반사되는 각도 A와 B는 서로 비례하는 값을 가집니다. 그러므로 반사각은 언제나 90도라는 것은 잘못된 이야기입니다.

❺ 이것을 구(Sphere)형태로 바꾸면 광원의 위치가 물체의 바로 머리위에 있다고 가정하고 우리의 눈이 구와 같은 높이에 있을 때, 광원이 반사해서 생긴 하이라이트의 위치는 구의 45도 위치에 오게 됩니다.

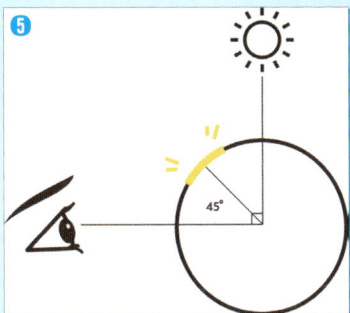
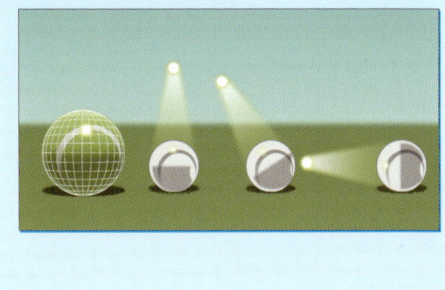

자동차 옆면이나 쇠공처럼 반사하는 재질에서 바닥이나 주변환경이 비치는 모습을 그려야 할 때, 정교하게 이 각을 계산하면 실제 사진과 유사한 결과 값을 얻을 수 있습니다. 예를들어 반사하는 재질의 벽이 하나 세워져 있고, 바닥에는 벽에서 약간 거리를 두고 빨간 박스하나가 누워있습니다. 3D 프로그램의 스크린 샷을 통해 물체와 카메라의 위치를 보시기 바랍니다.

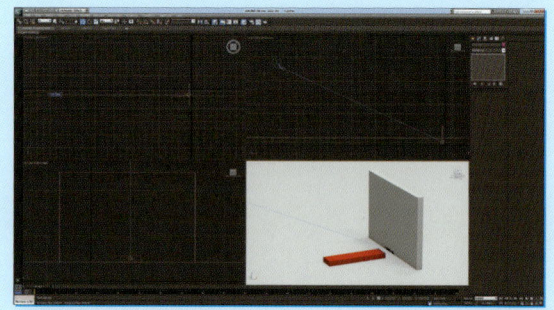

각을 계산하기 위해 확대해서 캡쳐 했습니다.

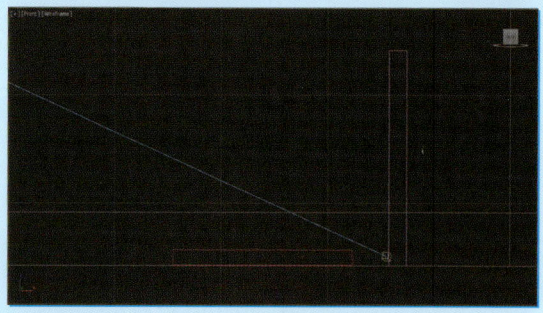

그리고 일러스트레이터에서 직선을 그어 입사각을 계산해 박스의 윗면 귀퉁이를 에 맞춰 선을 그어주었습니다.

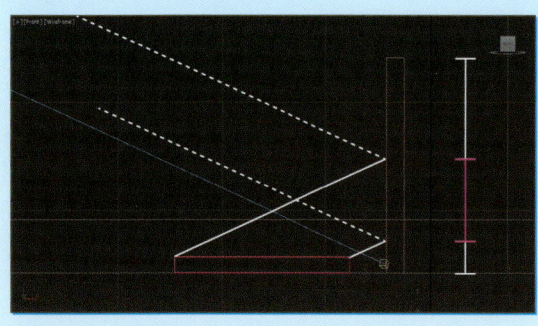

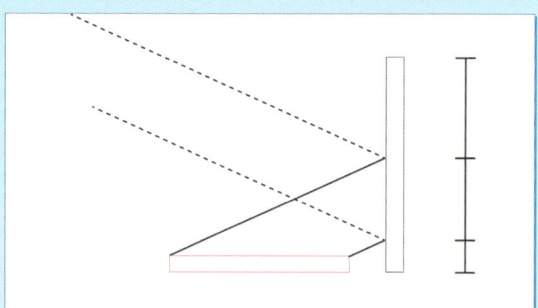

그렇게 해서 벽에 어느 정도 위치에 상이 맺힐 것인지를 가늠할 수 있었는데요. 우측 길이를 표시한 눈금을 가져와서 랜더링 된 결과물에 대입 시켜보았습니다. 그랬더니 벽면에 상이 맺히는 위치가 절묘하게 맞아 떨어지는 것을 확인할 수 있었습니다.

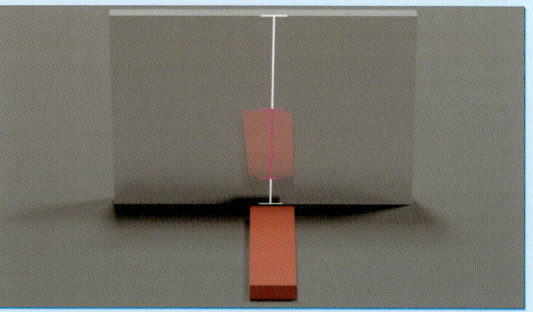

▲ 랜더링 이미지에는 원근감으로 인해 이미지가 어느 정도 왜곡되었기 때문에, 눈금선도 그에 맞춰 왜곡을 조금 줬습니다.

이것이 굴곡 면이나 반 측면 각도였다면 계산하기가 굉장히 어려웠을 것입니다. 그런 경우에 사진을 찍거나 3D프로그램을 활용하는 것이 반사각을 비교적 정확하게 표현해내는 방법이지만, 대부분 그림에서 클리어 타입의 재질을 표현하는 것은 컴퓨터처럼 정확한 반사값을 구현해 낸다기보다는 단지 반사하는 재질이라는 것을 표현하는 것을 목적으로 하는 경우가 더 많습니다. 그렇기 때문에 언제나 치밀하게 계산해서 그릴 필요는 없습니다. 사진 모사를 많이 하면서 기초 도형에 어떤 식으로 사물이 반사되는지에 익숙해지면 그럭저럭 주변 사물을 물체의 표면에 가볍게 묘사하는 정도만으로 충분히 반사하는 재질을 표현할 수 있을 것입니다.

▲ 너무 열심히 하지 마세요. 적당히 묘사해도 재질은 느껴집니다.

단지 낮에 차가 서 있는 장면을 그리기만 하면 되는데, 해가 12시 방향에 떴는지 1시 방향에 떴는지를 표현할 필요는 없겠죠. 덜 중요한 것들은 과감히 생략함으로 시간을 효율적으로 사용하시기 바랍니다.

한편 솔리드 타입은 광원(조명) 자체를 선명하게 반사하지 않기 때문에 하이라이트라는 것이 단순히 사물의 가장 밝은 면을 말하는 경우가 많습니다. 물체의 밝은 면은 조명의 위치에 따라 달라집니다.

수학적으로 설명하자면 광원에서 출발한 빛이 직선으로 진행한다고 했을 때, 광원에서 가장 가까운 물체의 면이 가장 밝은 면이 됩니다. 다르게 설명하면 이 영역은 물체에서 빛이 가장 먼저 닿는 면이기도 하고, 빛 방향과 물체의 면이 수직이 되는 부분이기도 합니다.

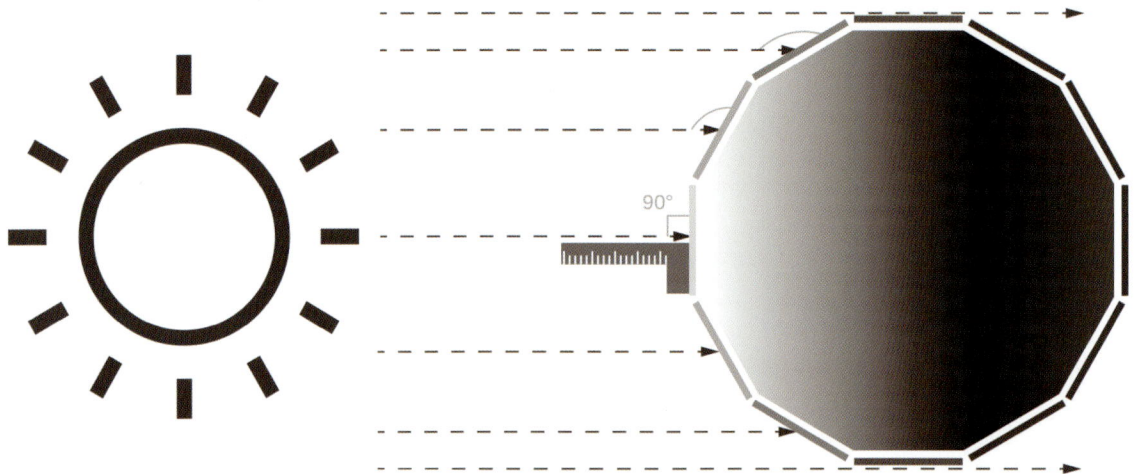

앞의 이미지에서 90도 직각자의 머리 부분이 광원을 가리킬 때, 바닥면과 수평을 이루는 부분이 가장 밝은 면이 되는 것입니다. 이 밝은 부분은 시선의 위치가 이동한다고 해서 달라지지 않습니다. 그저 광원을 정면으로 바라보는 가장 밝은 면을 기준으로 반대편으로 돌아나가면서 점차 어두워 질 뿐입니다. 그러니까 솔리드 타입의 밝기는 광원을 기준으로 물체 표면의 각도에 따라 밝기가 달라집니다. 그림을 못 그리는 친구라 하더라도 수학적으로 접근한다면 균형 있는 구를 그릴 수 있는 이유입니다.

 광원이 진행하는 방향과 면의 기울기가 젓가락처럼 나란히 수평이 되는 순간은 물체가 더 이상 빛(광원)의 영향을 받지 않는 순간입니다. 직진하는 빛이 물체에 닿지 못하고 그냥 흘러 지나가버리는 것입니다. 지나간 빛은 뒤쪽의 벽면이나 바닥에 부딪힘으로 새로운 사물을 밝힙니다.

 자 그러면, 솔리드 타입과 클리어 타입의 하이라이트가 조금은 성격이 다르다는 것을 이해하였습니다. 그러면 처음 가졌던 질문을 다시 해보도록 하죠. 하이라이트는 정확히 무슨 색일까요? 흰색일까요, 아니면 다른 어떤 색일까요?

TIP

구 형태로 만든 3D 이미지는 색상 팔레트의 역할을 할 수 있습니다. 가령 푸른색 옷을 칠한다고 했을 때, 좌측에 있는 구의 색깔들을 밝은 면에서부터 스포이트로 찍어 채색할 때 이용할 수 있습니다. 구는 물체에 빛이 작용하는 거의 대부분의 경우의 수를 다 보여줍니다. 구를 잘 그리는 사람은 다른 것들도 곧잘 그립니다. 틈틈이 구를 그리면서 빛에 대한 이해나 재질, 브러시 사용법 등을 익혀 나가시기 바랍니다. 별거 아닌 것처럼 보이지만 구를 깔끔하게 그려내는 일은 그리 쉽지 않습니다.

Section 01 솔리드 타입

솔리드 타입의 가장 밝은 부분은 물체의 고유색과 관련이 있습니다. 당연하게도 빨간색 천의 하이라이트는 붉은 계열의 밝은색이겠죠. 간단히 말하면 분홍색 정도 될 것입니다. 보라색, 초록색, 파란색의 경우도 마찬가지로 흰색이 조금 섞인 색이 하이라이트 색이 될 것입니다. 예외가 있다면 ❶ 노출이 오버된 아주 밝은 사진이 찍혔을 때와 ❷ 배경에 다른 색이 존재할 때, ❸ 광원이 백색이 아닐 때 정도일 것입니다.

❶ 사진이 밝게 찍힐 때 물체의 색은 전반적으로 명도가 올라갑니다. 그나마 적당히 밝으면 색상값이라는 게 존재하겠지만, 명도가 한없이 올라가면 그 끝에는 흰색이 되기 마련입니다. 이것은 보기 좋은 적절한 노출에서의 하이라이트가 아닙니다. 그냥 색이 날아갔다고 해두겠습니다.

❷ 배경에 다른 색이 존재할 때 솔리드 타입의 하이라이트 색은 약간의 변화가 있습니다. 클리어 타입에 비해 반사 정도가 약하기 때문에 그 차이는 미묘합니다만, 약간 변화된 기본색이 밝아지면 아무래도 물체의 고유색 자체가 밝아졌을 때와 비교했을 때 차이가 발생할 것이라는 것은 쉽게 이해할 수 있습니다. 말하자면 빨간색 옷이 배경(하늘색)의 영향으로 인해 미묘하게 보라색이 되고, 하이라이트는 이 색이 밝아진 색이 되니까 보라색이 약간 섞인 빨간색이라는 것입니다.

❸ 광원이 백색이 아닐 때 하이라이트 색은 광원의 색을 높은 비율로 반영합니다.

어두운 공연장에서 가수들에게 비치는 빨간색, 파란색, 노란색의 조명은 어떤 색의 옷을 입었건 그 조명 색깔의 하이라이트를 만드는 것을 볼 수 있습니다.

▲ 그렇게 안보이지만 이 이미지는 파란 조명 아래 빨간색 공입니다.

이 경우에 조명이 백색에 가깝고 밝을수록 물체의 고유색이 더 잘 드러나게 됩니다. 당연한 얘기지만, 빛의 스펙트럼이 넓을수록 물체 고유색의 파장과 겹칠 확률이 높기 때문입니다. 파장이 많이 겹친다는 것은 해당색이 물체 고유색에 가깝게 구현된다는 얘기와 동일합니다.

Section 02 클리어 타입

클리어 타입의 하이라이트는 반짝반짝 합니다. 그래서 수작업할 때 마무리는 꼭 흰색으로 하는 분들이 계시죠. 완전 흰색은 수작업에서 주로 밝은 광원을 묘사하는 색입니다. 하지만 언제나 광원이 흰색인 것은 아닙니다.

광원을 간단하게 태양이라고 부르겠습니다. 태양은 매우 강력해서 밝은 빛을 내뿜죠. 하지만 이것이 언제나 물체에게 흰색을 남기는 것은 아닙니다. 몇 가지 이유에서 그러한데 우선 태양빛이 땅에 도착할 때 힘을 많이 잃어서 오게 되면 그렇습니다.

날씨가 아주 맑은 날 햇빛은 쨍쨍합니다. 클리어 타입의 모든 물체들은 반짝반짝 빛이 나지요. 파도치는 바다, 자동차 표면의 광택, 빌딩에 비친 태양을 묘사하기 위해서는 흰색만큼 적절한 색이 없을 것입니다. 하지만 구름을 약하게 뚫고 나오는 태양빛을 반사하는 물체는 아무리 깨끗하게 반사한다 하더라도 구름의 영향으로 밝기가 떨어지기 마련입니다. 손전등에 비유하자면 건전지가 다 돼서 꺼질 때쯤의 상태처럼 빛이 약해진 것입니다.

손전등 불빛은 가까이서 비추면 아주 밝지만 거리를 떨어뜨리면 빛이 희미해집니다. 인공조명은 특히나 거리에 따라 빛의 세기에 많은 차이가 있습니다. 같은 공간 안에서도 조명 가까이 있는 클리어 타입의 물체는 흰색의 하이라이트를 만들어 낼 수 있지만, 같은 재질의 물체가 조금 떨어져 있는 것만으로도 하이라이트 부분은 많이 어두워 질 수 있습니다.

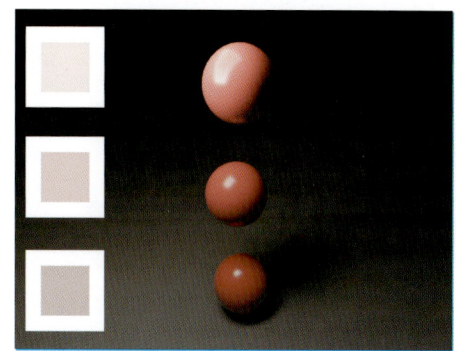

빛이 줄어들면 클리어층의 밝기가 줄어드는데, 그렇게 되면 베이스색이 드러나게 됩니다. 왜냐하면 빛색이 줄어드는 것은 값을 잃는 것이지, 회색이나 검정색이 강한 힘을 발휘하는 것은 아니기 때문입니다. 검정은 빛이 없는 상태와 같습니다.

▲ 클리어층의 밝은 면을 제외한 부분은 값이 없는 상태, 즉 뻥 뚫린 상태와 같습니다.

베이스 색이 드러나는 약한 하이라이트를 칠할 때 유의할 사항이 하나 있습니다. 지금까지 물체색과 빛색을 섞어 칠하는 방법을 간단히 소개해드렸는데요. 광원의 거리가 멀어져서, 혹은 구름과 같이 어떤 요소에 의해 빛이 약해졌을 때 빛색으로는 어떤 색을 사용해야 할까요? (여기서 원래의 빛색은 흰색으로 가정하겠습니다.)

구름을 뚫고 나온 태양빛이 약해졌기 때문에 빛색으로는 회색을 선택해 물체색과 섞는 것이 맞지 않느냐고 생각하실 수 있습니다. 하지만 아닙니다. 조금만 더 생각해보면 광원이 회색으로 변한 것이 아니라 단지 약해진 상태이기 때문에 컴퓨터에서 채색한다면 투명도(Opacity 값)를 줄이는 방식이 빛의 밝기가 줄어든 원리를 표현하기에 더 적합할 것입니다.

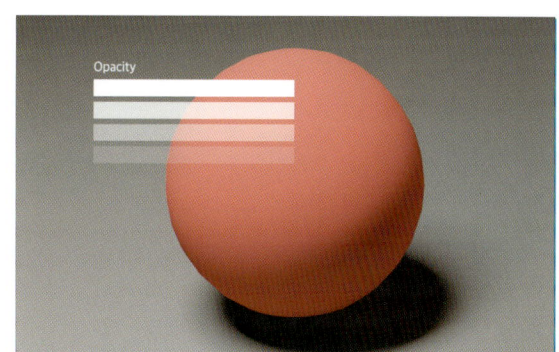

▲ 약한 빛은 Opacity 값을 조절하여 적절한 하이라이트 색을 만듭니다. 또한 필압을 약하게 사용하여 물체색과 혼합한 색으로 대체할 수도 있습니다.

그래서 강한 태양빛을 묘사할 때 흰색을 썼다면, 약해진 태양빛은 물체색을 더 많이 섞는 방식으로, 다르게 말해 물체색에 흰색 물감의 양을 적게 섞는 것으로 약해진 빛을 표현할 수 있습니다. 팔레트에서 자유롭게 색을 퍼뜨려 섞을 수 있다면 혼합되는 양을 점점 달리해서 다양한 색을 만든 후 그 중에서 적당한 색을 선택한다면, 바로바로 컬러팔레트에서 색을 찍어 칠했을 때 보다 더 수월하게 적절한 색을 찾아낼 수 있을 것입니다. (적당한 색이란 그림 속 공간의 주변 환경을 고려한 색을 말합니다.)

태양빛이 물체에 흰색을 남기지 못하는 다른 이유는 클리어 타입의 표면이 순수한 투명이 아니거나 표면이 거칠거나 먼지나 그 밖의 이유로 더러워졌기 때문일 수 있습니다. 클리어 타입의 재질에서 클리어층의 역할은 주로 광택제입니다. 광택은 표면이 깨끗할수록 더 잘 표현되겠지요. 광이 죽으면 죽을수록 흰색 물감에서 멀어진다고 생각하시면 됩니다. 그럼 광이 죽는 이유는 무엇일까요?

한 여성의 얼굴에 개기름이 끼기 시작합니다. 처음엔 피부가 촉촉한 상태로 보이죠. 사람들이 피부 좋다고, 건강한 것 같다고 말합니다. 하지만 시간이 더 많이 지나면 번들번들 해지면서 기름 성분이 느껴지는데 이때가 광택발이 가장 잘 받을 때입니다.

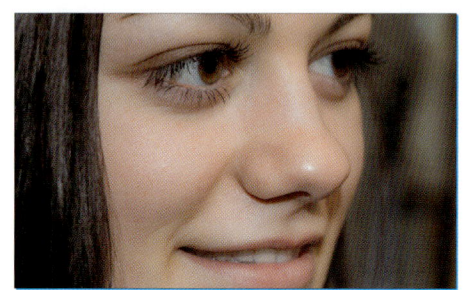

달리 말하면 클리어층의 코팅제가 물체를 충분히 덮고 있지 않을 때 하이라이트는 흰색이 되지 못합니다. 디테일하게 들어가 보죠. 땀구멍 한 구멍 한 구멍에는 번쩍번쩍하는 기름 방울이 송글송글 맺혀있을지 모릅니다. 확대해보면 정말 찬란하게 빛나고 있을지도 몰라요. 하지만 점묘법에 의거하여 점이 많이 모여지지 않으면 하나의 선명한 색으로 존재할 수 없다는 사실은 다들 잘 알고계실 것입니다. 빨간색 노란색 점을 랜덤으로 찍으면 멀리서 보면 주황색으로 보입니다. 하지만 노란색 점의 개수가 부족하거나 영역이 작으면 빨간색으로 보이는 것은 당연한 이야기지요.

 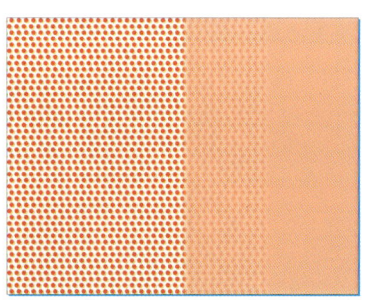 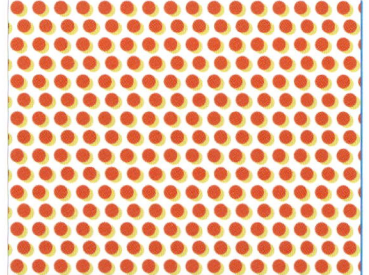

▲ 충분하지 않은 개기름은 빨간색 뒤에 숨겨진 노란색 점과 같습니다.

피부에서든 머리카락에서든 차량 표면에서든 이 광택제에 해당하는 요소가 충분히 뿌려져 있지 않다면 흰색 사용하는 것을 조금 고민해 봐야 합니다.

다음은 질감(Texture)에 관한 이야기입니다. 매끄러운 표면은 매끄러운 상을 맺죠. 거울의 표면은 좋은 예입니다. 빛을 왜곡 없이 반사해줍니다. 하지만 오래 사용한 숟가락은 얘기가 조금 다릅니다. 오래된 숟가락으로 얼굴을 비춰보면 상이 뿌옇죠. Blur 필터를 먹인 것 마냥 뿌옇습니다. 반면 새 숟가락은 얼굴이 선명하게 잘 비춥니다. 무슨 차이 때문일까요?

헌 숟가락이 선명하게 상을 반사해내지 못하는 것은 더러워졌거나 미세하게 먼지가 끼어있기 때문이 아닙니다. 이유는 오랜 세월동안 수세미로 여러 방향으로 스크래치를 내다보니 헌 숟가락의 표면이 미세하게 거칠어졌기 때문입니다. 디테일하게 들어가 보죠. 스크래치가 생겼으니 표면이 산봉우리처럼 깎였다고 생각해봅시다. 원래의 정면을 바라보던 면들이 각이 틀어지면서 서로 다른 방향을 비추겠죠. 그래서 상이 곧게 반사되는 것이 아니고 미세하게 지그재그로, 때로는 띄엄띄엄 표현되면서 멀리서보면 흐릿하게 보이는 것입니다.

간단하게 말해 거친 표면은 반사하는 성질을 반쯤 잃었다고 보시면 됩니다. 아이스링크장 빙판길에 칼질을 한참 하고 난 뒤 표면을 떠올리시면 이해가 빠르실 것입니다. 빙수에 들어가면 좋을 얼음 알갱이가 바닥에 떨어져 있죠. 겨울에 눈이 쌓인 모습이나 불투명 시트지, 아이폰 뒷면도 미세한 요철을 만들어놨기 때문에 뿌옇게 보이는 것입니다.

마지막으로 표면에 먼지가 묻어서 하이라이트가 선명하게 살지 않는 경우도 있습니다. 간단히 말해 앞서 점묘법의 원리와 별반 다르지 않은데요. 미세하게 먼지 가루가 곱게 뿌려져 있으니까 광택들이 비집고 나올 자리가 없어서 뿌옇다고 생각하시면 됩니다. 얼음 가루를 곱게 펼쳐놔도 반사할까 말까 한데, 흙가루가 뿌려져 있으니 말 다했죠.

생각해보실 점이 있습니다. 지금까지 하이라이트와 관련하여 많은 이미지들을 보셨는데요. 혹시 밝고 강한 하이라이트 주변에서 보조를 맞추고 있는 색을 관찰하셨습니까? 톤이 급격하게 올라갈 때는 항상, 카메라에 기록될 때 색이 번졌든 눈에 의한 착시든지 간에, 선명한 하이라이트 주변에 흰색이 주변색과 어울리게끔 도와주는 색들이 있습니다.

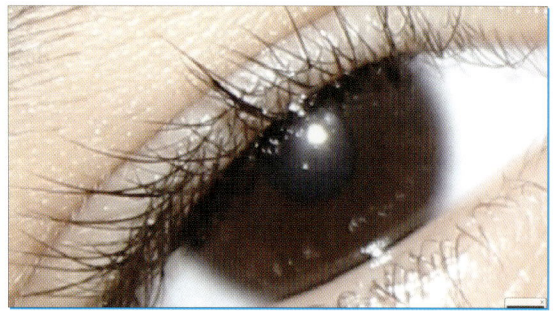

클리어 타입의 경우 흰색 하이라이트 주변으로 광원색을 조금 퍼뜨려 주면 되는데요. 이 작업은 관찰력과 사전 지식이 조금 필요합니다. 예를 들어 앞서 언급한 바 있는 것처럼 푸른 하늘을 뚫고 나오는 태양빛은 노르스름한 색을 띄고 있습니다. 형광등도 미세하게 노란색과 푸른색이 있으며, 삼파장 전구는 3가지 파장(색)을 섞어 주광색(흰색)을 만들어 냅니다. 밤하늘 달빛에도 어둡지만 색상이 존재합니다. 이처럼 광원을 잘 관찰한 후 색상이 느껴지면 해당 색을 선택해서 채도와 명도를 아주 높인 다음 흰색 주변에 연하게 퍼뜨려 주는 것입니다.

광원의 색을 알아내는 방법은, 화면 안에서 무채색 영역을 찾아낸 다음 미묘하게 띄고 있는 색상이 무엇인지를 알아내면 그게 곧 광원의 색입니다. 이 색을 높은 채도와 명도로 바꿔서 사용하시면 되겠습니다.

▲ 두 사진에 존재하는 광원은 태양입니다. 물체의 무채색 영역에 노랑 내지는 주황빛에 가까운 색이 느껴집니다. 물체에서 느껴지는 색으로 광원색을 유추할 수 있는 것입니다.

여러분이 채색을 하고 있는 상황이라면 화면상의 무채색 부분에 어떤 색감(톤)이 느껴지게 칠할 것인가를 결정할 때, 곧 광원이 함께 결정 된다는 점을 이해하시기 바랍니다. 빛이 있기 때문에 물체색이 나타나는 것이기 때문입니다. 그래서 하이라이트 주변에 무슨 색을 사용할지는 전체적인 톤을 결정하는 그림쟁이 본인에게 달려있다는 것입니다.

솔리드 타입의 경우 물체색을 정하면 해당 색에서 채도와 명도를 올려 하이라이트 주변을 묘사할 수 있습니다. 한 가지 알고계시면 좋은 점은, 물체색이 밝아질 때는 각각의 방향성이라는 것이 있다는 것입니다.

▲ 각각의 색은 색상환에서 노랑, 보라, 청록을 향해 밝아지는데 어느 쪽에 더 가까이 있는가에 따라 방향이 결정됩니다.

예를 들어 다홍색이나 주황색이 밝아지다 못해 흰색이 되는 경우에는 노란색, 레몬색을 거쳐서 흰색이 됩니다. 하지만 마젠타 색(혹은 보라색에 가까운 파랑)이 아주 밝아져야 되는 상황이 오면 보라색을 거쳐 흰색이 됩니다. 파란색은 청록색(Cyan)을 거쳐 흰색이 됩니다.

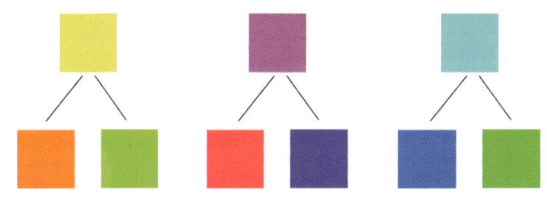

▲ 예를 들어 오렌지색은 주황색에 가깝습니다. 그래서 밝아지는 부분은 노란색을 거쳐 흰색이 됩니다.

이러한 색의 방향성을 이해하려면 네온사인 전등을 사진으로 찍어서 확대해보면 도움이 될 것입니다. 색의 방향성은 광원이든 물체이든 상관없이 적용되는 규칙입니다. 경험으로 익혀놓으면 제일 좋지만 외우지 못한다면 메모지에 써서 벽에 붙여놓고 채색할 때마다 참고하시기 바랍니다.

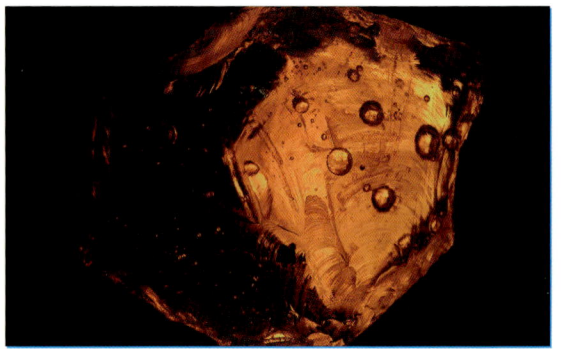

많은 분들이 중간톤 영역에서의 색상(Hue)이나 채도(Saturation), 명도(Lightness)를 잘 분별하여 사용하지만, 밝은 부분과 어두운 부분에서는 명도(Lightness)만 조절하여 칠하는 경우를 많이 봅니다. 그래서 쉽게 그림이 탁해지고 가벼워집니다.

▲ 밝아지는 색이 방향성을 가지면 맑고 선명한 이미지를 표현할 수 있습니다.

이제부터는 좀 더 민감하게 색에 반응하셨으면 합니다. 흰색에 가까운 눈부신 조명들을 보면서 '저건 푸른 조명이고 저건 노란 조명이네!'라고 말할 수 있게 되길 바랍니다. 아무 빛이 없어 보이는 어두운 공간에, 아주 희미하게 감돌고 있는 빛을 분별할 수 있게 되길 바랍니다. 어두운 공간에도 분명 색상(Hue)이 있습니다. 광원에 대한 이해를 발전시킬 때, 자신이 칠해야 하는 하이라이트 색이 흰색인지 아니면 레몬색이나 푸른색 등의 다른 어떤 색인지를 결정할 수 있게 될 것입니다.

Chapter 02 | 어두운 부분에 보라색을 칠하는 이유

소묘한다고 4B연필만 사용하던 학생 시절, 색이 들어간 그림을 보면서 의아하게 생각했던 것 중 하나가 파란색이나 보라색으로 어두운 영역을 칠하는 것이었습니다. 어두운 부분에 꽤 자주 그러한 색이 사용되는 것을 보았기 때문에 물감을 사용할 때가 되었을 때 이유도 모르면서 파란색이나 보라색을 어두운 부분에 칠했던 경험이 있습니다.

발상과 표현이나 사고의 전환과 같은 입시미술부터 만화책 표지나 게임 일러스트의 어두운 영역에서 자주 발견되는 파란색, 보라색은 도대체 왜 사용되는 걸까요?

이 책의 서두에서 설명 드렸던 것처럼 파란색은 하늘에서 시작되어 간접조명과 같은 방식으로 우리 주변 전반에 흐르고 있는 색입니다. 강하게 비치던 주광이 차단되면 그제야 존재를 드러내는 색이지요. 그래서 맑은 날 자동차나 건물 때문에 생겨난 그림자를 보면 그 속에 파란 빛이 도는 걸 볼 수 있습니다.

낮뿐만 아니라, 밤의 하늘도 어둡지만 푸른빛을 띱니다. 낮과 마찬가지로 달빛이 대기를 통과하면서 산란하기 때문입니다. 달이 없다면 우주에서 볼 때 지구의 어두운 면은 암흑과도 같겠지만, 태양 빛을 지구로 반사하는 달이 있기 때문에 약한 빛이긴 해도 밤에 달빛에 의해 그림자가 생기고 그 속에 푸른빛도 감도는 것을 알 수 있습니다.

간단히 말해서 밤에 지구의 상태는 푸른색 벽으로 된 방에 반간접조명이 켜진 상태라고 보시면 됩니다. 빛이 푸른 벽지를 반사해서 방을 밝히니까 방안은 온통 푸른색 천지가 되는 것입니다. 여기에서 흰색 물체는 모두 기본적으로 푸른색으로 보이게 됩니다. 왜냐하면 흰색은 모든 파장을 다 반사하는 색인데, 여기서는 푸른색만 와 닿으니까 되돌려 줄 것이 푸른색 밖에 없는 것입니다. 그래서 이 방안에 가장 밝은 색은 푸른색입니다.

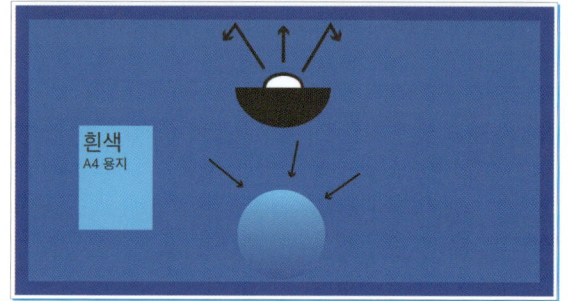

이 공간에 백색 전등이 하나 켜진다고 생각해보시죠. 그러면 흰색을 가진 물체는 제대로 된 흰색을 보여주기 시작합니다. 하지만 구 형태처럼 백색 전등 빛을 등지는 면이 있는 물체는 변함없이 그대로 푸른색을 보여줍니다.

이 과정을 3D 이미지로 구현하면 이렇게 되겠지요.

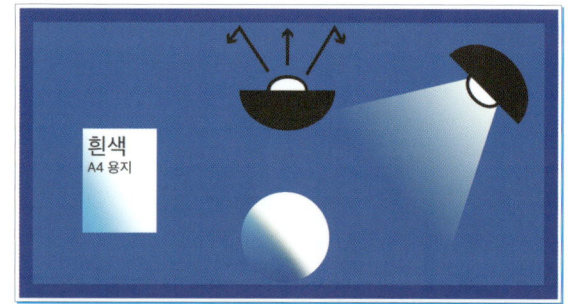

파란색을 어둠에 사용하는 이유는 간단하게 말하면 주변 환경이 푸르기 때문입니다. 은은하게 비치는 파란 빛이 주 조명이 미치지 않는 부위를 밝혀주기 때문에 어둠영역을 파란색으로 칠한다는 것을 이해할 수 있습니다.

파란색 못지않게 보라색으로 어둠을 채색하는 경우도 많이 보는데요. 그 이유는 다음과 같습니다.

앞에서는 흰색 공으로 설명을 드렸는데요, 이제는 이 공이 살색이라고 가정해 보겠습니다. 새벽 같은 환경 속에서 약간의 살색이 느껴지나요?

이제 이 공간에 백색 전등을 켜면 살색이 드러날 것입니다. 마찬가지로 어둠의 영역은 여전히 푸른빛이 감돌고 있다는 것을 알 수 있습니다. 백색 전구가 미치지 않는 면이기 때문입니다.

그런데 위 이미지를 조금만 유심히 살펴보시면 어둠 영역의 파란색이 약간 보랏빛으로 변했다는 것을 알 수 있습니다.

확실히 하기 위해 이미지에 표시되어 있는 두 포인트에서 색을 추출하여 컬러피커에서 비교해보니, 살색공의 경우 어둠영역이 조금 더 붉은 색상으로 이동했음을 확인할 수 있습니다. 말하자면 보라색이 된 것입니다.

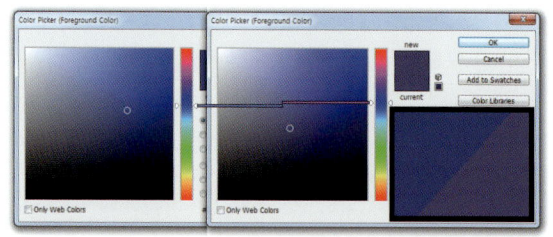

이처럼 물체색과 빛색을 혼합해 다른 색이 만들어지는 원리는 앞서 'Part 01. 색 이론'에서 설명한 내용입니다. 상황이 달라 보이지만 잘 생각해보면 이 경우도 은은한 파란 빛색과 붉은 살색이 혼합되어 만들어진 색이라는 점을 이해할 수 있습니다. 유의하실 점은 단지 물감을 섞는 감산혼합이 아니라, 물체색에 빛색이 섞이기 때문에 혼합된 색은 조금 더 밝아진다는 점입니다.

그러므로 야밤에 야외에서 조명 한 두 개로 사물을 밝히고 있는 장면을 그려야 한다면, 물체색에 파란색을 섞어 표현하는 것이 습관이 되어도 괜찮습니다. 앞선 사람들이 파란색이나 보라색을 사용했던 것은 이러한 환경적인 요소를 고려했기 때문이라는 점을 이제는 이해할 수 있기 때문입니다.

Chapter 03 | 밤이라고 해서 항상 어두운 것만은 아니다

밤 시간에 있을 법한 일들을 그림으로 옮겨보고 싶었던 때가 있었나요? 비련의 여주인공, 달동네에 사는 사람들, 청춘남녀의 힘겨운 사랑 이야기 등 다양한 이야기들에 밤 장면이 사용됩니다. 특히 몽환적인 느낌과도 많은 관련이 있는 저녁, 밤 풍경은 우울한 감성의 그림쟁이라면 꼭 한 장 이상은 그려봤을 법한 장면이기도 한데요. 막상 야경을 그리려고 했더니 짙은 곤색이나 어두운 갈색만 칠하고 있더라는 한 그림쟁이의 제보와 필자가 직접 겪어본 삽질의 경험이 있어서 이 주제를 선택했습니다.

정리하기를 좋아하는 사람들은 비슷한 느낌에 따라 색깔들을 그룹지어 정의해 왔습니다. 예를 들면 따뜻한 색을 난색, 생생한 색을 비비드 컬러, 파스텔 톤, (단지 저채도일 뿐인)그레이 톤이나 쿨(Cool) 톤, 화사한 색, 러블리 컬러, 심지어 청바지 색, 살색 등, 뭔가 도움이 되는 것 같으면서도 사실은 별로 도움이 안 되는 색 그룹들도 많은데요. 때때로 잘 알려진 색 그룹을 사용하면 디자이너의 콘셉트 회의와 같이 다른 사람들과 함께 색을 결정해야 하는 순간에 빠른 소통을 가능하게 하지만, 반대로 그림을 그리고 채색할 때는 규정 되어있는 색 외에 다른 색은 틀린 것으로 생각하여 자유롭게 색을 사용하지 못하는 상황이 올 수 있습니다.

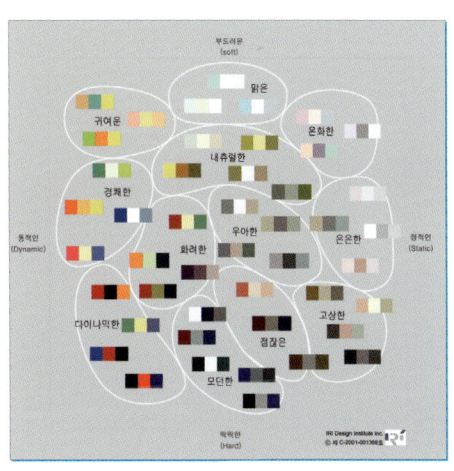

Part 04 질문과 대답

간단한 예를 드려보죠.

'살색'이란 용어에 관해서는 근래 들어 많은 분들의 지적이 있었기 때문에, 더 이상 '살색'을 사용하지 말자는 얘기가 있었습니다. 백인이나 흑인처럼 국내에서 피부색이 다른 사람들에 대한 차별을 야기하는 용어라는 지적 때문입니다. 과거에 국가인권위원회에서 한국기술표준원에 '살색'이라는 이름을 바꿀 것을 권고 했다고 하는군요. 그래서 "연주황"으로 바뀌고 이후에 쉬운 한글로 바꿔달라고 해서 2005년 5월에 "살구색"으로 바뀌었다고 합니다. (현재 초등학생용 12색 크레파스에 어떻게 표기되어있는지는 잘 모르겠습니다. 기회가 되면 한번 확인해보시죠.)

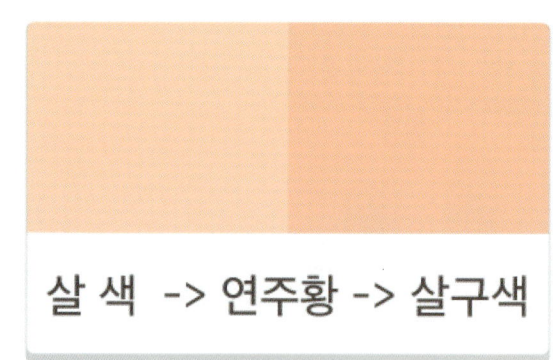

자, 여기 살색이 '살구색'으로 바뀌기까지의 전 과정을 세세히 알고 있는 한 고등학생이 있습니다. 이 학생은 차별이나 인권침해를 싫어하는 정의감이 있는 멋진 청년입니다. 그래서 인종차별적 용어인 '살색'이라는 용어를 사용하는 것을 아주 싫어합니다. 그런데 이 친구는 그림 그리기를 좋아합니다. 조금 전 새 캔버스를 열어 사람을 한 명 그렸고, 배경을 그린 뒤 이제 피부색을 칠하려고 색을 고르다가 이런 생각을 합니다.

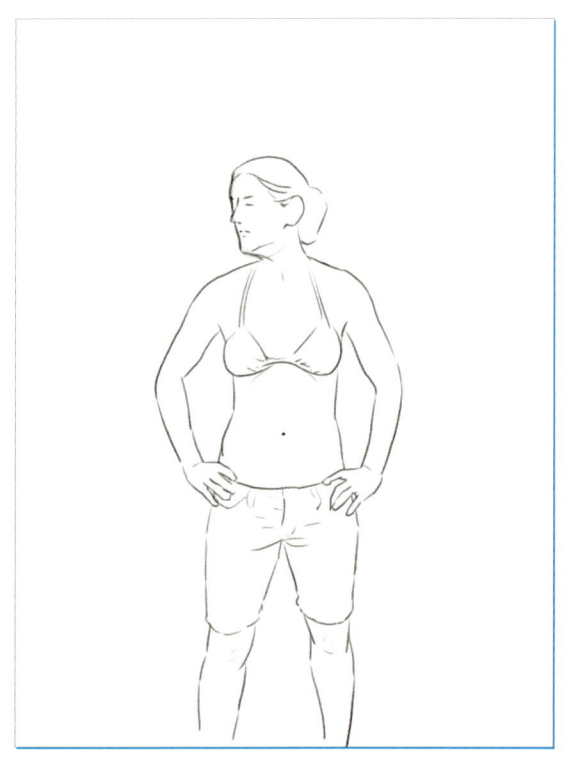

"자, 이제 살색을.. 아니지, 아니야! 금방 나는 실수를 했어. 살색은 다른 인종을 차별하는 말이라고! 살색이 아니라 "연주황"이나 "살구색"을 선택할거야. 그래, 지금 칠하는 색은 '살구색'이지! '연주황'이기도 하고 말이야!" 라고 하면서 연주황 물감을 사용해 색을 칠하기 시작합니다. 이렇게 해서 그림이 완성되었습니다.

옆집에 사는 30대 아저씨는 초등학생 때부터 지금까지 줄 곧 살색을 '살색'이라고 부릅니다. 별로 부끄러운 마음도 없습니다. 명칭이 바뀌었는지 모르니까요. 다만 여름에 반팔 입은 사람의 피부가 햇볕에 탄다는 사실은 잘 알고 있습니다. 그래서 이 30대 아저씨가 같은 그림을 그리면 다음과 같이 목이나 팔이 햇볕에 그을린 '살색'을 묘사합니다. 살색은 연주황이라는 틀에 생각이 갇히지 않았기 때문에 자유롭게 사고할 수 있는 것입니다.

필자의 이야기를 좀 하겠습니다. 야경을 그릴 때 저는 밤 색깔이라는 것이 따로 있는 줄 알았습니다. 야한 분위기는 빨간색, 어둡고 진지한 분위기는 검은색처럼 밤에는 "밤에만 써야하는 색 팔레트 구성"이라는 게 따로 있다고 생각한 것입니다.

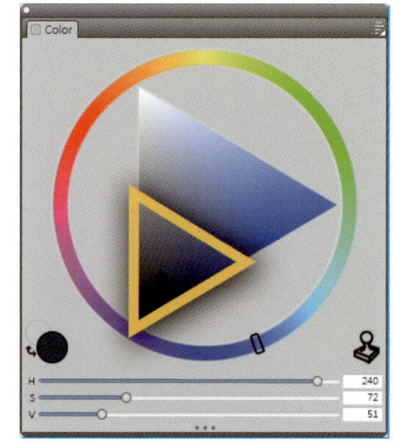

▲ 밤 풍경을 그릴 때는 노란색 삼각형 안의 영역, 그러니까 검정색 근처를 크게 벗어나지 않는 색깔만 사용해서 칠해야 된다고 생각하던 시절이 있었습니다.

굳이 묘사를 하자면 명도가 0 - 4정도의 죄다 어두운 색들만 사용될 줄 알았습니다.

| 명도 10 |
| 명도 9 |
| 명도 8 |
| 명도 7 |
| 명도 6 |
| 명도 5 |
| 명도 4 |
| 명도 3 |
| 명도 2 |
| 명도 1 |
| 명도 0 |

그동안 **밤 색깔**이라고 생각했던 구간

카메라를 산지 얼마 안 돼서 퇴근길에 야경을 몇 장 찍어봤습니다. 그런데 집에 와서 스포이트로 색을 추출해 보니 예상과 많이 다르더군요.

▲ 옆 사진의 각각의 포인트에서 추출한 컬러입니다. 파스텔 계열의 화사한 색들이 사용되어 의외라고 생각했습니다.

야경이라고 찍어온 사진에 파스텔 계열의 밝은 색들이 있는 겁니다. 그것도 소심하게 있는게 아니라 대놓고 있어서, "밤과 낮의 차이는 도대체 뭘까?"란 생각을 해본 적이 있습니다. 이후에 나름대로 파스텔 톤을 쓰든 흰색을 쓰든 상관없이 인공조명 빛이 닿지 않는 곳에 태양 빛이 있으면 낮이고, 그곳에 어둠이 있으면 밤이라고 정리는 했습니다.

바로 앞장의 두 사진은 거의 비슷한 시간에 찍은 사진입니다. 하나는 카메라의 플래시를 터뜨려 찍은 사진이고, 다른 하나는 플래시 없이 찍은 사진입니다. 하지만 첫 번째 사진은 새벽이나 늦은 저녁의 느낌이 나고, 두 번째 사진은 밝은 대낮의 느낌이 납니다. 맨 앞에 있는 벽돌의 밝기는 엇비슷하지만 뒤로 보이는 배경(특히 하늘)이 어둡기 때문에 시간 차이가 많이 나는 사진으로 보이는 것입니다.

그렇게 야경 사진들을 몇 장 돌려보면서 얻게 된 결론은 단순합니다. 밤 풍경의 채색은 짙은 어둠을 기본적으로 밑색으로 칠한 후, 조명(광원)에서부터 빛을 하나하나 찾아나가자는 것입니다.

Section 01 | 채색은 조명에서 시작하자

샘플로 준비한 이미지는 국도를 달리다가 야경이 예뻐서 잠시 갓길에 차를 주차하고 삼각대에 카메라를 연결한 뒤 셀카를 찍는 커플의 모습입니다. 인물에 표현되고 있는 빛을 통해 주변에 있는 조명이 어떤 밝기로 몇 개나 있는지 추리해보시기 바랍니다.

4년 전 필자가 위 그림을 그릴 당시에 구상했던 환경적인 요소들을 소개함으로 물체를 묘사하는데 있어서 조명의 종류나 개수 및 밝기가 어떻게 영향을 미치는지 설명할 것입니다. 4년이 지난 지금 배경은 그대로 두고 당시 구상했던 조명 세팅으로 인물을 새롭게 그려 보았습니다. 뒤에 그 과정을 소개할 텐데, 인물에 표현되어 있는 빛을 통해 화면 바깥에 있을 조명의 위치와 밝기 등을 유추해보는 시간이 되었으면 합니다.

▶ 당시 생각했던 환경적인 요소는 우측의 사진과 유사합니다. 앞으로 설명 드리는 내용에 참고가 되셨으면 합니다.

일반 국도에는 수십 미터 간격으로 가로등이 설치되어 있습니다. 도로 양쪽 끝에 엇갈리게, 또는 마주보며 설치되어 있죠. 때로는 중앙에서 양쪽 도로를 비추는 가로등도 있습니다. 어떤 방식이든 가로등은 일정 거리를 두고 나란히 설치되어 있다는 것이 특징입니다.

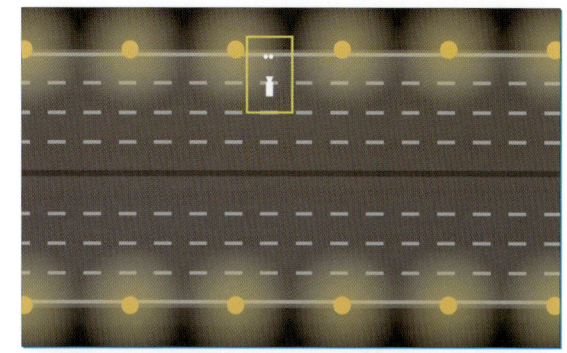

사진을 찍기 위해 가드레일 쪽으로 물체가 다가가면 아마 이런 식으로 빛이 쌓일 겁니다. 일렬로 늘어선 조명이 왼쪽 끝에서 오른쪽 끝까지 물체를 밝혀주니까 어둠 흐름이 어느 한쪽으로 치우치지 않고 밝기가 고르게 표현되는 것을 알 수 있습니다.

이렇게 사방에서 빛이 들어오는 경우에 가로등은 위쪽에 달려있기 때문에 아래쪽을 향하고 있는 면, 겨드랑이, 겉옷에 가려진 부분처럼 빛이 어느 방향에서 오더라도 잘 닿지 않는 부분은 어둡습니다. 광원이 많다고 복잡하게 생각하지 마시기 바랍니다. 빛이 앞에서 온다고 생각하면서 전체를 밝게 묘사하고 위에서 말한 어두운 부분을 신경 써서 표현해주면 됩니다. 애초에 기본색을 잘못 잡아서 톤이 밝거나 어두워진 경우에는, 나중에 색감 보정을 통해 전체적으로 톤을 조절하면 되니까 밝고 어두운 면의 균형만 유지하면서 편하게 채색하시기 바랍니다.

가로등 불빛에 더해 광원을 추가하기로 계획했습니다. 조명이 너무 단순하게 느껴졌기 때문입니다. 두 가지 빛을 추가할 건데, 하나는 자동차 헤드라이트에서 나오는 빛이고 다른 하나는 물체를 가로등 가까이로 옮겨서 가장 가까운 가로등 빛에 영향을 많이 받게 할 것입니다. 우선 단순한 도형으로 설명 드린 후 3D 이미지로 구현하겠습니다.

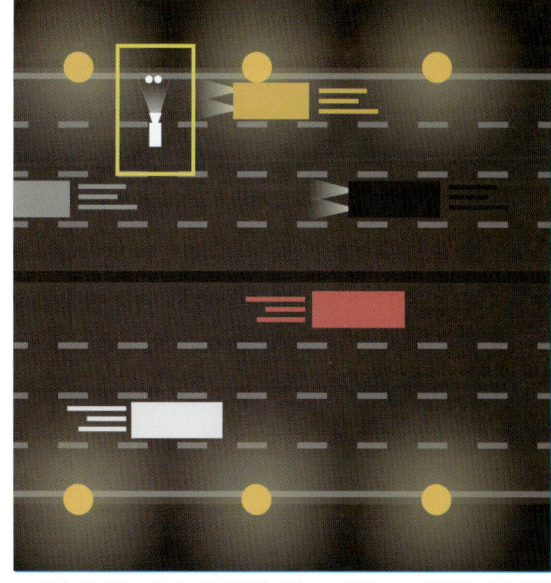

▲ 제가 설계한 그림 속 환경적인(조명) 요소들입니다. 공간에 대한 이런 구상은 보통 머릿속으로만 하지 이렇게 그림을 그려 메모하지 않습니다.

자동차 헤드라이트 조명을 추가하여 3D로 구현해본 이미지입니다. 앞에 이 빛이 추가되지 않은 이미지와 비교하며 차이를 발견하시기 바랍니다.

그리고 드라마틱한 연출을 위해 조명 하나를 생성해 측면 가까이 붙여 강하게 쏘아주었습니다. 비현실적인 조명이지만 가로등이 줄줄이 늘어서 있는 구성이기 때문에 사람이 가로등 가까이 서 있다고 가정하면 충분히 설득력이 있다고 생각했습니다.

정리하면 여기에 사용된 조명은 머리 위 높은 곳에서 쏘는 가로등 불빛 5개와 자동차 헤드라이트 하나, 그리고 드라마틱한 구성을 위해 측면 가까이서 쏘는 핀 조명 하나입니다. 단순하게 그려진 조명 설계 그림을 한 번 더 보시고 화면상에서 대략적인 조명의 위치를 감 잡으신 후 이어지는 내용을 보시기 바랍니다.

Section 02 조명을 추가하면서 채색하는 과정

스케치를 하고 기본색을 칠했습니다. 옛날 같았으면 밤색깔이라고 해서 기본색을 어둡게 칠했을 것입니다. 하지만 이 그림의 배경에서 이미 야경을 느낄 수 있기 때문에 인물이 조금 밝거나 아니면 아예 밝게 채색되더라도 밤 느낌을 유지할 수 있을 거라 생각해서 색을 편하게 선택하였습니다. 다만 조명이 가로등이라 주황색을 조금씩 섞어서 피부와 옷의 기본색으로 잡았습니다.

▲ (우측 이미지)이제는 밤이라고 해서 이렇게 어두운 색으로 칠하지 않습니다. 하지만 이 그림이 틀렸다는 것은 아닙니다. 왜냐하면 자세히 보고 있으니 마치 가로등 조명이 몇 개 고장 나 꺼진 조명 아래 서있는 것 같기 때문입니다.

길게 늘어선 가로등 불빛을 묘사하였습니다. 광원이 많은 것이 표현하기에 어렵게 느껴진다면 앞서 말씀드린 것처럼 그냥 정면에서 빛이 온다고 생각하고 채색하면 됩니다. 원기둥의 경우 정면에서 빛이 오면 어느 한 쪽 편에 어둠의 흐름이라는 것이 생기지 않습니다. 왼쪽 끝에서 오른쪽 끝까지 미묘한 톤 변화는 있지만 전반적으로 물체가 밝게 묘사되어야 한다는 점을 기억하세요.

▲ 조명이 넓게 퍼져있을 때는 한쪽 편에 어둠의 흐름이 생기지 않습니다. 간접조명이나 그늘 아래처럼 직사광선을 맞지 않는 곳에서는 어둠의 흐름을 강하게 잡지 마시기 바랍니다.

이어서 자동차 헤드라이트에서 나오는 빛을 묘사합니다. 색 선택을 잘못해서 좀 탁하게 묘사가 되었습니다. 주로 물체의 우측을 바라보는 면을 밝게 칠했습니다.

그리고 드라마틱한 연출을 위해 왼쪽 가까이 가로등이 있다 생각하고 추가한 빛입니다. 빛을 좀 번지듯 표현했다면 느낌이 더 잘 살았겠다는 생각을 해봅니다. 구조적으로 좀 이상할 수 있는데, 앞의 이미지와 확실한 차이가 났으면 해서 좀 과장되게 표현했습니다.

아무래도 왼쪽 위에서 저렇게 강하게 비추는 빛은 설득력이 조금 없는 것 같아서 빛 색깔을 조금 추가하였습니다. 이 작업은 포토샵에서 새 레이어를 하나 만들어 그래디언트(gradient) 툴을 사용해 연하게 색을 뿌려준 것으로 아주 단순한 작업입니다. 새로 얹은 색이 자연스럽지 않다면, 포토샵 레이어 팔레트에 있는 블렌드모드로 레이어를 합성해 보시기 바랍니다.

블렌드모드는 합성 결과값이 언제나 정확히 예상되는 것이 아니기 때문에 매번 여러 가지 모드를 적용해보고 적절한 값을 찾아내시는 방법을 사용하시기 바랍니다. 저의 경우도 빛을 추가할 때 Screen, Lighten, Soft Light, Overlay 등 몇 가지 옵션을 매번 적용해보고 최대한 자연스러운 값을 눈으로 보고 결정합니다.

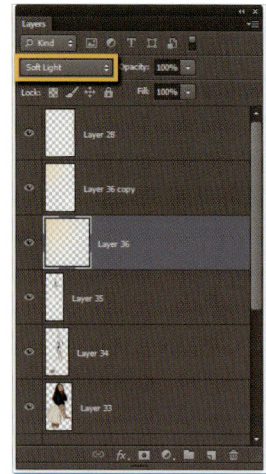

Section 03 **레이어는 어느 정도로 활용해야 하는가?**

레이어를 계속 추가하면서 빛을 묘사하는 방식은 이 책을 쓰기 위해 고안한 방식이 아닙니다. 한 번에 여러 빛이 섞인 색을 칠하는 것이 어려워서 조명을 하나씩 계산하며 칠하다 보니 자연스럽게 레이어를 달리하여 빛(조명)을 점점 쌓아나가는 방식으로 작업하게 된 것입니다.

책에 소개 된 과정은 제가 평소에 작업하는 방식과 동일하며 차이가 있다면 평소에는 레이어를 3개 이상 사용하지 않는다는 것입니다. 물론 필요할 때는 레이어를 여러 개 새로 만들어 활용합니다. 헤어스타일을 바꾼다거나 마음에 들지 않는 부분을 고칠 때, 부담 없이 수정하려고 그렇게 합니다. 하지만 이 레이어가 목적을 다 이루었을 때는 백그라운드 레이어와 금방 합쳐주기 때문에 언제나 전체 레이어 개수는 두세 개를 넘지 않습니다.

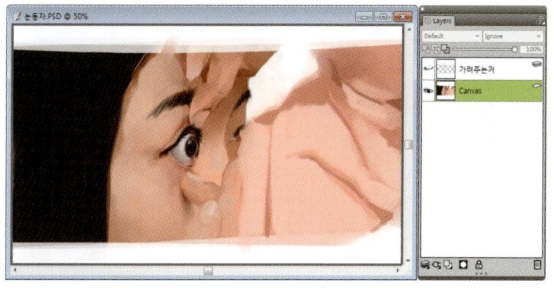

▲ 저는 레이어를 합치는 습관이 있습니다. 수정해야 하는 부분이 있을 때 망칠 것 같으면 레이어를 만들지만, 이후에 잘 수정되었다고 생각하게 되면 이내 바닥에 있는 캔버스와 합쳐버립니다.

페인터에서 레이어를 만드는 것은 수채 브러시 사용을 불편하게 합니다. 불투명 브러시와 수채 브러시를 한 레이어에서 혼용하여 사용하면 수채브러시 가장자리가 아래 레이어에 깔려있는 색과 섞이지 못하고 흰색처리가 되기 때문입니다. 이것은 제가 레이어를 여러 개 만들지 않는 가장 큰 이유이기도 합니다.

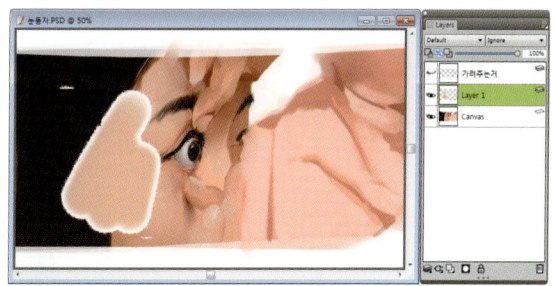

한편 외주 작업의 경우 레이어를 최대한 많이 만들어 작업합니다. 그렇게 해야 클라이언트 측에서 편집하기가 용이하기 때문입니다. 최종적으로 사용되는 지면의 레이아웃을 모르는 상태에서는 최대한 작업물을 잘게 쪼개주는 것이 좋습니다. 그렇게 하면 디자이너가 글과 그림을 배치하는 데 있어서 자유도가 높은 편집을 할 수 있기 때문입니다.

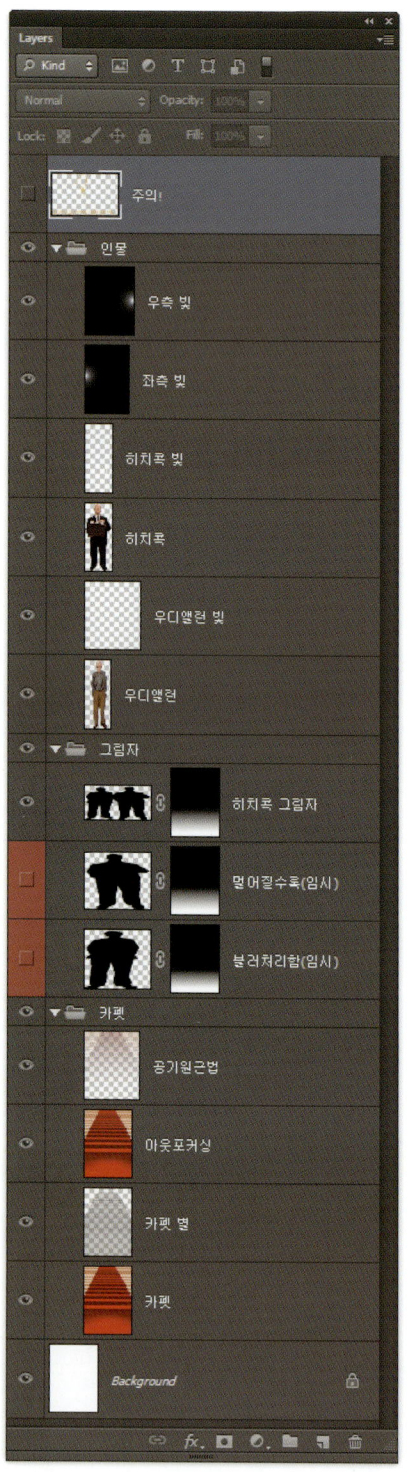

▲ CGV 무비 꼴라쥬 '해피 뉴 무비' 기획전 – 디자인 색 의뢰 작업

여러 개의 레이어로 사물을 분리하는 것에는 형태적, 구조적으로 분리하는 것이 있고 소품이나 빛을 추가로 새 레이어에 그려넣는 것으로 분리할 수도 있습니다. 다음에 나오는 이미지는 이것을 형태, 구조에 더해 빛까지도 분리해 놓았는데, 왜냐하면 글자를 배치함에 따라 두 인물의 간격이나 크기를 조정해야 할 것이라 생각했고, 분위기에 따라 조명을 사용할 수도 있고 그렇지 않을 수도 있을 거라 생각했기 때문입니다.

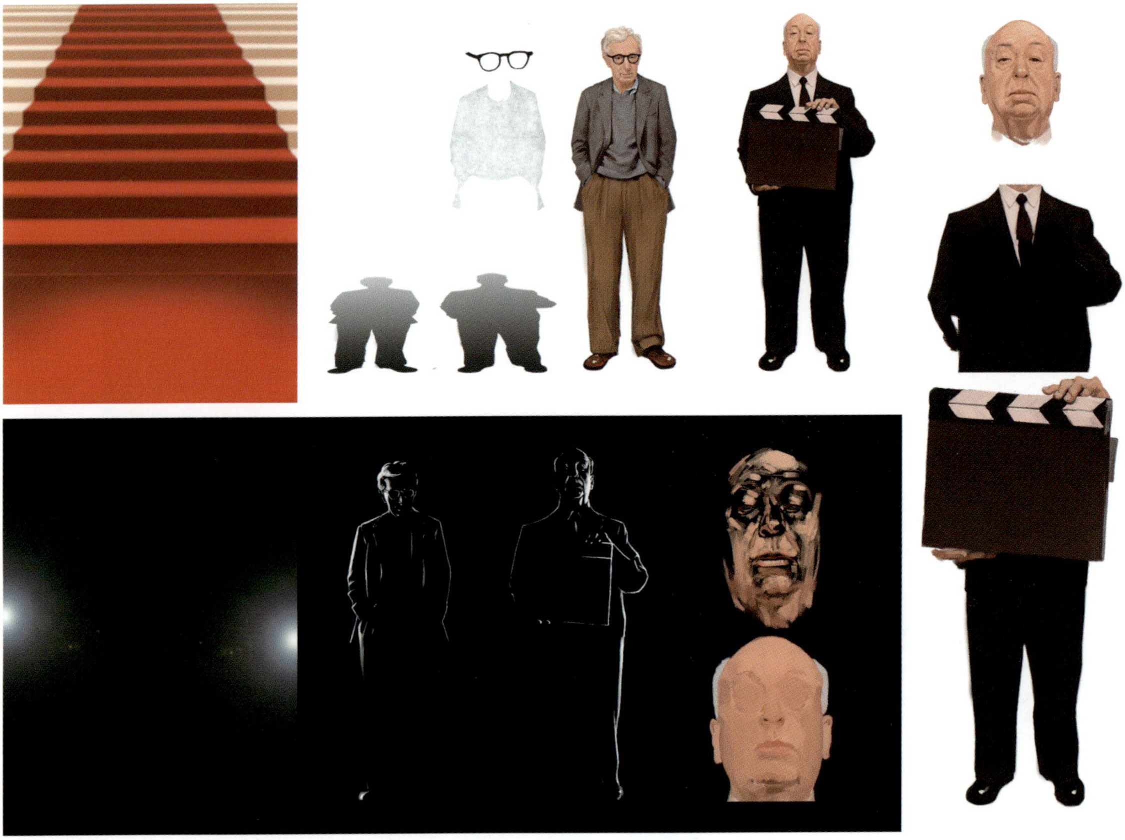

▲ 안경이나 머리가 따로 떼져있는 것은 과정 중에 레이어를 만들어 사용하는 것을 보여드리기 위함입니다. 마무리할 때는 상당 부분 합쳐 놓았음을 알려드립니다.

특히 빛을 따로 분리함으로 인물의 실루엣처럼 그려진 흰색의 밝은 부분을 보시죠. 이것은 광원에서 출발한 빛이 사물에 닿아 우리 눈에 보이는 원리와 동일한 방법으로 채색을 한 것입니다. 사실상 우리가 채색한다는 것은 광원을 고려하여 빛이 닿는 면을 이런 방식으로 칠하는 것을 의미합니다. 그러므로 채색을 한다는 것은 조명의 방향과 색, 밝기를 집요하게 추적하여 묘사하는 것을 의미합니다.

Section 04 색 만드는 방법

흰색 조명이 아닌 공간에 있는 물체의 색을 만들 때 필자는 다음과 같은 방법을 사용합니다. 우선 물체의 기본색(고유색)을 먼저 칠하고 공간에 있는 것처럼 느껴지게 색을 점점 맞춰 나갑니다.

물체의 고유색이라는 건 제 나름대로 정리해둔 가상의 컬러팔레트의 색을 말하는 건데요. 예를 들어 백색광 아래서 피부색은 노란색 보다는 붉은색이 강한 쪽을 좋아합니다.

▲ 제가 좋아하는 피부색을 팔레트화 시키면 이런 색 구성이 됩니다.

사과나 레드카펫, 빨간색 옷처럼 빨간색(Red)을 사용해야 하는 경우에는 다홍색 보다는 약간 보라색에 치우친 어두운 빨강을 좋아합니다. 이런 식으로, 습작을 많이 하다 보니 색에 대한 취향이 생겼습니다.

그래서 ❶ 취향에 따라 좋아하는 살색을 칠하고. ❷ 배경 하늘에 쓰인 보랏빛이 느껴지는 어두운 색을 연하게 덮었습니다. 다음으로는 ❸ 가로등 불빛에 해당할만한 밝은 색을 퍼뜨려 먼저 칠해놓은 색과 혼합하면서 적당한 색을 만들어 냈습니다. 보통 이 작업은 스케치 위에 채색을 하면서 바로바로 이루어지는 작업입니다. 시간이 지나면 이런 단계조차도 생략돼서 거의 습관적으로 혼합이 끝난 색을 칠하고 있는 자신을 발견하게 될 것입니다.

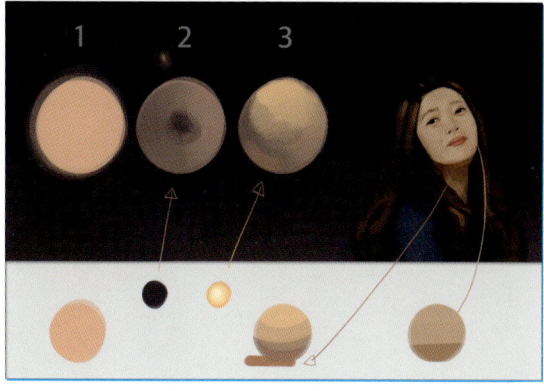

❷ 번의 과정을 조금 더 설명 드리면, ❶ 번의 색을 투명도만 줄여도 ❷ 번과 비슷한 색이 나올 것입니다. 저는 많은 경우 공간 전반을 감싸는 색으로 배경색에 칠해진 색을 이용합니다. 그것이 여의치 않을 때는, 공간에 가장 크게 영향을 주는 (광원)색이 무엇인지를 생각해 명도만 줄여서 물체 고유의 색과 섞어 사용하는 편입니다.

흰색 치마를 칠하는 과정도 비슷합니다. 하지만 언제나 이런 규칙에 따라 조명에 의해 계산된 값을 사용하는 것은 아닙니다. 때때로 사실적인 색보다 취향에 의존해 좋은 느낌을 주는 색으로 대체하는 경우도 많고, 별로 신경 쓰지 않고 대충 맞는 것 같으면 칠하는 경우도 있습니다. 중요한 기준은 눈에 자연스럽게 보이는가 하는 것입니다.

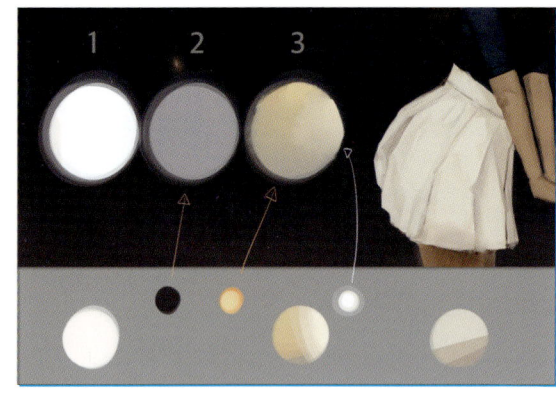

◀ 원하는 색이 만들어 질 때까지 환경을 고려한 다양한 색을 겹치면서 밝은 영역과 어두운 영역 색 전반의 느낌을 봅니다. 말하자면 색을 뭉뚱그려 한 가지 색으로 묶어서 보는 것인데, 시각적으로 표현하자면 우측의 뿌옇게 처리한 이미지처럼 생각하는 것입니다.

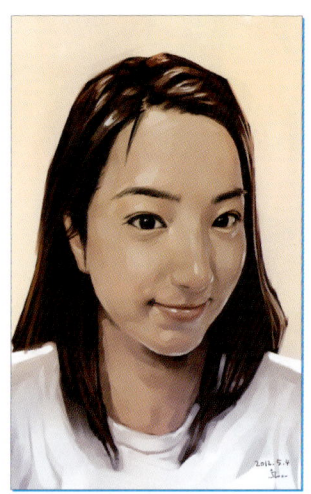

◀ 완성한 그림에 포토샵 블렌딩 모드로 몇 가지 색을 합성해 보았습니다. 색감은 어느 시점에서든지 바꿀 수 있습니다. 하지만 이것이 초반에 아무색이나 칠해도 된다는 뜻은 아닙니다. 색은 바꿀 수 있을지 몰라도, 명도 차이에 따른 밝고 어두운 면의 균형은 색 보다는 형태를 묘사하는 것에 가깝기 때문입니다.

지금까지 밤에 사용되는 색들을 알아보았습니다. 우리가 알게 된 것은 야경 사진에 생각보다 높은 명도의 색이 사용되더라는 것이며, 조명이 강하게 영향을 주는 면은 파스텔 톤이나 흰색까지도 표현된다는 것입니다.

그래서 이런 실험을 해봤습니다. 예제로 사용한 이미지에서 배경을 낮으로 바꾸고, 인물의 톤을 밝게 올려 어울리는지 본 것입니다. 이 모든 작업은 추가로 그려 넣은 부분 없이 포토샵을 이용한 색 보정만으로 해결한 것입니다. 드라마틱한 연출을 위한 강한 조명과, 우측에서 들어오는 자동차 헤드라이트 조명은 제거하였습니다. 낮에 태양아래서는 인공조명의 존재감은 별로 없기 때문입니다.

▲ 외곽에서 부드럽게 감싸는 밝은 빛만 표현해주면 무리 없이 배경과 어울릴 수 있을 것 같습니다.

정리하면, 밤에는 인공조명이 강한 존재감을 드러냅니다. 조명의 종류나 밝기, 광원의 색에 따라 물체는 많은 영향을 받습니다. 그러므로 여러분이 그림을 그려야 한다면 어떤 장면을 그리든지 상관없이 평면의 이미지가 아니라 가상의 입체 공간을 그리고 그 속에 제일먼저 조명을 설정(세팅)하시기 바랍니다. 그곳에서부터 빛을 추적해 나간다면 현실 세계에 사물이 보이는 원리와 크게 다르지 않은 의미 있는 채색을 해나갈 수 있을 것입니다.

Chapter 04
그림 그릴 때 흔히 범하기 쉬운 잘못된 습성들

입시를 치른 미술부 학생들에게 4시간에 맞춰 그림을 그리는 것은 익숙한 일입니다. 그들은 시작하는 종이 울린 후 1시간 30분이 지난 시점에는 사실상 망쳤다거나 잘 그려졌다는 분위기 파악이 가능합니다. 3시간 30분쯤 지나면 본인 거 완성하고 다른 사람들 그림 돌아보는 시간이죠. 마지막까지 열심히 그리는 친구들이 있지만 별로 달라질게 없다는 사실쯤은 잘 알고 있습니다.

대학교 졸업반인 한 남학생은 게임회사에 취직하고 싶어 합니다. 그가 현직 일러스트레이터들의 그림을 보면서 제일 궁금해 하는 사실은 언제나 "저 그림은 몇 시간 만에 그렸을까?"입니다. 간혹 친절한 일러스트레이터가 댓글로 작업한 시간을 알려주면 남학생은 자괴감에 빠집니다. 자신은 아무리 노력해도 그 시간 안에 못 그려낼 것 같은 생각이 들기 때문입니다. 1년 정도는 놀면서 그럭저럭 그림 연습을 하겠는데 시간이 지날수록 답답합니다. 별로 실력은 늘지 않는 것 같고 빨리는 그려내질 못하니 이전보다 실력이 늘었음에도 불구하고 점점 재미가 없어집니다.

사실 우리 모두는 크든 작든 시간에 영향을 받습니다. 그리고 가능하다면 빨리 그리고 싶어 합니다. 이처럼 빨리 그리고자 하는 마음은 때때로 약간의 스트레스를 유발하기도 하죠. 이때 발생하는 긴장감을 우리가 잘 활용하면 유익하지만, 서투르게 마음만 앞서서 정리되지도 않은 생각을 손으로 표현하고 있다 보면 얼마 안 가서 후회를 하게 되고 결국은 좌절하게 됩니다.

Section 01　구체적인 계획이 없다

우리가 좌절하는 데는 참 다양한 이유들이 있을 것입니다. 그 중 몇 가지를 소개하려고 합니다. 우선 다음의 이미지를 보고 한번 생각해보시기 바랍니다.

> **클라이언트의 질문 :**
> 이 사진을 그림으로 그린다고 할 때, 얼마의 시간을 드리면 완성이 될까요?

"사이즈 따라 다른데, 사다리를 사용 안하는 높이면 4일 작업해서 완성할 수 있을 것 같습니다." 이것은 벽화를 하는 제 친구의 예상 답변입니다.

"언제까지 보내드려야 하죠? 아.. 좀 급한 일정이군요. 그럼 모레 오전에 보실 수 있게 할게요." 이것은 시간이 촉박한 외주 작업이 들어왔을 때, 제가 클라이언트에게 하는 말입니다.

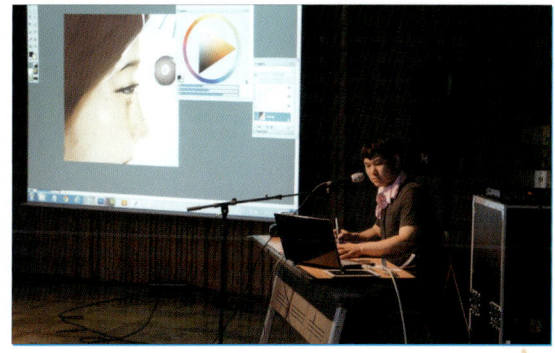

"아마... 한 일주일정도?" 혹시 여러분 답변인가요?

"아냐, 난 한 달은 그려야 될 것 같은데... 어떡하죠?"

괜찮습니다. 실제 일을 받은 게 아니니까 안심하기 바랍니다. 그런데 예상한 날짜가 한 달인데, 그때 가서 마무리가 안 되어 있으면 아무래도 스스로에게 좀 실망스럽겠죠. 그럴 때는 처음 작업 시간을 계산할 때 우리 각자가 머릿속에 떠올렸던 완성 이미지가 현실적이었는지 한번 체크해 볼 필요가 있습니다. 큰 사이즈의 종이에 정밀 묘사를 해야만 가능한 퀄리티를 생각하면서 "한 달"이라고 섣불리 대답하신 건 아닌지, 자신의 집중력이나 작업 속도, 하루에 그림 그리기 위해 낼 수 있는 시간 등을 고려하지 않고 "일주일"이라고 대답하신 건 아닌지를 따져볼 필요가 있습니다.

▲ 모든 일에는 현실적으로 드는 시간이 있기 마련입니다. 아파트를 일주일 만에 지을 수 있다는 말을 믿는 사람은 아무도 없는 것처럼 말입니다.

"4일 정도 걸린다."는 제 친구는 손이 상당히 빠릅니다. 보통 사람들 두세 사람 몫을 해 내는 친구입니다. 사실 3일 만에 완성할 수도 있는데, 혹시 있을지 모르는 변수(비가 온다거나 여자 친구와의 데이트 등)에 대비해서 하루를 더 포함시키는 것입니다. 사실 그림 그릴 벽을 깨끗이 정돈하는데 하루를 쓰고 나면 이틀 만에 그리는 셈입니다.

▲ "난 여자 친구와의 데이트를 그림 그리는 것보다 더 중요하게 생각해. 만약 내일 그녀에게서 함께 놀자는 연락이 오면, 나는 그 즉시 여자 친구를 만나러 갈 거야. 그림은 그 다음날 완성해도 되잖아. 안 그래?"

한편 제가 모레 오전까지 완성할 수 있다고 할 때는, 하루는 다른 일 하느라 보내고 둘째 날 점심부터 부랴부랴 그리기 시작해 그날 야근하는 것을 의미합니다. 이럴 때는 밤에 언제라도 작업이 끝날 수 있게 전체적으로 퀄리티를 함께 올리는 방식의 채색을 합니다. 구체적으로는 형태를 잡고 얼굴을 우선적으로 묘사해서, 잘 못 그려도 티가 덜 나는 다른 부분은 단순하게 처리하자는 계획들을 세웁니다.

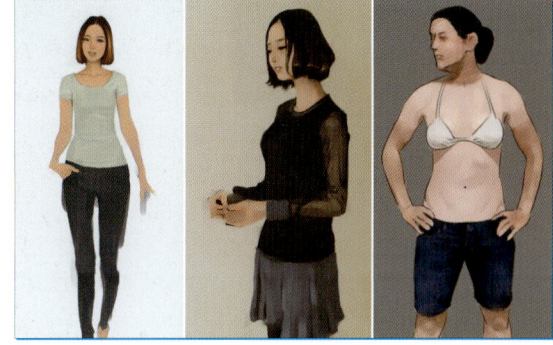

▲ 얼굴을 잘 그리는 것은 생각보다 중요합니다. 다른 곳을 꼼꼼하게 묘사해도 얼굴에 완성도가 없으면 전반적으로 덜 그려졌다는 인상을 줍니다.

그런데 일주일, 한 달 걸린다고 생각하셨던 분들. 클라이언트가 "사진과 똑같이 그려 달라"고 말하지 않고, 단지 "여자 두 사람이 안고 있는 포즈가 필요하다"라고 한다면 여러분도 다음 날까지 충분히 그릴 수 있지 않겠습니까? 심지어 사진을 주면서 선만 따면 되는 작업이라고 하면 잠 한숨 자고 시작해도 되지 않나요?

▲ "하암... 한 숨 자고 시작해야겠다."

완성하는데 걸리는 시간은 언제나 작업 내용(퀄리티)에 따라 달라져야 합니다. 정확한 목표와 시간 계획이 세워져 있다면, 설령 오래 걸리는 작업이라 하더라도 예상했던 일이었기 때문에 덤덤하게 하루하루 성실히 작업해나갈 수 있을 것입니다. 나는 오래 앉으면 엉덩이가 아프다던가, 손에 쉽게 쥐가 난다던가 하는 등의 사소해 보이는 일들을 포함하여 예상할 수 있는 모든 요소들을 고려한 현실적인 계획을 세운다면 지치지 않고 그림을 그리는데 도움이 될 것입니다.

▲ "난 4시간 이상은 앉아서 그림을 그릴 수 없어. 잠이 와서 말이야. 사실 그때쯤 손이 저려오기 시작하지. 무조건 쉬는 게 답이야."

설령 계획을 세우지 않고 자유롭게 그리는 그림이라 하더라도 무의식으로 우리는 언제까지 완성하는 것이 적당할 것인지 대략적인 시간을 가늠하게 되어있습니다. "작업이 좀 더딘 것 같은데…"라는 생각이 드는 건 그 일정에 차질이 생겼다는 얘기입니다. 바람이 있다면 이 '일정 계획표'가 프로들에게 물어보고 알게 된 이상적인 작업 시간이 아니라 우리 개개인 각자의 현실적인 '일정 계획표'였으면 한다는 것입니다.

▲ "저번에 본 그림 있잖아? 그거 하루 만에 완성한 거래. 나라고 못할 건 없지. 오늘부터 밤샘 작업할 거야!"

Section 02 빨리 그리려다가 놓치는 것들

좌절하는 또 다른 이유는 그림 그리는 과정을 단계적으로 보여드리면서 설명 드리겠습니다. 과정을 소개하기 위한 그림이니 만큼 색이나 형태를 닮게 하는 데는 별로 신경 쓰지 않았음을 미리 말씀드립니다.

01 우선 스케치를 합니다. 여러분도 스케치를 하시겠죠. 꼼꼼하게 하시는 분들도 계실 테고, 저처럼 대강하는 분들도 계실 것입니다. 스케치 선은 나중에 없어질 것이라서 최대한 간단하게 묘사합니다.

02 색을 쌓아 올리기 위해 우선 밑색을 전체적으로 칠합니다. 이 단계에서 밑색을 깔지 않고 부분적으로 묘사해 나가며 완성하는 분들도 계실 텐데, 각자 편한 방식으로 하시면 됩니다. 정해진 건 없습니다.

03 기본색에서 밝은 톤을 올려준 상태입니다. 문득 "스케치 선은 언제 다 지우지?"라는 생각이 들었는데 역시나 이어지는 작업에서 눈 부분의 검은 점을 지우고 새로 눈을 그리고, 입술이나 얼굴 외곽 라인의 스케치 선을 덮고 그 위에 다시 면을 채워 넣어야 하는 번거로운 일을 해야 했습니다. 만약 이 스케치를 조금 다듬어서 다음 이미지에서 톤을 올리는 작업을 했다면 어땠을까요?

04 스케치를 상당 부분 정리하였습니다. 비교적 세세하게 그려야 하는 눈 부분 같은 경우는 스케치를 조금 더 꼼꼼하게 그려 넣었습니다.

Part 04 질문과 대답 | 179

05 이어서 톤 하나만 올려서 우측 여성분의 얼굴을 묘사했습니다. 톤 하나만 올려서 칠했다는 의미는 우측의 달걀 같은 그림을 보면 되는데, 저 살색 달걀을 묘사하기 위해 컬러피커에서 선택한 색상은 단 두 가지입니다. 태블릿 펜의 필압 조절을 통해 두 가지 색을 여러 단계의 톤으로 만들어낸 것입니다.

06 좌측은 스케치를 정리하지 않고 계속 그려나간 그림이고 우측은 스케치를 한번 정리해준 후 그 위에 그려나간 그림입니다. 좌측의 그림은 눈코입 같은 요소들을 지우고 새로 그리다시피 했기 때문에 형태가 틀어지는 경우가 많았습니다. 그리고 색이 섞이는 브러시로 작업을 하다 보니 스케치선의 어두운 색과 피부색이 섞여 더러운 색이 나오는 경우, 색을 덮은 후 다시 그려야 하는 상황들이 있었습니다. 전반적으로 시간을 많이 허비하며 그리고 있다는 생각이 듭니다.

우측의 그림은 전반적으로 안정감 있게 묘사해 나갈 수 있었습니다. 눈코입이 제 위치를 잡고 있고 불필요한 선이 없었기 때문에 바로 덧칠하며 묘사하면 되었습니다. 좌측의 그림과 비교했을 때 특별히 더 많은 붓질을 한 것으로 보이지 않음에도 불구하고 눈이나 눈썹이 깔끔하게 정리되어 있다 보니 조그만 노력으로도 빨리 완성도가 올라가는 것처럼 보입니다. 상당히 효율적으로 느껴졌습니다.

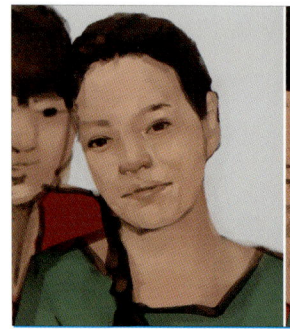 

TIP

밝은 색을 먼저 깔고 어두운 부분에 색을 올리는 것이 아니라 그 반대로 하는 이유는, 사물이 색을 지닐 때 빛이 어둠을 덮고 있는 것으로 표현되기 때문입니다. 빛은 차곡차곡 쌓이지만 어둠은 쌓이지 않습니다. 어둠은 빛이 없는 즉 값이 없는 상태입니다. 그래서 더 어두운 색이 밝은 색을 덮게 되면 왠지 모르게 어색한 느낌이 드는 것입니다.

이렇게 작업 시간과 관련하여 차이가 나는 주된 이유는 다음 단계로 넘어가기 전 사전 작업을 얼마나 꼼꼼하게 해놓았는 가와 관련이 있습니다.

사전 작업이란 형태를 바로잡아 준다거나 구멍 난 부분을 꼼꼼히 매우는 작업들을 말합니다. 지저분한 픽셀이 있다면 다른 색으로 덮기도 하고 전체적인 톤이 괜찮은지도 체크해줍니다.

이것은 인내심이 없다면 성실히 해내기 어려운 작업입니다. 빠르게 완성하고 싶은 마음에 이 사전 작업을 대충하거나 안하고 넘기게 되면 나중에 색을 쌓을 때 후회하게 됩니다. 사전 작업을 제대로 안 해놓으면 다음과 같은 실수를 하게 됩니다.

예를 들어 그라데이션 위에 하이라이트가 있는 눈동자를 그린다고 가정해봅시다. 사전 작업을 꼼꼼히 한다면 그라데이션 부분을 충분히 묘사하고 다 됐다 싶을 때 하이라이트를 찍는 것으로 깔끔히 마무리 하겠지만, 빠르게 완성하고 싶어서 충분히 살피지 않고 하이라이트를 찍으면 나중에 그라데이션 부분을 수정해야 한다는 생각이 들었을 때, 하이라이트를 피해 살살살 문질러야 하는 상황이 발생합니다.

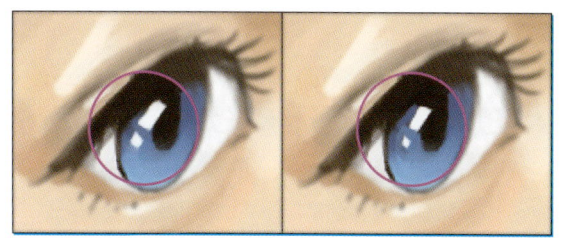

결국 덧칠하는 느낌은 점점 더 강해지면서 수습이 안 되기 때문에, 지우고 새로 그리거나 의욕을 상실하거나 둘 중 하나가 되겠지요. 이런 상황을 예상하고 하이라이트를 레이어화 시킨다면 잘하는 것입니다. 이렇게 나중에 할 작업을 생각해서 미리 대비한다는 생각으로 한 단계씩 밟아나가면 좋겠습니다. 레이어 하나 만드는 시간은 얼마 들지 않지만, 레이어화 시키지 않아서 고생하는 시간은 몇 배로 들어간다는 사실을 기억하세요. 성실하게 단계를 밟지 않은 그림은 작업자를 지치게 합니다.

여자는 여기까지 묘사하고 마무리 짓겠습니다. 지금까지 빨리 그리려다가 놓치는 것들 중 하나로 꼼꼼한 사전 작업의 중요성을 언급하였습니다. 요점은 다음 단계로 넘어가기 전 현재 하고 있는 일을 두 번 하지 않게 깔끔하게 마무리 짓자는 것입니다. 저의 경우에 눈 부근의 스케치를 조금 더 꼼꼼히 하였고, 스케치 선이 이후에 칠해질 색과 섞이는 걸 방지하기 위해 상당 부분 지워주는 것으로 사전 작업을 꼼꼼하게 마쳤습니다.

그런데 이런 질문이 생깁니다. 그러면 애초에 완전 깔끔하고 세세한 스케치를 하는 것이 언제나 가장 효율적인 일입니까?

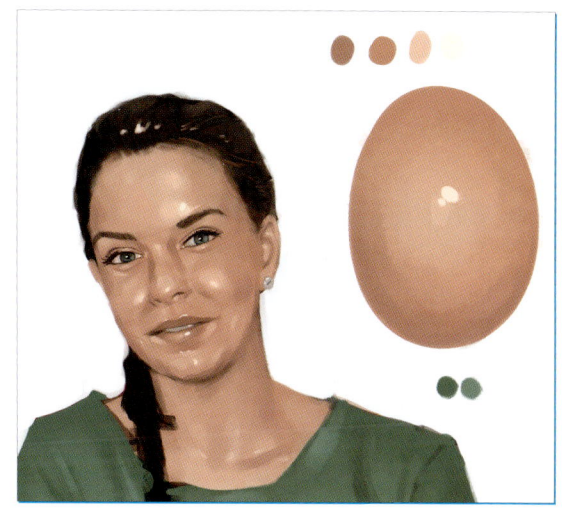

Section 03 스케치를 완벽하게 해 놓는 것이 효율적인 일인가?

사전 작업, 그러니까 전 단계를 확실히 마무리 짓는 것이 중요하다면 작업 순서 상 첫 단계에 해당하는 스케치부터 완벽하게 해야 된다는 얘기가 되지 않는가?하는 질문이 생길지 모릅니다.
정말로 스케치를 완벽하게 해 놓는 것이 효율적일까요? 실제로 그림을 그려보고 답을 얻어 보도록 하겠습니다.

01 평소 제 스타일과는 다르게 정말 꼼꼼하게 스케치 하였습니다. 이 스케치는 끝까지 살려둘 생각으로 따낸 것입니다.

02 밑색을 깔았습니다. 스케치선의 도움을 받아 형태를 지키면서 채색할 수 있어 좋네요. 다만 쓸데없이 일찍부터 꼼꼼해지는 느낌입니다.

03 스케치선이 눈동자를 그리거나 머리카락을 자연스럽게 채색하는데 조금 방해가 됩니다. 하지만 꼼꼼히 스케치 한 것이 아까우니까 스케치 레이어를 계속 켜 놓고 작업하도록 하겠습니다.

04 묘사하는 중에 어깨 부분의 형태가 좀 이상하다는 느낌이 들었습니다. 하지만 스케치 선을 수정하고 다시 채색을 하려니 귀찮다는 생각이 들었습니다. 그래서 그냥 스케치 레이어를 꺼버렸는데요. 생각보다 나쁘지 않아서 그 상태로 계속 묘사를 했습니다.

05 스케치 선이 없으니 자연스럽게 어깨 부분도 부담 없이 고치게 되고, 머리카락을 그릴 때도 선으로 된 경계가 없으니까 편하게 가닥 가닥을 그려넣을 수 있었습니다. 이 그림은 여기서 작업을 멈추기로 했습니다. 그런데 아마 계속 그렸다면 스케치 선을 지운 상태로 마무리 했을 것 같습니다.

06 결과적으로 저에게 스케치 선은 꼼꼼하게 할 필요가 없는 것이었습니다. 어느 시점을 지나면 사라질 것이기 때문이기도 하고, 과정 중에 불필요하게 채색하는 걸 방해하기도 했기 때문입니다.

▲ 스케치 선의 존재감은 너무 미미한데 이걸 그리려고 많은 시간을 투자한다는 것이 어리석었다는 생각이 듭니다. 어깨 부분의 스케치가 틀린 것처럼 틈틈이 스케치 레이어를 수정하면서 채색 레이어를 함께 수정하는 건 두 번 일하는 것으로 굉장히 불편했겠다는 생각을 합니다.

무엇보다도 스케치를 꼼꼼히 하려고 초반에 많은 시간을 사용해야 하는데, 이런 경험들은 저로 하여금 다음번 그림을 그릴 때 스케치를 별로 신경 쓰지 않게 하는 습관이 들게 만들었습니다. 그래서 여러분도 이런 자문을 해보셨으면 합니다.

"이 작업은 다음 과정에서 상당 부분 지워지거나 아예 없어지는 것은 아닌가? 아깝다고 생각해서 효율적이지 못한 일을 하고 있지는 않은가? 다른 사람들은 이 문제를 어떻게 풀어나갈까?"

한 발짝만 더 나아가서 수시로 "내가 의도하는 게 뭔가?"에 대한 질문을 해 보셨으면 합니다.

Section 04 딱히 의도하는 것이 없다

많은 사람들은 목적을 가지고 그림을 그립니다. 전화 받으면서 그리는 그림은 무의식의 영역으로 남겨 두고서라도 연습장에 조그맣게 그리는 썸네일 스케치, 쓱싹쓱싹 기분 좋게 그리는 크로키마저도 우리는 목적을 가지고 그립니다.

습작하는 사람들 대부분은 잘 그리고 싶어 하는 마음으로 그림을 그립니다. 사람마다 잘 그린다는 것의 기준은 다르겠지만 말입니다. 사실 우리는 한 가지 목표를 향해 달려 나가고 있습니다. 그런데 열심히는 달리는데 간혹 잘못된 방향으로 달리는 사람들을 보게 됩니다.

게임회사에 취직하고 싶어 한 30대 남성은 다양한 스킬들을 익혀야 한다고 1년 과정으로 미술학원을 돌아가며 수강신청을 합니다. 기초부터 제대로 배워서 탄탄한 기본기를 습득하겠다는 겁니다. 그래서 수채화를 잘 가르치는 학원에서 4개월 정도 수강해서 "마스터"를 하면 다음에는 유화를 "마스터"하겠다고 합니다. 그리고 어느 정도 실력이 되면 게임회사에 취직하겠다는 생각을 가지고 주변 사람들에게 자신의 포부를 말하고 다닙니다. 한번은 이런 일이 있었습니다. 이 분이 저의 작업실에 놀러온 겁니다.

"종우야, 니 그림 잘 보고 있다. 내 좀 알려주면 안 되나?"

"정확히 어떤 걸 말씀하시는 거죠?"

"니 채색하는 거 한번만 보여주면 내한테 크게 도움 될 것 같아서 그런다."

(그림 그리는 과정을 보고 난 후)

"역시 잘 그리네, 한번 보니까 나도 이제 잘 할 수 있을 것 같다."

뭘 알려줬고, 뭘 배웠는지 모르는 이 이상한 대화를 잘 기억하시기 바랍니다. 그림을 처음 시작하는 분들이 자주 하는 실수가 들어있기 때문입니다.

고등학교를 처음 졸업하고 한동안 사진이 아닌가 싶은 착각이 들게 하는 사실주의 작품들을 동경하던 때가 있었습니다. 그 시절에는 내 손에서 나오는 모든 그림이 사진 같았으면 하는 생각을 하며 살았지요. "사진 같았으면...", "텔레비전에 내가 나왔으면 정말 좋겠네 정말 좋겠네"와 다를 바 없는 이 두루뭉술한 목표를 가지고 집에 와서 사진을 베껴 그리는 연습을 꽤나 했었습니다.

트레이싱을 하고, 스포이트로 색을 일일이 추출하여 점찍듯 묘사를 하니 사진처럼 되긴 되더군요. 그리고 마침내 사진 같다고 만족할 때 저를 돌아보니, 그동안 연습한 건 사진을 바닥에 깔고 스포이트로 색깔을 추출해 내 정해진 위치에 그대로 칠하는 거였다는 점을 이해하였습니다. 사실상 단순 반복 작업에 지나지 않는 일이었죠.

좀 극단적인 예이긴 합니다만 언젠가는 창작을 할 거라며 열심히 앞만 보고 달려왔는데, 어느 날 할 줄 아는 게 사진보고 그대로 베껴 그리는 것 밖에 없다고 느끼게 된다면 얼마나 허탈할까요?

사람도 잘 그리고 싶고, 동물도 잘 그리고 싶고 채색도 잘하고 싶고... 다들 욕심이 많으시겠지만 목표를 조금만 더 구체적으로 잡으셨으면 합니다. 사람을 잘 그려야겠다가 아니라, 여자를 잘 그려야겠다. -> 얼굴을 잘 그려야겠다. -> 눈을 잘 그려야겠다. -> 이번 한 주 동안은 눈동자, 입술을 좀 매력적으로 표현하는 방법을 연습해봐야겠다는 식으로 가능하면 구체적인 목표를 설정하시기 바랍니다.

필요하다면 트레이싱도 하시고 스포이트로 색도 추출해 쓰시다가, 점차 편리한 기술들에 덜 의존하는 방식으로 바꿔 가신다면 재미를 잃지 않는데 도움이 될 것이라 생각합니다.

현재 그 30대 남성분이 어떻게 지내는지 모릅니다. 게임회사에 갔는지, 어쩌면 게임회사라는 건 적당히 그림 일을 하겠다는 걸 둘러대듯 한 말인지 현재로서 알 길이 없습니다.

함께 그림을 그렸던 많은 친구들이 지금은 그림과 상관없는 일을 하면서 돈을 법니다. 당시에 딱히 그리고 싶은 것도 없고 단지 대학가기 위해, 회사에 들어가기 위해 친구들이 그림을 그렸던 건 아닌지 생각해보게 됩니다. 결국 그림 자체에 재미를 느끼지 못하면 이 일을 오랫동안 해낼 수 있는 원동력을 어디서 찾을 수 있을까? 그런 생각을 하게 됩니다.

거창한 목표 없이 단지 그림 그리는 것이 좋아서 계속 달려왔던 사람들이 지금은 그림 일로 돈을 법니다. 대학이나 회사가 먼저가 아니라 그림이 먼저였던 사람들이 꾸준히 그림 관련 일을 하고 있는 것입니다. 여러분도 그림을 그리겠다고 생각하는 동기가 정확히 무엇인지 스스로에게 물어볼 필요가 있을지 모릅니다. 다만 제가 바라는 점은 여러분이 좀 더 즐거운 상태에서 그림을 그릴 수 있으면 좋겠다는 것입니다. 그런 긍정적인 에너지가 마음에 있을 때, 여러분의 작업이 좀 더 많은 사람들에게 유익한 것으로 전달 될 것이기 때문입니다. 그렇게 서로 긍정적인 자극을 주고받아 모두가 즐거운 그림쟁이들이 되기를 진심으로 바랍니다.

▲ 고등학교 미술부 친구 영식이와 함께 벽화를 다 그리고 찍은 기념사진

Chapter 05 | 내가 칠하면 색이 더럽다

그림이 지저분해 보인다는 얘기를 듣는 친구들이 있습니다. 보통 손날 부분을 보면 검게 흑연가루가 묻어 있습니다. 포스터물감을 사용할 땐 빨간색에 찍었던 붓을 씻지도 않고 노란색 통에 찍어서 주황색 물감 잔해를 남기는 친구들이 있죠. 어른이 되어서 벽화를 한다면 페인트 통에 똑같은 실수를 할 것 같은 친구들, 실제로 페인트를 땅에 줄줄 흘려서 치우느라 많은 시간을 허비하는 친구들이 있습니다.

생각해보면 어렸을 때 우리 모두는 식사할 때 질질 흘리고 먹었던 기억이 있을 것입니다. 사실 숟가락도 제대로 사용 못해서 엄마가 떠먹여 주던 시절도 있었지요. 이처럼 그림이 지저분하다는 것은 훈련이 필요하다는 말이며, 잘 배우고 연습한다면 지금 젓가락질을 잘 하는 것처럼 얼마 지나지 않아 능숙하게 미술 도구와 재료를 다룰 수 있게 될 것입니다. 이제 그림이 지저분해 보이는 몇 가지 이유와 간단한 해결책을 소개해 드릴 것입니다. 해결책보다 원인에 더 유의하신다면 문제를 능동적으로 해결하는데 도움이 될 것입니다.

보통 "지저분한 색"이라고 하면 채도가 낮은 색이 떠오릅니다. 흑백사진을 보고서는 아무도 지저분한 색이라고 말하지 않는데, 이상하게 내 그림에 채도가 낮은 색을 사용하면 지저분한 느낌이 납니다. 그래서 항상 높은 채도의 색을 사용하는 것이 습관이 되어버린 분들이 계십니다.

▲ 채도가 다른 색들을 나란히 놓고 보면 누구라도 높은 채도의 색을 사용하려고 할 것입니다. 나머지 색들은 다 탁해 보이기 때문입니다.

창세기전 일러스트가 유행일 때가 있었습니다. 그때는 많은 학생들이 습작으로 김형태씨의 그림을 따라 그렸죠. 아마 웹상에 올리지 않고 컴퓨터에만 놔둔 모작이 꽤 될 것으로 생각됩니다. 김형태씨의 그림을 보면 원색에 가까운 높은 채도의 색과 회색처럼 보이는 저채도의 색을 아주 폭 넓게 사용하는 걸 볼 수 있는데, 모작하는 학생들은 종종 저채도의 색을 잘못 사용하면서 그림이 탁해지는 경우가 있습니다.

보통 이런 경우에 주황색을 먼저 칠하고 나중에 회색을 골라 어두운 부분을 칠하게 되죠. 그런데 위의 이미지에서 회색으로 보이는 부분의 색은 완전 쌩 회색은 아닙니다. 경우에 따라 다르지만 반사광이 물체색과 보색관계여서 회색에 가까운 색이 만들어 지는 경우라 하더라도 채도가 좀 떨어지긴 하겠지만 완전히 쌩 회색이 되는 경우는 드뭅니다.

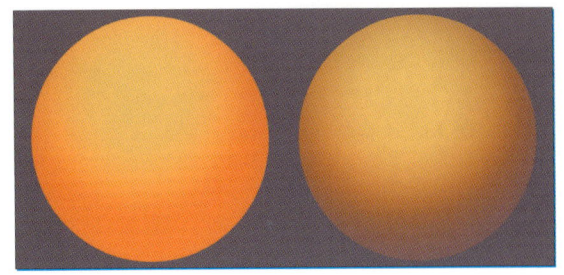

컴퓨터에 있는 컬러사진들 중에 회색으로 보이는 부분에 스포이트로 색을 찍어 보세요. 사진에서 회색으로 보이는 부분은 주변 색에 의해 상대적으로 채도가 떨어져 보이는 착시가 일어났기 때문일 수 있습니다. 사실 약간의 컬러가 있음에도 회색으로 보이는 경우가 많습니다. 주변 색상의 영향 때문입니다.

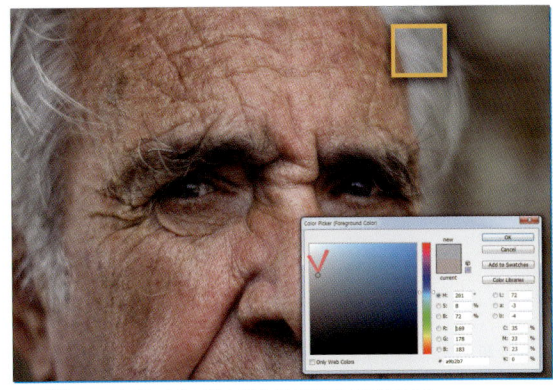

▲ 회색으로 보이는 부분에도 약간의 색상이 존재합니다.

옛날에는 저도 색을 참 더럽게 사용했기 때문에 이 문제를 해결하려고 무조건 높은 채도의 색을 사용하던 시절이 있었습니다. 위의 그림을 그릴 때 얼굴을 먼저 칠하고 나중에 턱 부분이 좀 더 어두워져야한다고 생각해서 사용하고 있는 피부색에서 명도만 좀 낮추려고 하였습니다. 그런데 페인터의 컬러 피커가 삼각형이다 보니 검정색 쪽으로 포인트를 이동하면서 자연스럽게 채도가 떨어졌나 봅니다.

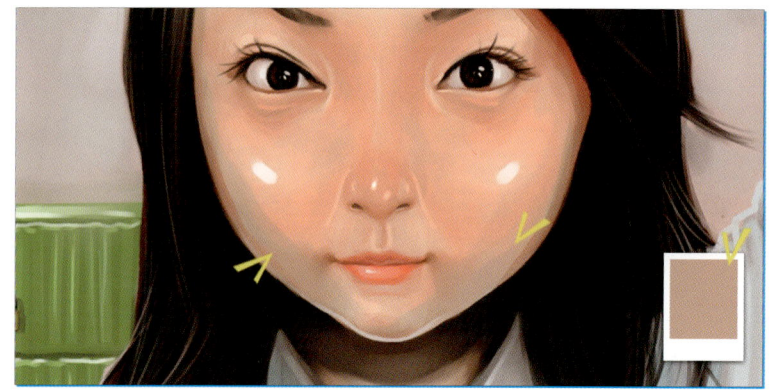 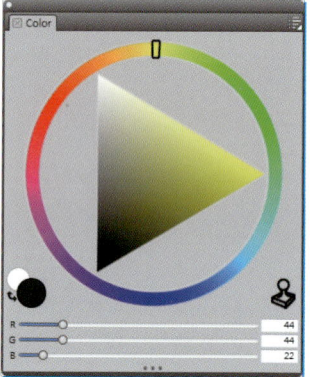

▲ 턱에 칠한 색은 따로 놓고 봤을 때 그렇게 탁한 색이 아닙니다. 하지만 높은 채도의 색들 사이에 끼어 있으니 엄청나게 탁한 회색으로 보입니다.

당시에는 눈으로 색깔을 세세하게 구별 못하던 시절이라 어두운 색을 만들었다고 생각해서 칠했는데, 그림 다 그리고 보니 여자 턱에 수염이 있는 것처럼 보이는 것입니다. 지금에 와서 색상 값을 추출해보면 그렇게 회색도 아닙니다. 그런데 높은 채도의 색이 주변에 있다 보니 상대적으로 채도가 낮은 색이 탁해 보이는 것입니다.

아이러니하게도 탁한 채색을 벗어나려고 높은 채도의 색을 사용하면, 부분적으로 약간 낮은 채도의 색을 사용했을 때 무채색이 아님에도 불구하고 상대적으로 엄청나게 탁해 보이는 결과를 낳습니다. 그러므로 탁하다는 것은 색상 간에 상대적으로 일어나는 현상입니다. 그렇기 때문에 높은 채도의 색을 사용하는 것으로 해결하려고 하지 마시고 색상 간의 균형, 특히 여기서는 명도를 달리하더라도 색상(Hue)과 채도를 맞추면서 칠하는 연습을 하시면 좋겠습니다. 이 연습은 직접 색을 칠해보고 먼저 칠한 색과 나중에 칠한 색을 비교하면서 (채도 문제인지 색상 문제인지를 판단내린 후) 그에 맞게 값을 조정하며 맞춰 나가는 식으로 연습할 수 있습니다. 연습하실 때는 페인터 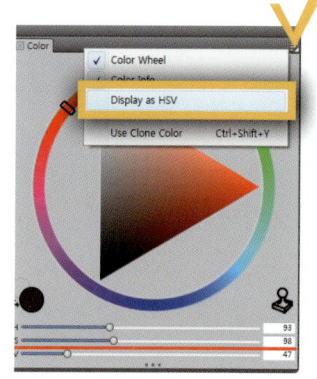에서는 컬러팔레트 모드를 HSV로 사용하시기 바랍니다. HSV는 H(색상: **H**ue), S(채도: **S**aturation), 명도(Brightness, **V**alue)로 색을 조절할 수 있기 때문입니다.

Section 01 순도 100% 쌩 검정

사진에 쌩 검정이 사용되는 경우는 거의 없습니다. 그런데 간혹 스케치할 때 색상코드 #000000 값인 쌩 검정을 찍어 형태를 잡아 나가는 분들이 계십니다. 이미 습관이 되셨다면 이제는 조금 밝은 색을 선택할 필요가 있습니다. 쌩 검정은 자연에 있는 색들과 어울리기 참 어려운 색입니다. 그냥 나란히 놓아도 그렇고, 다른 색과 혼합되어도 그렇습니다. 그런데 더럽게 그리는 친구들은 이 두 가지 모두를 합니다. 검정색을 더럽게 쓰는 친구들의 그림을 흉내내 보았습니다.

색이 참 더러운데요. 밑색과 부드럽게 섞이는 브러쉬를 사용하다보니 전반적으로 새로 칠하는 색에 검정색이 타져 있는 느낌입니다. 우측상단에 혼합색을 보시면 아시겠지만, 검정이 타진 색은 그냥 봐도 참 더럽습니다. 그렇기 때문에 애초에 이 색을 사용하지 않는 것이 좋습니다.

되도록 캔버스에서 가장 어두운 색은 쌩 검정에서 한 단계 정도 밝은 명도의 색을 사용하시기 바랍니다. 여기서 더 어두워지는 것보다는 차라리 밝은 것이 나은데, 이후에 밝다 싶으면 점점 어둡게 칠해 나가면 되기 때문입니다. 하지만 반대로 어두운 색을 칠하고 이후에 밝게 만들려면 그 과정에서 더러운 색들이 만들어질 가능성이 높습니다. 그리고 검은색을 없애기 위해 수습해야하는 번거로움이 있습니다. 쌩 검정으로 먼저 칠했던 색은 어떤 방식으로든 이후에 칠하게 될 색들에 영향을 미친다는 점을 기억하시기 바랍니다.

Section 02 깨끗하게 정리를 안 했어

작업할 때 모든 도구를 다 꺼내놓고 작업하는 사람이 있는가 하면 사용하면서 바로바로 정리하는 사람도 있습니다. 이 두 사람의 작업 스타일은 다를지 모르지만 공통점은 어느 시점에선가 정리를 한다는 것입니다.

그림 그릴 때 정리를 하지 않고 마무리 짓는 사람들이 있습니다. 과정 중에 정리하면서 작업을 진행할지 마무리 할 때 한 번에 정리할지는 개인적으로 선택할 문제이지만 어느 시점에선가 정리하는 시간을 가져야 한다는 것은 여러 번 강조해도 지나치지 않습니다.

그림을 정리한다는 의미는 어떻게 저질러 놓았느냐에 따라 달라지겠지만 대표적인 것 몇 가지를 소개하고 마치겠습니다.

❶ 배경과 외곽을 깨끗하게 하는 일

❹ 그리다 만 부분을 마저 그리는 일

❺ 색이 칠해지지 않은 빈틈을 메우는 일

❷ 튀는 색을 무난한 색으로 맞추는 일. 붓 터치가 유독 튀는 부분을 뭉개는 일

❸ 너무 날카롭거나 흐릿한 경계를 다듬는 일

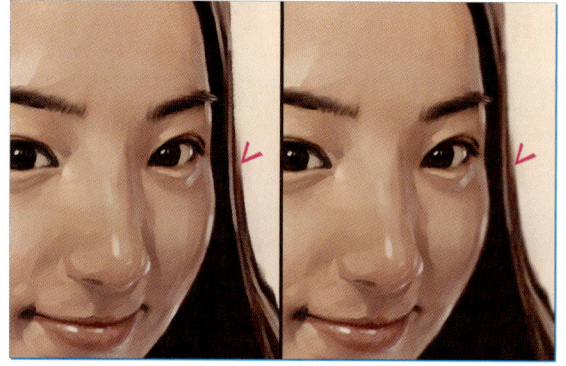

❻ 필요하다면 색 보정하는 일
포털사이트에 "포토샵 색 보정"으로 검색하면 많은 강좌들이 나옵니다.

Chapter 06 | 내 그림은 뭔가 가볍다

소묘를 시작한지 얼마 안 된 학생들이 겪는 어려움으로 중간 톤 묘사가 있습니다. 선생님이 주구장창 "어둠"을 강조하시는 덕에 그림자 흐름은 어느 정도 알겠는데, 밝은 면은 어느 정도의 밝기로 묘사해야 되는지, 중간 톤은 또 어느 정도로 칠해야 되는지에 대한 감이 없는 것입니다. 주입식으로 교육받은 학생 중에 좀 심한 친구들은 어두운 영역은 6B로 새까맣게 칠해놓고 밝은 부분은 하얗게 남겨둔 상태로 더 할게 없다고 "선생님 다 했어요"를 외치기도 합니다. 소묘에서 밝은 면은 연필로 칠해서 나오는 색이 아니기 때문에 덜 그려서 그런 느낌이 나는 것이 아니냐고 생각하실지 모릅니다. 하지만 흰 부분을 흰색물감으로 채워넣는다 하더라도 가벼운 느낌은 여전합니다.

가벼워보인다는 건 밝은 색을 쓰기 때문이 아닙니다. 밝은 색을 사용하지 않는다면 어둡거나 텁텁하게 보이는 문제가 생깁니다. 그림이 가벼워 보인다는 말은 단순하게 밀도와 관련 있을 것으로 생각되지만, 사실은 중간 톤이 문제인 경우가 대부분입니다.

중간 톤 하면 보통 밝음과 어둠을 이어주는 톤으로 많이들 생각합니다. 그런데 밝음과 어둠을 부드럽게 이으면 그라데이션이 되죠. 중간 톤을 잘 사용한다는 말은 단순히 몇 단계의 색을 부드럽게 잇는다는 말이 아닙니다. 그렇게 부드럽게만 그린다면 그리는 족족 동글동글한 그림이 그려질 것입니다.

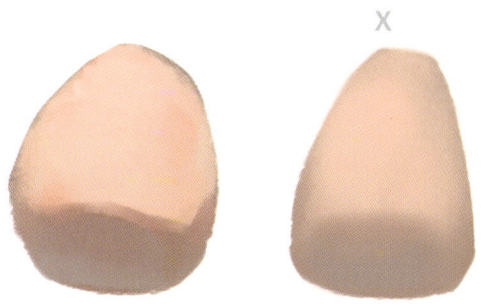

▲ 밝은 색과 어두운색이 고르게 그라데이션 되면 엣지 없는 뭉글뭉글한 물체만 그려질 것입니다.

중간 톤을 잘 사용한다는 말은 물체의 꺾인 면을 고려하여 밝은 면, 중간 면, 어두운 면을 균형 있게 칠하는 것을 의미합니다.

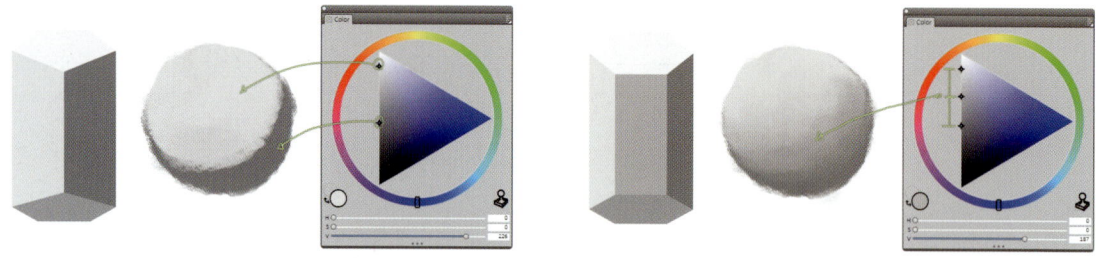

▲ 밝은 색, 중간 색, 어두운 색의 균일한 명도 차이를 균형이라고 하겠습니다. 명도의 균형은 물체의 형태나 광원, 주변 사물의 반사광에 따라 달라질 수 있습니다. 하지만 이 색들의 관계는 서로 유기적으로 움직입니다.

만약 이 균형이 너무 어두운 쪽으로 치우쳐있으면 칙칙한 그림이 되고, 반대로 밝은 쪽으로 치우쳐져 있으면 어두운 면에 비해 상대적으로 두 영역의 색이 훨씬 더 밝아 보이기 때문에 가벼운 그림이 됩니다. 그러니까 이 균형이라는 것은 중간 톤이 어디에 위치하느냐에 달려있습니다.

▲ 중간 톤이 어두운 쪽으로 치우친 예

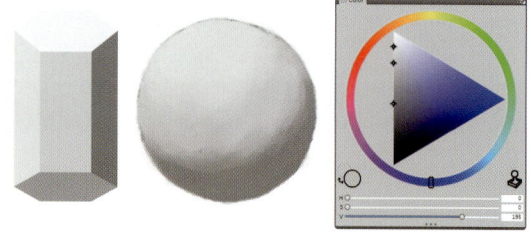

▲ 중간 톤이 밝은 쪽으로 치우친 예. 이 예에 사용된 구는 이후로 계속 등장합니다.

위에서 예로 든 '중간 톤이 밝은 쪽으로 치우친 예'에 사용된 구는 어두운 배경에 놓여있으면 균형이 어느 정도 맞아 보이기도 합니다. 배경이 들어가게 되면서 구의 가장 어두운 영역의 색이 배경색과의 대비로 인해 그리 어두운 것이 아닌 게 되어버렸기 때문입니다.

▲ 위의 '중간 톤이 밝은 쪽으로 치우친 예' 이미지에서 배경만 새로 그려 넣어 주었습니다. 구는 추가로 채색한 것이 없음에도 불구하고 자연스럽게 배경과 어울리는 것을 볼 수 있습니다.

'중간 톤이 밝은 쪽으로 치우친 예'에서 가장 어두운 영역은 연두색 네모로 표시된 영역입니다. 이 영역이 어두운 만큼 나머지 영역의 색은 밝아 보이고 그것이 심하면 가벼운 그림으로 보여지는 것입니다. 하지만 앞선 예에서 살펴보았듯이 어두운 영역의 색이 더 어두워지거나 반대로 더 밝아진다 하더라도 중간 영역의 색을 균형에 맞게 바꿔주면 이내 안정감 있는 그림이 됩니다.

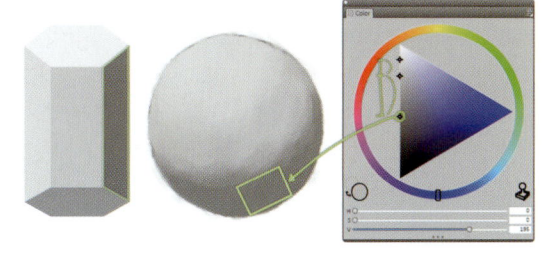

어두운 배경이 있는 다음의 그림은 가볍게 보이는 대표적인 케이스입니다. 구의 색상이 전체적으로 밝은 것입니다. 하지만 여기서 구를 안정감 있게 바꾸는 데는 전체적인 톤 수정을 필요로 하지 않습니다. 해결책은 여기서도 마찬가지로 중간 영역의 색에 있습니다. 하지만 그 위치가 조금 바뀔 필요가 있습니다.

▲ 흰 배경에서는 괜찮던 구가 어두운 배경에 놓여 있으니 밝고 가벼운 느낌이 납니다. 대비 때문에 일어나는 현상이라는 것을 이해할 수 있습니다.

조금 전 가장 어두운 부분이라고 말했던 구의 아래쪽 영역은, 배경이 들어오면서 의미가 좀 달라졌습니다. 이 시점에서 화면을 전체적으로 보면 가장 어두운 색은 배경색이고 가장 밝은 색은 구의 위쪽(가장 밝은 부분)이기 때문입니다. 따라서 현재 이미지에서 중간 영역의 색은 앞서 흰 배경에서 가장 어두운 영역의 색 정도가 됩니다. 따라서 가벼운 느낌을 해결하려면 변화된 구간의 중간톤, 즉 구의 가장 어두운 영역을 바꿔줘야 합니다.

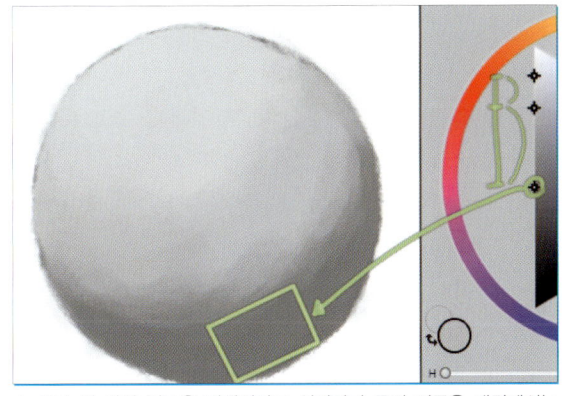

▲ 조금 전 가장 어두운 영역이라고 설명하던 곳이 어두운 배경에서는 중간 톤 위치가 됩니다.

▲ 다른 곳은 손대지 않고 구의 가장 어두운 부분만 조금 더 어둡게 채색하였습니다.

여러분의 그림에서 가벼운 느낌이 난다면, 그것은 주제가 되는 사물의 톤이 배경에 비해 전체적으로 밝기 때문일 수도 있고, 사물에 표현된 중간 톤이 밝은 쪽으로 치우쳐 사물 내에서 밝고 어두운 영역의 균형이 깨졌기 때문일 수도 있습니다. 이처럼 중간 톤 영역이라는 것은 화면의 상황에 따라 얼마든지 위치가 달라질 수 있습니다.

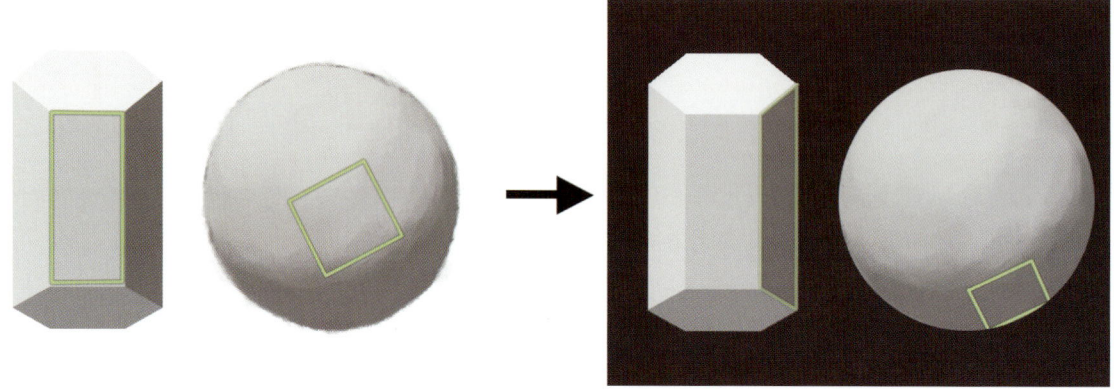

▲ 중간 톤 영역이 구의 중간에서 아래쪽으로 이동하였습니다. 이것은 배경을 포함하여 이미지를 전체적으로 보았기 때문입니다.

부분과 전체가 똑같은 모양을 한 프랙탈 구조라는 게 있습니다. 가벼워 보이는 그림의 중간 톤은 각 요소들의 부분 부분이 잘못되었을 수도 있고, 전체적인 화면 속에서 중간 톤이 너무 밝은 쪽으로 치우쳐 가벼운 느낌을 내는 것일 수 있습니다. 그러므로 어느 것 하나 중요하지 않은 게 없습니다. 대상을 묘사하는데 있어서는 화면상 멀리 있는 것과 가까이 있는 것, 중요한 부분과 그렇지 않은 부분으로 나눠 퀄리티를 조절할 수 있고 또 그렇게 해야 하지만, 중간 톤의 경우는 모든 요소들을 빠짐없이 치밀하게 맞춰 나가야 하겠습니다.

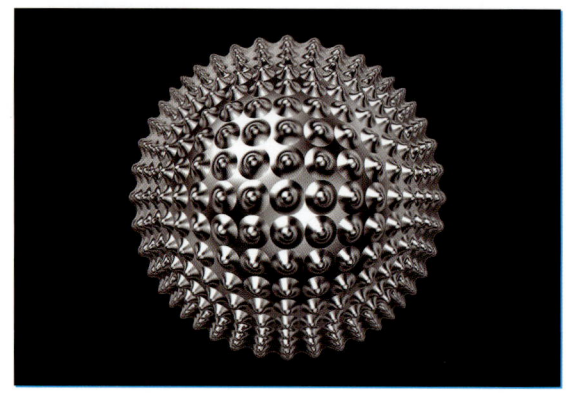

형태는 생략될 수 있지만 구조가 생략될 수는 없다는 점을 생각해본다면 이 부면에 있어서 크게 놓치는 일이 없을 것입니다. 다시 한 번 반복하지만 요소요소를 전체적으로 또 부분적으로 체크하면서 중간 톤을 치밀하게 찾아 나간다면 가벼운 부분 없이 밝으면서도 무거운 그림, 어두우면서도 칙칙하지 않은 그림을 자유자재로 그릴 수 있게 될 것입니다.

Chapter 07 노이즈와 텍스쳐를 적절히 활용하자

수작업을 하면 자연스럽게 표면에 질감(Texture)이 형성 됩니다. 수채화라면 물 자국과 수채화 종이 특유의 고급스러운 질감, 유화라면 캔버스의 아교 천이나 유화물감의 점성 때문에 질감이 남게 됩니다. 질감은 잘 사용하면, 많은 경우 단색으로 칠해진 별거 없는 작품을 심심하지 않게, 매력적으로 보이게 만드는 효과가 있습니다.

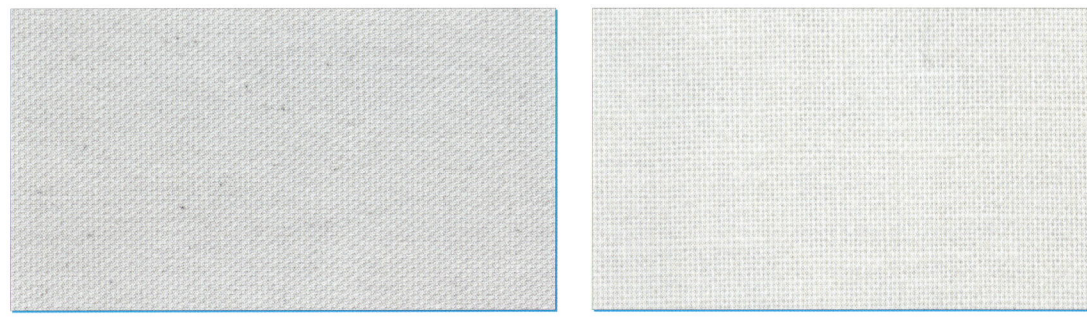

단색의 밋밋한 질감은 디지털 채색의 기본적인 특징입니다. 질감 없이 고르게 칠할 수 있다는 것은 특정 미술 양식에서 장점으로 작용하기도 하지만, 수작업을 흉내 내는 대부분의 작품에서는 벗어나고 싶은 표현 방법 중 하나입니다.

개개인의 기호에 따라 다르겠지만, 노이즈와 텍스쳐(질감)를 적절히 사용하는 것은 여러분의 그림을 덜 심심하게 하는데 있어 중요한 장식적 요소가 될 것입니다.

▲ 부산에서 일러스트레이터로 활동하고 계시는 '색심'님이 제공해주신 텍스쳐입니다. 색심님은 텍스쳐 소스를 아주 효과적으로 다루는 부산에 몇 안 되는 작가 중 한 명입니다. 텍스쳐 소스는 직접 만들기도 하고 사진 촬영을 통해 수집하기도 합니다. http://blog.naver.com/seksim 에서 작품들을 감상하실 수 있습니다.

디지털 작업은 숙련되기 전까지 각자 본인만의 맛을 내기가 어렵기 때문에 초심자들은 텍스쳐 합성 기법을 알게 되면 혹할 수 있습니다. 심심하게 그려진 그림에 유화 질감의 텍스쳐를 합성하면, 마치 유화로 그린 듯한 느낌이 들기 때문입니다. 물론 유화로 그린 것이 아니기 때문에 조잡하게 느껴질 수 있습니다만 덜 섬세한 눈을 가진 사람들을 속일 수 있을 정도는 됩니다.

하지만 이것을 실력을 감추기 위한 용도로 사용하면 안 됩니다. 성의가 없는 그림은 붓을 들지 않고는 무슨 수를 써도 좋아질 수가 없습니다. 모자란 실력을 감추기 위해 텍스쳐를 덕지덕지 바르는 모습은 마치 두껍게 화장 하면 예뻐질 거라는 환상을 갖는 것과 비슷한 것입니다. 좋은 그림을 베이스로 하지 않으면서 텍스쳐를 남발하는 것은 맨 그림을 공개하는 것보다 더 구질구질하게 보일 뿐입니다.

▲ 성의 없는 그림은 텍스쳐를 아무리 발라도 여전히 성의 없어 보입니다. 이럴 땐 합성하기 위한 더 좋은 소스를 찾아 헤맬 것이 아니라, 묘사를 더 하기 위해 시간을 써야 합니다.

합성하는 방법은 간단합니다. 합성할 소스를 준비한 후, 포토샵을 켜고 레이어 팔레트를 켭니다. 그리고 본인이 그린 이미지를 열고 합성할 텍스쳐 소스를 그림 위에 올려놓습니다.

텍스쳐 소스 레이어에 눈이 꺼져있다면 켜세요. 그림이 텍스쳐에 가려지는 것이 정상입니다.

그리고 블렌딩 모드에서 Soft Light를 선택하면 됩니다. 블렌딩 모드는 두 이미지가 합성된 결과물을 예측하기가 어렵습니다. 텍스쳐 소스와 합성할 그림의 컬러나 밝기가 천차만별이기 때문입니다. 그래서 매번 합성하실 때마다 모드를 바꿔가면서 가장 적당한 값을 눈으로 확인하고 결정하시기 바랍니다.

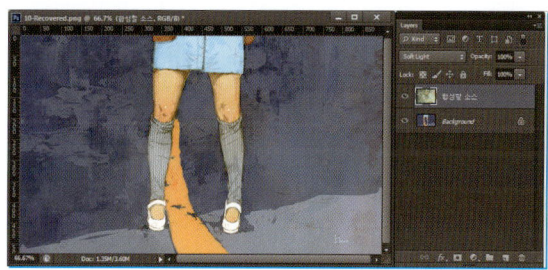

자연스럽게 그림과 텍스쳐가 합성됐다고 생각하면 작업을 저장하고 마무리 짓습니다.

텍스쳐는 구글에 검색하면 많이 나옵니다. 한글로도 검색해보고 영어(Paper Texture)로도 검색해보세요. 단 상업적으로 작업물을 사용하려면 텍스쳐 소스의 라이센스가 어떻게 되어있는지 꼭 확인하기 바랍니다. 자신의 그림이 중요한 만큼 다른 사람의 사진 자료도 중요한 것으로 취급되어야 합니다. 가능하면 직접 텍스쳐 소스를 만들거나 사진 촬영을 함으로써 본인이 의도하는 바에 따라 재료를 직접 준비할 수도 있습니다. 당장은 어설플지 모르지만 그것을 오래 했을 때 갖게 될 노하우를 얕잡아보지 마세요.

▲ 텍스쳐에는 종류가 많습니다. 그래서 '물감 텍스쳐'라던지 '종이 텍스쳐'처럼 수식하는 말을 붙여 사용하면 좀 더 원하는 이미지를 빠르게 찾을 수 있을 것입니다. 영어로 물감은 paint이고 종이는 paper입니다. 텍스쳐는 texture라고 검색하면 됩니다. 잘 조합해서 좋은 이미지를 찾으시기 바랍니다.

그 밖에 노이즈를 합성하는 방식도 똑같습니다. 다만 노이즈는 직접 만드는 것이 가장 빠른데, 포토샵에서 빈 캔버스를 열고 회색을 칠한 다음, Filter -> Noise -> Add Noise를 사용함으로써 합성 소스를 만들 수 있습니다. 노이즈를 약간 추가하는 것으로 그림은 좀 더 거칠게 표현될 수도 있고, 옛날 사진 같은 느낌을 낼 수도 있습니다. 이 책에는 그림을 작은 사이즈로 사용하기 때문에 노이즈를 확인하기 어

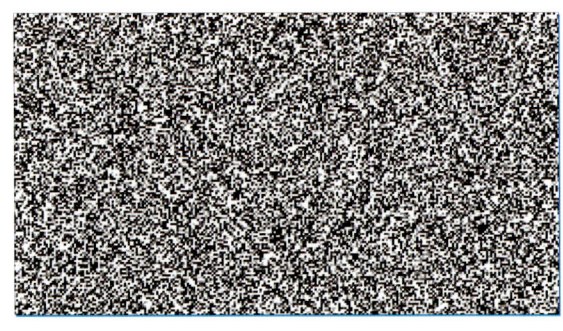

려울 것 같아 예시는 들지 않겠습니다. 다만 여러분이 그림을 그리다가 좀 심심하다는 느낌이 드는 작업물이 생기면, 직접 노이즈를 제작하고 합성까지 해보기 바랍니다. 너무 노이즈가 강하면 투명도(Opacity)를 줄이면 되고, 입자가 너무 크면 노이즈가 있는 레이어의 사이즈를 줄일 수도 있습니다. 노이즈 관련해서 이 책의 설명이 부족하다면 포털사이트에 '노이즈 만들기'로 검색해 보세요. 도움을 받을 수 있을 것입니다.

김치찌개에 라면스프를 넣으면 맛있어지는 것처럼 텍스쳐는 음식에 양념과 같은 역할을 합니다. 하지만 너무 많이 뿌리지는 마세요. 텍스쳐가 노골적으로 보이면 열심히 그린 그림이 묻혀 주객이 전도되는 현상이 벌어집니다. 텍스쳐가 그림을 꾸며주어야지, 여러분의 그림이 누군가의 사진 자료(텍스쳐)를 꾸미게 놔두어서는 안 됩니다. 모든 일을 적당히, 알맞게 하시기 바랍니다.

Chapter 08 | 형태력의 응용

인체 공부를 처음 시작하려하면 막막한 기분이 듭니다. 그려야 할 포즈가 너무 많게 느껴지기 때문입니다. 하지만 잘 생각해보면 달라 보이는 포즈에서 사실은 동일한 형태를 나타내는 것들이 있습니다. 달리 말하면 한 가지 단편적인 묘사를 할 줄 알면 그로 인해 만들어 낼 수 있는 다양한 형태들이 있다는 것입니다. 예를 들어 여러분이 정면으로 꼿꼿이 서서 한 곳을 응시하는 사람의 측면을 그릴 수 있게 되었다고 생각해봅시다.

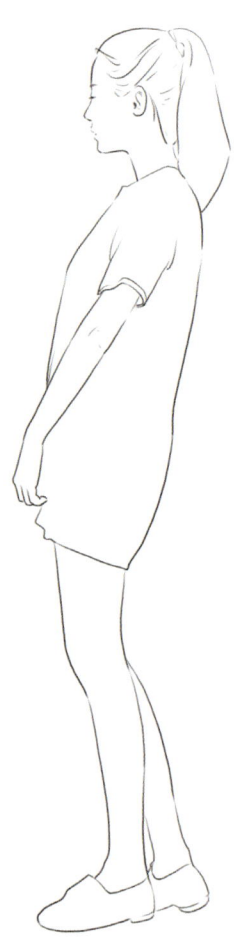

일단 여기까지를 그릴 줄 알게 되었다는 것은 이미 측면에서 이루어지는 다양한 포즈를 습득 한 것이나 마찬가지입니다. 이를테면 얼굴을 떼어내어 약간의 회전을 준 것으로 인물은 정면을 응시하다가 위쪽을 보는 것으로 포즈가 바뀝니다.

 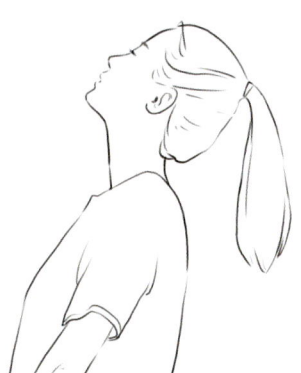 

크게 의미는 없지만 팔을 떼어내어 옮길 수도 있고, 치마 속으로 다리를 온전히 그려놓았다면 공을 차는 모습처럼 다리를 올리는 포즈로도 손쉽게 변형할 수 있습니다. 단 각 관절이 연결되는 부위는 약간의 수정을 해야 할 수 있는데, 특히 옷의 경우에 포즈가 달라지면 주름지는 모양이 함께 달라지기 때문입니다. 그 밖에 머리카락 끝부분이 중력으로 인해 아래로 떨어지는 점은 기본적으로 알고있어야 할 물리법칙입니다.

  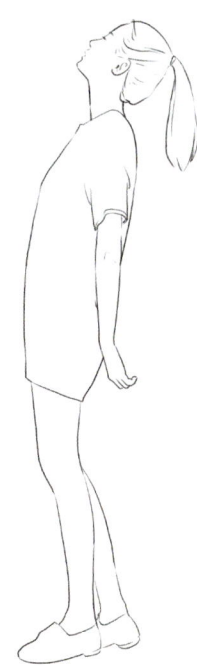

정면의 경우도 목을 회전시키면 갸우뚱하는 포즈를 만들 수 있으며 심지어 반측면의 얼굴 형태라 하더라도 변형이 가능합니다. 이 경우 좌우로 고개를 돌리는 것은 새로 그려야 하는 것이지만 X, Y좌표 평면상에서 회전시키는 것은 새로 그리지 않고 적용이 가능합니다.

이처럼 포즈라는 것이 생각할 수 있는 모든 동작들을 익혀야 된다는 뜻은 아닙니다. 이미 여러분이 잘 그리고 있는 물체, 대상, 포즈등이 있다면 그것을 응용할 수 있는 경우의 수는 생각보다 많습니다. 인체도 결국 각 지체들의 결합이기 때문에 이것을 각기 다른 요소들로 생각한다면 그 조합으로 인해 만들어 지는 포즈가 훨씬 다양해지는 것입니다.

인공물은 특히나 형태가 단순하기 때문에 이런 변형이 훨씬 더 쉽습니다. 자전거가 평지를 달리든 산을 오르든 옆에서 보는 형태는 사실상 똑같다는 점을 이제는 이해하셨을 거라 생각합니다. 그러므로 형태력을 키우는데 있어서 앞으로 그려야 할 것들을 너무 많게 느끼며 지레 겁먹지 마시기 바랍니다. 일단 시작했다면 이미 반은 온 것이나 다름없다는 점을 이해하시기 바랍니다. 여러분은 자신이 생각하는 것보다 그릴 수 있는 것이 훨씬 많습니다.

Chapter 09 | 3D 프로그램을 공부해야 하는가

이 책에는 제가 3D프로그램으로 만든 이미지가 일부 사용됩니다. 주로 빛과 관련된 설명을 할 때 사용하는데, 빛과 물체의 색이 대충 아무렇게나 선택된 색이 아니라 철저한 계산에 의해 나온 값이라는 것을 보여드리고 싶었기 때문입니다. 3D 프로그램을 사용하지 않았다면 정밀한 색 변화나 두 개 이상의 광원이 서로 영향을 주는 표현들을 세련되게 묘사할 수 없었을 것입니다.

옛날에 3D프로그램을 처음 접할 때, 조명을 몇 개 넣어주면 현실적인 느낌으로 표현되는 것을 보고 반한 적이 있었는데 그때는 3D프로그램을 잘 다룰 줄 알면 만화를 연재할 수 있겠다는 생각을 한 적이 있습니다.

Part 04 질문과 대답 | 203

여러분 중에 3D 프로그램에 대한 지식이 조금 있거나 실제로 만져본 적이 있는 분들은 아마 이런 생각을 할 수도 있을 것입니다. 배경을 넣고 싶은데 건물을 일일이 그리는 건 너무 귀찮은 일이다. 학교 교실을 배경으로 그려야 한다면 3D 프로그램을 사용해서 책상들을 다 복사 붙여넣기 하면 정말 빠르겠다. 배경이 되는 공간을 3D로 제작한 뒤 웹툰을 연재할 수는 없을까?

맞습니다. 3D 프로그램을 잘 다루면 요즘은 만화 같은 식으로 이미지를 표현할 수 있는 기술이 있기 때문에 웹툰도 연재할 수 있고, 건물도 쉽게 복사할 수 있습니다. 교실 내의 풍경이라면 책상들도 다 3D로 묘사할 수 있습니다. 그런데 막상 3D 작업을 해보면 수년간 그림을 그리는 일 못지않게 3D 프로그램을 능숙하게 다루는 것도 생각보다 쉽지 않다는 것을 알게 됩니다. 그리고 때때로 3D는 2D작업보다 비효율적인 면이 있습니다.

한 컷만 사용하면 되는 장면을 그려야 할 때, 3D 프로그램으로 공간과 그 안에 사용되는 물체를 일일이 다 만드는 일은 너무 많은 에너지를 낭비하는 일입니다. 공을 그린다고 가정했을 때 동그랗게 원을 그리면 완성되는 일을 형태를 입체로 만들고 빛을 넣고 배경을 만드는 건, 직접 해보시면 아시겠지만 그림과 겸해서 하기에는 상당히 어려운 일이라는 것을 깨닫게 될 것입니다.

그리고 3D프로그램의 렌더링이라는 것은 우리가 손으로 낼 수 있는 여러 표현 기법을 맛있게 따라해내지 못합니다. 설령 단순히 트레이싱을 하기 위한 재료로 3D프로그램을 이용한다 하더라도 모든 화면상의 선들을 사실상 새롭게 그리는 것이나 다름없는 작업을 해야 합니다. 무엇보다도 공간을 구성하고 사물들을 배치하는 것은 차라리 사진기를 들고 현장에 가서 직접 찍는 풍경보다 못하다는 점을 말씀드리고 싶습니다. 우리가 어설프게 만든 3D 이미지는 사물의 배치에 있어서 인공적인 냄새가 나기 마련입니다. 이것이 자연스럽게 가능하다면 그런 분은 2D 그림을 업으로 삼으실 것이 아니라, 3D프로그램을 사용하는 직업을 알아보는 편이 더 나을지도 모릅니다. 새로운 재능을 발견하게 된 것이니까요.

꼼수가 있지 않을까로 시작한 생각이 너무 많이 진행됐을 때, 아까운 시간을 허비하게 될 수 있습니다. 때때로 3D 프로그램이 도움이 될 때도 있지만 선택적으로 사용하기 위해 시간과 효율성을 잘 고려해보시기 바랍니다. 당연한 얘기지만 새로운 기술을 배우는 데는 시간이 걸립니다. 현재 가지고 있는 것, 잘할 수 있는 일을 조금씩 발전시키는 방향으로 능력을 키운다면 큰 어려움 없이 앞으로 전진할 수 있을 것입니다.

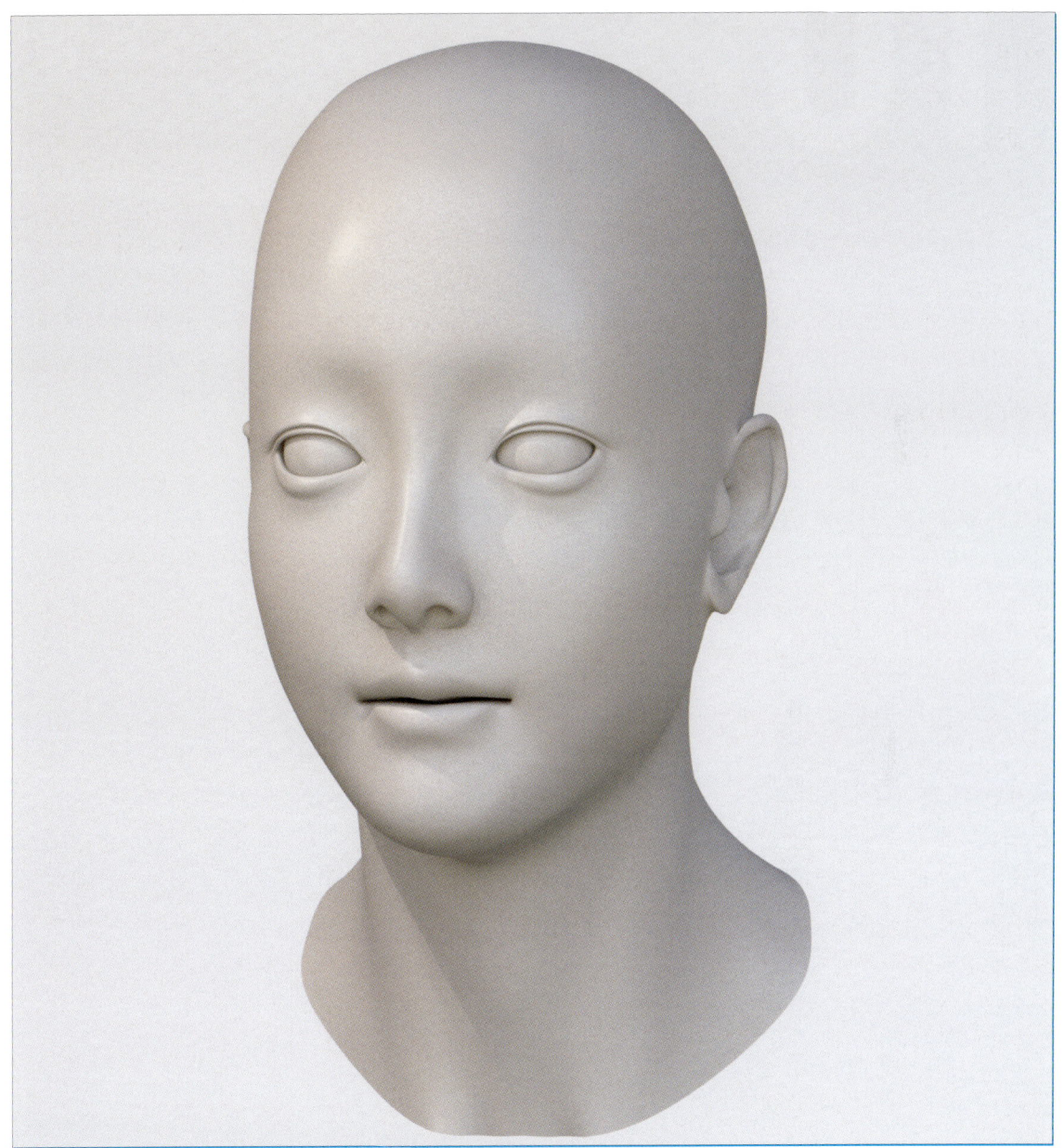

▲ 많은 시간을 들여서 얼굴을 만들 줄 알게 되었을 때, 속눈썹이나 머리카락과 같은 털은 어떻게 만들어야 되는지 난관에 부딪쳤습니다. 털을 한올한올 만들어야 하는 것인가 하는 생각에 "아, 이건 내가 손댈 수 있는 영역이 아니구나"라는 생각을 했습니다.

Chapter 10 공부하기 좋은 자료들

과거 사진기가 없던 시절에 예쁜 여성을 그리려면 모델을 직접 데리고 와서 눈앞에 두고 보면서 묘사해야 하였습니다. 그러려면 모델료를 지불했겠죠? 작업 일수가 늘어날수록 모델을 고용한다는 건 작업자에게 부담스러운 일이었을 것입니다. 이것은 취미로 그림을 그리는 사람들에게는 꿈도 꿀 수 없는 환경이었을 것입니다. 그래서 아마도 과거의 사람들은 주로 여자 친구나 지인 중에 예쁜 사람들을 그려왔던 것 같습니다.

요즘은 웹상에서 구할 수 있는 좋은 자료가 너무나 많습니다. 무료로 공유되고 있는 자료들도 넘쳐납니다. 과거에는 일부 사람들만 공유할 수 있었던 자료인 인체 해부학을 포함해서 사진으로 볼 수 있는 세계적인 모델들의 모습, 다양한 의상, 콘셉트 일러스트 등 당장이라도 인터넷에 검색하기만 하면 상상 하던 이미지들을 찾을 수 있는 시대입니다.

예를 들어 인체 공부를 하고 싶다면 구글에 '해부학'이라고 치면 됩니다. 좀 더 체계적인 자료가 필요하다면 미술관련 네이버 카페 등에서 정보를 얻을 수도 있는데, 해외 사이트 중에는 각종 근육에 대한 자료와 360도로 볼 수 있는 고화질 누드 포즈 등 공부하려고 마음만 먹으면 어떤 자료든 집 안에서 거의 무료로 구할 수 있는 시대입니다. 인터넷에서 제가 검색한 몇 가지 유용한 링크를 알려드리고 싶지만, 이것은 여러분도 쉽게 검색해서 나올 수 있는 결과이기 때문에 그것보다는 자료를 얻는데 도움이 되는 몇 가지 점들을 알려드리고자 합니다.

TIP

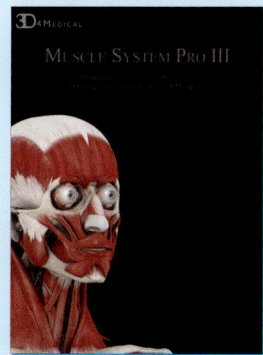
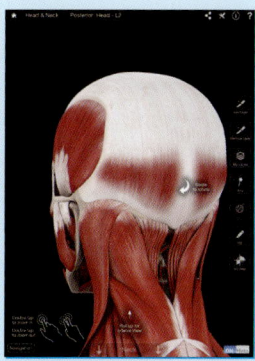
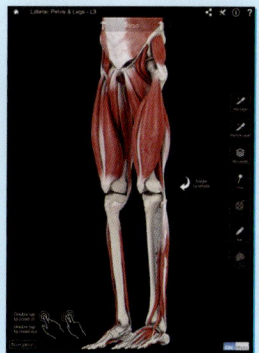

현재는 스마트폰 용으로 해부학 관련 앱이 나오는 시대입니다. 'Muscle System pro 3'라는 아이패드 앱은 인체의 근육을 층층이 들여다 볼 수 있게 해주며 각각의 뼈를 포함하여 세부적인 근육들의 명칭과 설명이 들어있습니다. 각 관절이 움직이는데 필요한 근육을 짧은 영상으로 보여주기까지 합니다. 컴퓨터 프로그램 중에도 인체에 관한 세세한 정보들을 체계적으로 알려주는 프로그램이 있고, 외국에서 진행되는 인체 해부학 강의 영상도 국내에서 어렵지 않게 구할 수 있습니다. 이처럼 "자료가 없어서 그림 연습을 못 한다"는 얘기는 더 이상 변명거리가 되지 못하는 시대에 우리는 살고 있습니다.

01 영어

해외에 파인아트(http://www.fineart.sk/)라는 사이트가 있습니다. 이 사이트에는 인체 관련 서적 스캔 본, 누드 및 텍스쳐 자료 등이 있는데 해외 사이트이기 때문에 영어 단어를 잘 모른다면 사이트를 둘러보는데 어려움이 있을 수 있습니다. 아무래도 우리가 한국인이다 보니 외국어가 나오면 답답한 느낌이 드는 것도 이해가 갑니다. 하지만 양질의 자료는 상당부분 해외사이트에서 제공하는 경우가 많습니다. 그래서 좋은 자료를 얻으려면 영어 공부를 해야 한다는 결론에 이르게 되는데, 이렇게 되면 영어 학원을 다니느라 그림을 그릴 시간이 줄어들기 때문에 제가 도움을 받고 있는 방법들을 소개합니다.

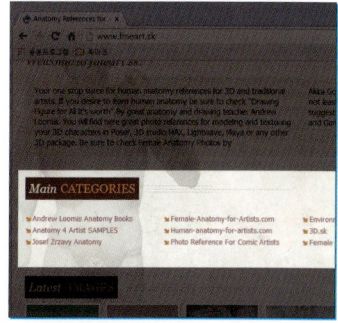

구글 크롬(Google Chrome) 브라우저를 이용하면 '웹페이지 번역'기능을 이용할 수 있습니다. 포털 사이트에서 간단하게 '구글 크롬'이라고 검색하면 설치페이지로 이동합니다. 번역 기능이 완벽하진 않지만 외국어를 사용하는 사이트에서는 크게 도움이 됩니다. 주로 긴 문장보다는 짧은 단어들이 이해하기 쉽게 번역됩니다. 다음의 이미지를 비교해 봄으로 영어를 모른다는 것이 어느 정도로 정보의 접근을 방해하는지 느껴보시기 바랍니다.

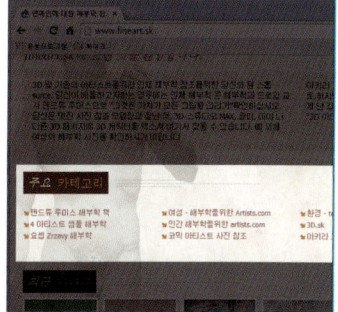

영어를 이해하는데 도움을 주는 다른 방법들도 있습니다. 북마크(즐겨찾기)에 네이버 사전을 등록해놓고 수시로 단어를 검색하는 것입니다. 그리고 별로 권하는 싶은 방법은 아니지만 '알툴바'를 설치하면 영어 단어에 마우스 커서를 갖다 댔을 때 자동으로 영한사전 정보를 알려주기도 합니다. 주로 한국에서 다뤄지는 주제를 검색하는 것이 아니라면 가급적 사전을 이용해 국어를 영단어로 바꿔서 검색하시면 좋습니다. 외국 여자 이미지를 찾는데 한국어로 '여자'를 검색하는 사람은 없겠죠? 이럴 때는 그 단어를 사용하는 나라의 검색어(girl)를 입력하는 것이 더 빠르게 원하는 자료에 접근할 수 있는 방법입니다.

02 검색

생각보다 검색어를 제대로 떠올리지 못해서 자료 찾는 데 헤매는 사람들이 있습니다. 예를 들면 패션 쪽 의상(의복) 자료를 구하고 싶은 사람이 있다고 가정해봅시다. 구체적으로는 '원피스' 의상을 찾고 있습니다. 그가 구글 이미지 검색창에 '원피스'를 입력하면 만화 원피스가 도배됩니다. 그래서 포기하고 네이버로 옮겨서 '원피스 의상'이라고 검색했다고 합시다. 이 사람이 원하는 정확한 이미지는 일반 사람들이 입고 다니는 편안한 하얀색 원피스 의상인데, 검색해서 나오는 옷들은 '홀복'이거나 패션 잡지에 나올법한 옷들, 아니면 연예인들의 무대 의상이 나옵니다. 그래서 검색어를 수정하여 다시 '흰색 원피스'를 검색하는데 이번에는 생각한 것과 비슷한 자료들이 조금 나옵니다. 여자 연예인들이 인사하는 사진, 일반인이 원피스를 입고 셀카 찍는 사진이 많이 섞여 있지만 그는 이 정도로 만족하기로 했습니다.

그런데 말입니다. 애초에 일반 사람들이 입을 법한 의상을 찾는다면 '여자 쇼핑몰'을 검색해서 둘러보는 건 어땠을까요? 여성 쇼핑몰에는 'Dress' 카테고리가 있습니다. 클릭해보면 대부분 원피스 의상이 나온다는 것을 알게 될 것입니다. 상세 페이지를 들어 가보면 이쪽저쪽 다양한 앵글로 사진이 찍혀 있는데 공부하는 입장에서는 정말 좋은 자료입니다. 요즘은 피팅 모델 분들이 워낙 예쁘셔서 예쁜 얼굴 이미지를 찾을 때도 쇼핑몰이 크게 도움 됩니다. 그밖에 다양한 포즈와 예쁜 색감의 사진들을 생각하면 쇼핑몰만큼 의상 자료 구하기에 좋은 곳은 없다는 생각입니다. 이처럼 자료를 구할 때, 생각을 조금만 바꿔서 검색해 보는 건 어떨까요?

03 분류

원하는 자료를 누군가가 대신 정리해서 꾸준히 보내준다면 좋지 않겠습니까? 하루를 웃으며 마감하고 싶어 하는 사람들에게 이메일로 유머자료를 매일 보내주는 서비스처럼 각자가 원하는 취향에 따라 선별되어 받게 되는 자료는 직접 검색해야 하는 수고를 덜어줍니다.

여러분은 여러 해에 걸쳐서 꾸준히 모으는 자료가 있습니까? 저의 경우는 예쁜 여자 얼굴을 웹상에서 보게 되면 사진을 꼭 저장하는 습관이 있습니다. 예쁜 여자 얼굴 사진을 내가 노력하지 않아도 모을 수는 없을까? 란 생각을 한 적이 있는데요. 결과적으로는 현재 원하는 대로 되었습니다.

트위터나 페이스북은 자료를 선별해서 취합할 수 있는 특징이 있습니다. 트위터가 주로 텍스트를 주고받는 매체라고 생각하기 쉽지만 요즘은 이미지를 등록할 수 있고 공유가 가능합니다. 팔로우를 선택적으로 한다면 원하는 이미지를 선별적으로 취합할 수 있을 것입니다.

페이스북도 그렇게 하기 좋은 구조죠. 특정 페이지, 이를테면 패션을 다루는 페이지에 꾸준히 올라오는 자료를 받아보고 싶다면 '좋아요'를 누르기만 하면 됩니다. 얼짱 페이지에 '좋아요'를 누르면 매일매일 자신의 타임라인에 '얼짱' 사진이 올라올 것입니다. 그림을 보고 싶으면 일러스트레이터 페이지에 '좋아요'를 클릭하기만 하면 됩니다.

이와 유사한 서비스를 네이버에서도 합니다. 옛날에는 블로그나 카페를 등록해 놓으면 새 글이 올라왔을 때 알림이 뜨게 만들었습니다. 그런데 카페에 올라오는 모든 글이 내 취향일 리는 만무합니다. 그래서 요즘은 카페 내의 특정 게시판에 새 글이 떴을 때 알림을 받을 수 있는 서비스가 제공합니다.

너무 많은 데이터가 쏟아지는 시대입니다. 그 속에서 원하는 자료를 매일매일 찾는 것은 효율적이지 못한 일 일 수 있습니다. 조금만 고민해 본다면 자료들이 선별돼서 자신에게 오게 만들 수 있는 방법들이 있을 것입니다. 콘텐츠를 생산자로서 머릿속에 계속 새로운 정보를 입력하지 않는다면 참신한 아웃풋이 이루어지기란 어려울 것입니다. 우리 모두(저를 포함해서) 부지런히 익히고 습작합시다!

맺음말

미적 감각이 있다는 것은 참 멋진 일입니다. 순수미술, 디자인, 인테리어, 건축, 조명 등 다양한 분야에서 실력을 발휘할 수 있기 때문입니다. 그러나 그림, 음악, 영상을 포함한 다양한 예술 활동에 있어서는 때때로 감성적인 부분이 기술적인 부분을 이기기도 합니다. 예를 들면 웹툰 중에 그림체는 세련되지 못하지만 스토리가 좋아서 인기 있는 작품들처럼 말입니다.

노래를 기가 막히게 잘 부르는 가수도 좋은 곡을 받지 못하면 인기를 얻기가 힘든 것처럼 그림을 그리는 여러분도 드로잉이나 채색 능력을 키우는 것 못지않게 좋은 콘텐츠 만드는 능력을 발전시키는 것이 필요할지 모릅니다.

곡은 잘 쓰지만 노래는 잘 못 부르는 사람이 있다면 그 사람은 가수가 아니라 작곡가가 되면 됩니다. 그림을 잘 못 그리더라도 좋은 아이디어를 떠올릴 줄 알고, 그것을 간단하게나마 그림으로 구현할 수 있는 정도의 실력이 있다면, 세상에는 생각보다 할 수 있는 일이 많습니다.

약간의 그림 실력과 뛰어난 관찰력이나 호기심이 있습니까? 그렇다면 파브르 곤충기 같은 책을 만듦으로 아이들에게 유익한 일을 할 수 있을 것입니다. 약간의 그림 실력과 뛰어난 수영 실력이 있습니까? 수영을 잘 못하는 사람들을 위해 쉽게 배울 수 있는 방법을 그림으로 자신만의 수영법을 소개할 수도 있을 것입니다. 이런 식으로 생각하다보면 좋은 그림 실력을 가진다는 것은 생각을 표현할 수 있는 좋은 도구를 가지는 것과 같다는 점을 이해하게 됩니다.

앞으로 여러분이 어떤 자리에서 그림을 그리게 되든, 그것이 돈을 받고 하는 일이라면 돈 주는 사람의 생각을 잘 이해하는 능력이 필요할 것입니다. 그러려면 문화 전반에 대한 지식이 필요할 수도 있고, 특정 업계나 상품에 대한 이해가 필요할 수도 있습니다. 또는 단지 요즘 유행하는 그림체를 알고 있는 것이 도움이 될 수도 있습니다. 다양한 클라이언트가 있는 만큼 다양한 그림 일이 세상에 존재합니다. 다만 제가 여러분께 바라는 것은 수년간 밥 먹고 그림만 연

습했기 때문에 클라이언트가 말하는 콘셉트를 이해 못하거나 그가 무엇을 요구하는지 정확히 캐치해내지 못해서 시작도 하기 전에 아마추어로 평가받지 않았으면 하는 것입니다.

때때로 붓을 잠깐 놓고 영화를 한편 보는 것, 음악을 듣는 것, 뮤직비디오를 보는 것이 그림 일을 하는데 있어서 도움이 될지 모릅니다. 패션 잡지를 보는 것, 영화 시나리오를 읽는 것도 상관없어 보이지만 어떤 사람들에게는 유익한 일일 수 있습니다. 나아가서 여러 사람들과 두루 친하게 지내는 것, 대화 기술을 향상시키는 것은 이 업계를 포함한 다양한 분야에서 일할 때 크게 도움이 되는 능력입니다.

취미로 그림을 그리며 여유 있게 살 수 있다면 참 좋겠습니다만 세상이 그리 녹록치 않습니다. 하지만 그렇다고 해서 쫓기듯 그림 연습을 하지는 마시기 바랍니다. 이 책을 읽는 동안은 걱정거리를 좀 저기 멀리 치워두셨으면 합니다. 색이 형성되는 과정을 이해하는 일은 머리를 집중해서 써야 하는 일이기 때문입니다. 차근차근 문제들을 짚어나가다 보면 자연스럽게 생각들이 정리될 것입니다. 이것이 재미있고 편해지는 때가 되면, 웃으면서 그림을 그리고 있는 자신을 발견하게 될 것입니다. 모두들 그렇게 되기를 진심으로 바랍니다.

맺음말 | 213

Book · Character · Goods · Advertisement · Graphic · Marketing · Brand consulting

D · J · I
BOOKS
DESIGN
STUDIO

facebook.com/djidesign

┌─────────┐
│ 저자협의 │
│ 인지생략 │
└─────────┘

페인터와 포토샵을 활용한
디지털 채색의 정석

1판 1쇄 인쇄 2014년 9월 10일 **1판 1쇄 발행** 2014년 9월 15일
1판 3쇄 인쇄 2019년 6월 5일 **1판 3쇄 발행** 2019년 6월 10일

―

지 은 이 정종우
발 행 인 이미옥
발 행 처 디지털북스
정 　가 23,000원
등 록 일 1999년 9월 3일
등록번호 220-90-18139
주　　소 (03979) 서울 마포구 성미산로 23길 72 (연남동)
전화번호 (02)447-3157~8
팩스번호 (02)447-3159

―

ISBN 978-89-6088-145-7 (13000)
D-14-14
Copyright ⓒ 2019 Digital Books Publishing Co., Ltd